当代旅游学规划教程

编　委　会

目　录

第一章 市场营销导论

第一节 市场营销理论产生的历史背景

一、市场营销学的产生和发展

市场营销理论诞生于20世纪初的美国，是美国社会经济环境发展变化的产物。19世纪末20世纪初，美国开始从自由资本主义向垄断资本主义过渡，社会环境发生了深刻变化，这有力地促进了市场营销思想的产生和市场营销理论的发展。

（一）市场规模迅速扩大

为开发西部而迅速进行的铁路建设，有力地促进了美国钢铁工业的发展和国内市场规模的扩大。到20世纪初，美国国内市场扩大到了历史上前所未有的程度。扩大的市场给大规模生产带来了机会，同时也引进了新的竞争因素，信息、促销等变得越来越重要。

（二）工业生产急剧发展

19世纪末，科学技术的进步，标准产品、零部件和机械工具的发展，食品储存手段的现代化，电灯、自动纺织机的应用等等，促使美国的农业经济迅速地向工业经济转化。原先以家庭为单位的作坊式生产日益向工厂生产转化，大量的资本被投入扩大再生产，政府也通过免费提供工厂场地、税收优惠等各种方式刺激工业生产。

大规模生产带来了日益增多的商品，从而使市场供给超过了市场需求。生产者不再只是为一个局部的当地市场服务，而是为众多的充满了各种不确定性的外地甚至外国市场服务。此外，随着生产的发展，大量新产品涌入市场，而生产者与消费者之间又介入了中间商，市场上还出现了各种广告、促销活动。所有这些，都使得消费者有些困惑不解，他们渴求能有一门新的学科或理论来对此作出解释，以便更有效地指导其经济生活实践。

（三）分销系统发生变化

到了20世纪，中间商的作用和社会地位开始有所变化。在这个时期，直接出售家庭手工业品和农产品的现象逐渐减少，而通过正规的专门化分销渠道买卖商品的趋势日益明显。中间商执行了他们以往没有执行的职能，他们的人数增加了，相互之间有了分工，并且出现了同第一流生产企业并驾齐驱的百货商店、邮购商店和连锁商店等。

新的分销体制向有关价值创造的传统理论提出了挑战，人们要求创造一个新的价值理论，它将包含曾被早期经济学家排斥在外的服务。有关价格和定价行为的概念也必须根据定价中的新因素进行修正。分销组织利用价格作为一种实现其目标的手段，可以用低价扩大销售，也可以用高价提高利润。

随着分销组织规模的扩大和分工的深化，分销组织也需要管理人员。但是，管理一个工厂所要求的才能与新的分销组织所需要的是不同的，培养这方面人才所需要的技术知识和理论思想在现成的理论书中是找不到的，它迫切需要有一种新的理论问世。

（四）传统理论面临挑战

整个19世纪，企业经营的环境在很大程度上是由企业主决定的。他们的观念助长了经济自由的思想，经济学家则把希望寄托在市场竞争机制上。20世纪初出现了一种论点，即完全的自由竞争并不能使社会总体利益达到最佳水平。这一论点引起了广泛的重视。

传统的经济学家一般是从宏观的和政治的角度来考虑市场问题的。而当时的管理经济学家则主要考虑企业组织的内部问题，尤其是有关生产过程的问题。大量有关分销和市场的新问题的出现造就了一批新的理论家，那就是市场营销学家。

市场营销思想最初的产生是自发的，是人们在解决各种市场问题的过程中逐渐形成的。直到20世纪30年代，人们才开始从科学的角度来解释这门学科。市场营销思想的出现，对美国社会和经济产生了重大影响。它给予成千上万的企业主以指导，为企业市场营销计划的制订提供了依据，还有力地推动了中间商社会地位的提高。商学院把那些反映了市场营销新思想的著作用作教科书，并将市场营销思想理论化，进而使之成为一门独立的学科即市场营销学，该学科成为当时商业大学培养方案的中心课程。市场营销思想还改变了人们对社会、市场和消费的看法，形成了人们新的价值观念和行为准则。

二、旅游市场营销

旅游市场营销学是第二次世界大战后随着现代旅游业的兴起而逐步发展起来的一门新兴学科。在国外，旅游市场营销学的文献最早见于20世纪40年代末期。60年代末，旅游业的竞争日趋激烈，不少旅游企业的经营管理人员开始重视研究营销学理论，并采用其他行业的研究成果，对旅游企业的组织结构进行调整。70年代，西方发达国家的旅游业发生了重大变化。首先，旅游业的竞争越来越激烈；其次，激烈的竞争缩短了旅游企业营业准备工作的时间，这就要求旅游企业在营业准备工作时期就必须了解顾客的需要，分析旅游者的兴趣、爱好，并根据旅游者的需要建造旅游设施、开发旅游产品；再次，旅游企业的投资费用急剧升高，投资风险加大。80年代开始，西方旅游业逐渐进入了“细分市场”阶段，营销人员已经开始根据人口分布的特点、旅客的兴趣和生活方式等，对旅客进行分类，以提供相应的产品吸引顾客。目前世界旅游业的竞争已进入以保持和争夺消费者为重点的阶段。市场需求与竞争特点的这种变化，也导致了旅游企业营销管理理论的重大变化，使之正从原来以吸引新消费者为主的传统的营销理论转变到以保留原有消费者和从竞争对手手中争夺消费者为主的新的营销管理理论。

第二节 市场营销学的先驱与学派

市场营销理论诞生于20世纪初的美国，至今已有近百年的发展历史。全面考察和了解各主要学术流派及其代表人物的学术思想，对于理解和学习市场营销的理论背景是大有益处的。

一、美国市场营销学界的主要先驱

在美国市场营销学界，对市场营销思想发展做出贡献的最早的四个人是爱德华·D. 琼斯（Edward D. Jones）、西蒙·李特曼（Simon Litman）、乔治·M. 费斯克（Georege M. Fisk）和詹姆斯·E. 海杰蒂（James E. Hagerty）。他们于 1902～1905 年间分别在密执安、加利福尼亚、伊里诺斯和俄亥俄开设了市场营销课程。

1. 爱德华·D·琼斯

他开设了一门名叫“美国分销管理产业”（The Distributive Regulative Industries of the U. S.）的课程。“这门课的内容，包括对商品进行分类、分级、品牌化、批发和零售以及其他各种市场营销方法。同时，也涉及一些对产业过程起引导和控制作用的非金融私人组织，如商会等”。这也许是美国国内讲授的第一门市场营销课程。

2. 西蒙·李特曼

他从 1903 年 1 月起开设了市场营销课程，“商业和贸易的技巧——对商业组织、机构、商业形式及实践的研究”。为了充实这门课的内容，他走访了旧金山的一些商人，并对两名德国人所著书中的相关内容进行了研究。经过这些艰苦努力和精心准备，他终于开设了这门课程，并在 1902～1908 年间在其他大学进行了讲授。

3. 乔治·M·费斯克

1905 年，费斯克在伊里诺斯大学引入了市场营销课程，并执教 5 年，就在他离开该校到另一所学校任教不久，便过早地去世了，从而终止了他的教书生涯。他的贡献也主要是在对外贸易方面，其代表作是《国际商业政策》（*International Commerce Policies*）。

4. 詹姆斯·E. 海杰蒂

俄亥俄大学的第一门市场营销课是由海杰蒂 1905 年讲授的。原来叫《产品销售学》，后更名为《分销与管理产业》。他关于市场营销的早期调研是在费城进行的。通过问卷调查和走访，他了解了许多商人的商业经历，并悉心钻研了当时这方面为数不多的文章，尤其是费城商业博物馆收集的一些贸易期刊上的文章。海杰蒂一直对市场营销抱有很大兴趣，并致力于发展这门学科，直至他 1940 年退休。

二、美国早期市场营销学界的主要学术流派

尽管上述四位学者分别在各自大学开设了市场营销课，但对早期的市场营销思想做出主要贡献的人却来自其他地方。20 年代以前的著名学者并不是这

些教师指导出来的，具有市场营销思想的学者也与这些机构没有关系。对市场营销的兴趣并非来自具体课程，而是源于对经济学的深入研究。因此，一些专门研究市场营销的人很自然地被一些经济学科发达的名牌大学所吸引。这些大学中最重要的当属威斯康星大学和哈佛大学。

（一）威斯康星学派

本世纪初，威斯康星大学成为激进的自由经济思想的论坛。当时，该校著名学者有 W. A. 斯科特（W. A. Scott）、约翰·R. 康门斯（John R. Commons）、理查德·T. 埃利（Richard T. Ely）和 H. C. 泰勒（H. C. Taylor）。很自然，在市场营销思想发展史上，威斯康星大学扮演着开路先锋的角色。它吸引了许多早期市场营销先驱，诸如琼斯、海杰蒂、希巴德（Benjamin H. Hibbard）、麦克林（Theodore Machlin）、尼斯托姆、巴特勒、康沃斯、考米什（Comish）和瓦汉（Vaughan）。由于他们中很多人都住得很近，所以彼此之间经常相互探讨、辩论、激励和影响。

1. 本杰明·H. 希巴德

他之所以产生研究市场营销的动机，主要是由于他的工作环境所致。1903年，他被威斯康星大学邀请去负责市场营销的调查研究。在那里，他开设了也许是第一门经过精心组织的农产品合作市场营销课程，而且，他还在学刊上撰写了许多文章，尤其是关于日用品的市场营销。1921 年，他出版了《农产品的市场营销》（*Marketing of Agricultural Products*）一书，并因此成为著名的市场营销学家。

2. 西奥多·麦克林

同希巴德一样，麦克林也强烈地感觉到：农民的辛勤劳动并未在市场上得到等价回报。于是，他决定对市场营销进行进一步的研究。1913 年他来到威斯康星大学对这个课题进行了研究，并于 1917 年获得哲学博士学位。麦克林之所以选择威斯康星大学，主要是由于希巴德也于同年调到那里。1915 ~ 1916 年和 1918 ~ 1919 年间，他曾在堪萨斯农业学院讲授农业市场营销。在 1919 ~ 1930 年间，他一直是威斯康星大学的教授。之后，他去了加州，担任州政府市场部主任。后来，他又回到威斯康星大学，并写成了他对市场营销理论的主要贡献之一：《有效的农业市场营销》（1921 年）。

3. 保罗·H. 尼斯托姆

1913 年他在威斯康星大学政治经济学院担任助教时，出版了《零售与商店管理》(*Retail Selling and Store Management*)一书。该书的原稿曾于1911年作为油印教材被大学分校使用。他于1914年完成博士学业，其博士论文则作为第二本书于次年出版，名为《零售经济学》(*Economics of Retailing*)。在明尼苏达大学任教一年后，他暂时中断了自己的学术生涯，在商海里遨游了几年。1921~1927年，他担任了零售业研究联合会和联合销售公司的负责人，著述工作也暂告中止。1928年，他重返讲坛，并出版了《时尚经济学》(*Economics of Fashion*)一书。该书大部分内容来源于他自己的实际经历。后来他开设了“消费经济学”课程，并于1929年出版了《消费经济学》(*Economics of Consumption*)一书。

4. 拉尔夫·斯达·巴特勒

1910年出版了《市场营销方法》，该书由六篇构成。次年，他对这些材料进行修订，并以《卖与买》(*Selling and Buying*)为名由亚历山大·汉密尔顿研究院出版，成为一套14本系列教材中的一本。一两年后，该书更名为《市场营销》。巴特勒首先使用“市场营销”(Marketing)一词，并第一个在课文中采用了这一术语。

5. 纽厄尔·H. 考米什和弗洛伊德·L. 沃恩

他们完成了《农产品的合作市场营销》一书。沃恩也是威斯康星大学早期学者之一，1923年在该校获得博士学位。之前他曾有过教学经历，并曾在联邦贸易委员会工作。1920年他与W. H. 史蒂文森合著了关于谷物市场营销的《谷物贸易》一书(第一卷)。离开大学后，他于1929年出版了《市场营销与广告》一书。

总而言之，当时威斯康星大学的学生和教师都为市场营销学科的最终建立做出了贡献。出于学术研究或实际应用的需要，加之校园中活跃的学术气氛的影响，他们之间互相激励，最终创造出一些新鲜事物。他们将这一领域中的概念加以集中，并首先在课程和著作中使用了“市场营销”一词，第一次讲授了农产品市场营销课程，并通过对外联系，传播了市场营销知识，对学术和农业市场营销的研究都起到了促进作用。这所大学对美国早期市场营销思想的发展做出了重要贡献。

(二)纽约学派

哥伦比亚大学和纽约大学尽管对早期市场营销文献没什么突出贡献，但也做了一定的奠基工作。1920年，休·安格纽去了纽约大学。在此之前，他已具有多年的教学经验，并成为日后该地区最早的市场营销思想家。20 年代，尼斯托姆和 R. S. 亚历山大也到纽约地区教学。他们与当地其他市场营销学者的主要区别在于，其成就是从科学研究机构取得的。

在安格纽思想和著作的形成中，职业因素起了很大作用，尤其在广告和沟通方面。1912 年，他接手伊里诺斯的一家报纸的管理工作，并发表了几篇关于广告的文章，由此引发的讨论使他写了更多的文章。1916 年他去华盛顿大学短期任教。之后，他一直投身于广告业，直至 1920 年。

（三）哈佛学派

对早期市场营销思想发展起到了重要影响的是哈佛大学商学院和经济学系。哈佛大学不但培养了自己学校的人才，也为去那里暂时就读的学生的日后发展助益甚大，该校对市场营销的贡献是杰出而又独特的。早期在哈佛大学对市场营销思想做出贡献的先驱有：切林顿（Cherington）、肖（Shaw）、科普兰（Copeland）、托斯德（Tosdal）、威德勒（Weidler）、梅纳德（Maynard）、麦克纳尔（Mcnair）、博顿（Borden）和韦尔（Vaile）。

1. 保罗·T. 切林顿

在切林顿身上，自然和个人因素的影响体现得颇为典型。他对市场营销的兴趣来源于他与海杰蒂的接触。他的名著有《广告的商业作用》（1912 年）和《市场营销概论》（1920 年）。

2. Λ·W. 肖

肖受哈佛大学的影响是从 1910 年他去剑桥大学重建工商管理学院时开始的。1912 年他在《经济学季刊》上发表了《市场营销中分销的若干问题》的文章。1916 年，他写成了《商业问题的出路》一书。

3. 梅尔文·T. 科普兰

在科普兰的市场营销职业生涯中，个人因素的影响十分明显。1912 年，他出版了《美国棉花制造业》一书。同年，他返回哈佛大学商学院研究生院，并接手开设了“商业组织”课程的工作。两年后，这门课程更名为“市场营销”。回到剑桥以后，他的市场营销思想又进一步受到盖伊的影响。于是，科普兰在 1920 年出版了《市场营销中的若干问题》一书。同年，又是在多汉姆的要求下，在商业研究所担当起了为各门课程收集案例的任务。科普兰经过不断研究和实践，于 1924 年出版了《商业原理》一书。

4. 哈里·R. 托斯德

同许多其他市场营销作者一样，托斯德也是从经济学进入市场营销领域的。1915 年，他在哈佛大学获得博士，之后，他分别在麻省理工学院（1915 ~1916 年）和波士顿大学（1916 ~ 1920 年）教授经济学。1918 ~ 1920 年，他在哈佛大学任经济学讲师。1920 年他成为工商管理研究生院的副教授。1921 年他出版了《销售管理中的若干问题》一书。

5. 尼尔·H. 博顿

博顿的市场营销思想及其对市场营销理论的贡献，在某种程度上是由于他既是哈佛大学工商管理学院的学生，又是一名教师。于 1927 年出版了《广告问题》一书。

哈佛大学与威斯康星大学比较，后者的市场营销学者往往是完成学业后又到其他地方任教的人，而哈佛大学的大部分是在那里学习后又继续任教的人。哈佛大学的学者们是市场营销理论早期发展的重要参与者，但他们主要的贡献是对市场营销问题（包括一般性问题和专业化问题的编辑整理）。

（四）中西部学派

尽管早期市场营销课程大多在中西部的大学里讲授过，但除了威斯康星大学以外，其他大学对市场营销思想的发展并未做出太大贡献。虽然这些学校也有一些著名的经济学家，但并不像威斯康星大学和哈佛大学那么集中。然而，随着人们对市场营销兴趣的不断增大，在明尼苏达、密执安、伊里诺斯及俄亥俄的个别学者也曾做出一些有价值的贡献。其中包括韦尔德、克拉克、艾维、L. S. 邓肯、康沃斯、韦尔勒、梅纳德及贝克曼。

1. L·D. H. 韦尔德

韦尔德是由于工作环境需要而对市场营销产生兴趣的。出版了《农产品市场营销》（1916 年）一书。之后，他去耶鲁大学谢菲尔德科学院教了两年书，并继续从事市场营销研究。这时，他的研究兴趣已转向工业品领域。这期间另一件有意义的事是市场营销教学工作者的一次大聚会。1914 年韦尔德有幸在美国经济联合会上宣读了他的论文《市场营销》，这是第一次将市场营销的题目公之于众。4 年后，在里士满同样的一次会议上，他联合了五六位对市场营销感兴趣的人共同探讨教学问题。这个小团体以后每年聚会一次，并迅速壮大起来，成为日后成立的全国市场营销教师协会的核心。

2. 弗里德·E. 克拉克

克拉克对市场营销的兴趣是受多种因素的影响而产生的。1918 年，他为自己的课程准备的第一份油印讲稿《市场营销原理》，被其任教的密执安大学采用。经济学系主任亨利·C. 亚当斯对他的写作给予大力支持。克拉克 1919 年到西北大学任教后，那里的系主任希尔曼也同样鼓励、帮助过他。他的讲稿分别被密执安、明尼苏达和西北大学用作教材，并于 1922 年出版成书。

3. 保罗·W. 艾维

艾维的职业生涯与克拉克是并行的。在劳伦斯大学获得文学学士后，他与克拉克同时在伊里诺斯大学攻读硕士。他们同时于 1913 年获得学位，之后，艾维也先后在密执安、依阿华、内布拉斯加大学任教。1923 年，他也来到西北大学（当时克拉克在那里已工作了 4 年）。几年后，又去南加州大学任教。艾维同克拉克一样，在任教期间，对他的经历和经商经验加以提炼，出版了《市场营销原理》一书。之后，又出版了一系列著作，尤其是关于零售推销方面的著作。

4. 保罗·D. 康沃斯

康沃斯的市场营销兴趣和观点颇受父亲和许多大学教授的影响。他在 1921 年出版的第一本书《市场营销方法与政策》中，主要研究了中间商的作用等问题。当时，他仍在匹茨堡大学教书。1924 年，他来到伊里诺斯大学，那里的市场营销理论正被利特曼和贝伦斯所发展。而康沃斯则在另外两个领域产生了影响。他更清楚地认识到农业市场营销的重要性。由于农场远离大都市，他更强调市场营销原理的强化培训，而不是职业培训。

5. 沃尔特·C. 韦德勒

海杰蒂开创了市场营销领域的先河，而韦德勒就是他 1905 年开设这门课时被录取的早期学生之一。他与人合著了《市场营销原理》一书。

6. L·S. 邓肯

邓肯对于市场营销的兴趣是一种好奇心的驱动，加之其他方面的无所作为而导致的。于 1919 年和 1920 年分别出版了《商业研究》、《市场营销问题与方法》两部著作。

7. 哈罗德·H. 梅纳德

同其他人一样，梅纳德对市场营销的偏好在本科时并未表现出来。当时依阿华大学并未开设市场营销课，但由于他对经济史的研究，对一些著名的企业

领袖的名字和活动十分熟悉，因而产生了对市场营销的兴趣。其他一些经历对他的发展也有影响。他不断利用各种机会学习市场营销。在华盛顿大学讲授“零售学”时，他写了《西北部苹果市场营销》的论文。在俄亥俄，他又参与了刚刚开设的“市场营销问题”课程的教学。在哈佛他遇到了韦德勒，并应邀去了哥伦比亚大学，与韦德勒和贝克曼共同撰写了《市场营销原理》一书。

8. 西奥多·N. 贝克曼

贝克曼的市场营销兴趣是学术挑战的结果。他曾想当一名领事，但在他等待外交学校的接收函时，却在俄亥俄大学对经济学和商业产生了兴趣。贝克曼写成并于1924年出版了《信用和融资的理论与实践》一书。这本书被接受为他的博士论文，尽管此间他花费大量时间从事一项关于批发业的专门研究，受到邓肯的支持。

综上所述，中西部学派对美国早期市场营销思想的发展贡献巨大。其主要贡献在于1920年左右掀起了市场营销理论研究的第二次浪潮。第一次浪潮，是在此之前的8～10年里，以巴特勒、切林顿、肖和尼斯托姆等为代表人物掀起的市场营销理论研究浪潮，即在1910～1920年间上述学者开展了大量的开拓性工作，如对市场营销定义的确定、扩展和研究等，最终完成了市场营销思想的早期形成与发展。然而，早期的研究主要限于就一些市场营销新概念展开切磋。从此，市场营销一词开始流行起来。上世纪初的市场营销学者是从总体上探索市场营销实践的。这10年间主要强调了市场营销的商品研究法，尤其是在威斯康星大学，第一次世界大战后以来，学者们开始注重对市场营销职能的研究。因而，中西部学派的主要贡献在于对市场营销理论的集成与提炼，并开展了关于市场营销职能和原理的研究。他们将这门学科加以定型，并不断丰富了市场营销理论体系。

三、结论与启示

通过对美国早期市场营销思想的发展进行深入研究，我们可以得出如下结论：（1）市场营销研究是经济学研究的发展和扩展，而不是商业实践的理论化；（2）对商业活动的开拓性研究对市场营销科学早期发展和理论根基的充实十分重要；（3）不论是来自学术界还是来自实际领域的市场营销研究者，都受到多种主客观因素的影响；（4）市场营销的框架是在1920年（即市场营销原理成为很多著作的题目时）才形成的；（5）本世纪初的20年间对市场营销做出主要贡献的先驱后来大多仍是市场营销学界的杰出学者；（6）对市场营销的早期分析与论述，今天来看仍然是正确的。之后的市场营销新作仅是对已有概念的重新定义和详细阐述。

尽管早期学者来自于不同的学术领域，有着不同的实践经验，工作在不同的岗位，但对市场营销的共同兴趣，以及他们之间彼此的影响仍使他们结成一个相互切磋、经常探讨的学术群体。1902～1920年间，早期的市场营销学者只在美国12所大学里能找到，而大量学者从事这方面学习和研究的学校就更少了。各大学的市场营销教学与研究也受到了其所接触的学者的重要影响。各种观点、思想随之传播到各地。学者们研究市场营销的最初动力，主要是来自激进经济思想的学术气氛和环境，例如威斯康星大学和哈佛大学的学者就是这样。然而美国早期市场营销思想的发展也受到其他环境因素的影响，而不是仅限于上述学校所讲授的经济学课程。在农业领域工作的学者主要从事农业市场营销研究，而来自各大城市的学者则偏重成品的市场营销和市场营销惯例、技巧的研究。早期学者主要发展了商品市场营销理论，而后来的学者则注意市场营销职能、实践及问题的研究，教学工作的特性和需要刺激了市场营销论著的大量涌现。市场营销教师在倾吐个人对该学科的兴趣的同时，几乎全部变成了市场营销刊物的编辑、作者和市场营销思想的启蒙人。

第三节　市场营销的核心概念

市场营销涉及其出发点，即满足顾客需求；还涉及以何种产品来满足顾客需求，如何才能满足消费者需求，即通过交换方式，产品在何时、何处交换，谁实现产品与消费者的联接。可见，市场营销的核心概念应当包含需求及相关的欲求、需要，产品及相关的效用、价值和满足，交换及相关的交易和关系，市场、市场营销及市场营销者。

首先介绍几种市场营销的定义：

第一，菲利浦·科特勒认为“市场营销是个人和集体通过创造并同别人交换产品和价值以获得其所需所欲之物的一种社会过程”；

第二，路易斯·布恩认为“市场营销是发展和有效分配产品和劳务给目标市场的活动”；

第三，有人认为市场营销是企业及其他经济组织通过交换过程满足市场需求的经济活动；

第四，又一种说法认为市场营销是为引导商品和劳务从生产者流向消费者或使用者过程中所实行的一切企业经营活动。

事实上，市场营销是个人或组织在不断变化的市场环境中，为促进思想、产品、服务的交换而开展的一切经济活动，是一个在明确市场需求的基础上组织和指导经济个体的行为，以实现有效地满足顾客需求的管理过程。

而所谓旅游市场营销是旅游经济个体（个人和组织）对思想、产品和服务的构思、定价、促销的计划和执行过程，以实现达到经济个体目标的交换。

（一）需求及相关的欲求和需要

1. 需求（Needs）

指消费者生理及心理的需求，如人们为了生存，需要食物、衣服、房屋等生理需求及安全、归属感、尊重和自我实现等心理需求。市场营销者不能创造这种需求，而只能适应它。

2. 欲求（Wants）

指消费者深层次的需求。不同背景下的消费者欲求不同，比如中国人需求食物则欲求大米饭，法国人需求食物则欲求面包，美国人需求食物则欲求汉堡包。人的欲求受社会因素及机构因素诸如职业、团体、家庭、教会等影响，因而，欲求会随着社会条件的变化而变化。市场营销者能够影响消费者的欲求，如建议消费者购买某种产品。

3. 需要（Demand）

指有支付能力和愿意购买某种物品的欲求。可见，消费者的欲求在有购买力做后盾时就变成为需要。许多人想购买奥迪牌轿车，但只有具有支付能力的人才能购买。因此，市场营销者不仅要了解有多少消费者欲求其产品，还要了解他们是否有能力购买。

（二）产品及相关的效用和价值的满足

1. 产品（Product）

指用来满足顾客需求和欲求的物体。产品包括有形与无形的、可触摸与不可触摸的。有形产品是为顾客提供服务的载体。无形产品或服务是通过其他载体，诸如人、地、活动、组织和观念等来提供的。当我们感到疲劳时，可以到音乐厅欣赏歌星唱歌（人），可以到公园游玩（地），可以到室外散步（活动)，可以参加俱乐部活动（组织），或者接受一种新的意识（观念）。服务也可以通过有形物体和其他载体来传递。市场营销者切记销售产品是为了满足顾客需求，如果只注意产品而忽视顾客需求，就会产生“市场营销近视症”。

2. 效用、价值和满足（Utility，Value，Satisfaction）

消费者如何选择所需的产品，主要是根据对满足其需要的每种产品的效用进行估价而决定的。效用是消费者对满足其需要的产品的全部效能的估价。产品全部效能（或理想产品）的标准如何确定？例如某消费者到某地去的交通工具，可以是自行车、摩托车、汽车、飞机等。这些可供选择的产品构成了产品的选择组合。又假设某消费者要求满足不同的需求，即速度、安全、舒适及节约成本，这些构成了其需求组合。这样，每种产品有不同能力来满足其不同需要，如自行车省钱，但速度慢，欠安全；汽车速度快，但成本高。消费者要决定一项最能满足其需要的产品。为此，将最能满足其需求到最不能满足其需求的产品进行排列，从中选择出最接近理想的产品，它对顾客效用最大，如顾客到某目的地所选择理想产品的标准是安全、速度，他可能会选择汽车。

顾客选择所需的产品除效用因素外，产品价格高低亦是因素之一。如果顾客追求效用最大化，他就不会简单地只看产品表面价格的高低，而会看每一元钱能产生的最大效用，如一部好汽车价格比自行车昂贵，但由于速度快、修理费少、相对于自行车更安全，其效用可能大，从而更能满足顾客需求。

（三）交换、交易和关系（Exchange，Transactions，Relationships）

1. 交换（Exchange）

人们有了需求和欲求，企业亦将产品生产出来，还不能解释为市场营销，产品只有通过交换才使市场营销产生。人们或通过自给自足、自我生产方式，或通过偷抢方式，或通过乞求方式获得产品都不是市场营销，只有通过等价交换，买卖双方彼此获得所需的产品，才产生市场营销。可见，交换是市场营销的核心概念。

2. 交易（Transactions）

交换是一个过程，而不是一种事件。如果双方正在洽谈并逐渐达成协议，称为在交换中。如果双方通过谈判并达成协议，交易便发生。交易是交换的基本组成部分。交易是指买卖双方价值的交换，它是以货币为媒介的，而交换不一定以货币为媒介，它可以是物物交换。交易涉及几个方面，即两件有价值的物品，双方同意的条件、时间、地点，还有来维护和迫使交易双方执行承诺的

法律制度。

3. 关系（Relationships）

交易营销是关系营销大观念中的一部分。精明能干的市场营销者都会重视同顾客、分销商等建立长期、信任和互利的关系，而这些关系要靠不断承诺及为对方提供高质量产品、良好服务及公平价格来实现，靠双方加强经济、技术及社会联系来实现。关系营销可以减少交易费用和时间，最好的交易是使协商成为惯例化。处理好企业同顾客关系的最终结果是建立起市场营销网络。市场营销网络是由企业同市场营销中介人建立起的牢固的业务关系。

（四）市场、市场营销及市场营销者

1. 市场（Markets）

市场是一种以商品交换为内容的经济联系形成，是社会分工和商品生产的产物，是商品经济中社会分工的表现，由一切有特定需求或欲求并且愿意和可能从事交换来使需求和欲望得到满足的潜在顾客所组成。一般说来，市场是买卖双方进行交换的场所，但从市场营销学角度看，卖方组成行业，买方组成市场。行业和市场构成了简单的市场营销系统。卖方和买方由四种流程所联结，卖者将货物、服务和信息传递到市场，然后收回货币及信息。现代市场经济中的市场是由诸多种类的市场及多种流程联结而成的。生产商到资源市场购买资源（包括劳动力、资本及原材料），转换成商品和服务之后卖给中间商，再由中间商出售给消费者。消费者则到资源市场上出售劳动力而获取货币来购买产品和服务。政府从资源市场、生产商及中间商购买产品，支付货币，再向这些市场征税及提供服务。因此，整个国家的经济及世界经济都是由交换过程所联结而形成的复杂的相互影响的各类市场所组成的。

2. 市场营销（Marketing）及市场营销者（Marketers）

上述市场概念使我们更全面地了解市场营销的概念。它是指与市场有关的人类活动。亦即为满足消费者需求和欲望而利用市场来实现潜在交换的活动。它是一种社会的和管理的过程。

市场营销者则是从事市场营销活动的人。市场营销者既可以是卖方，也可以是买方。作为买方，他力图在市场上推销自己，以获取卖者的青睐，这样买方就是在进行市场营销。当买卖双方都在积极寻求交换时，他们都可称为市场营销者，并称这种营销为互惠的市场营销。

以上各基本概念关系如图 1－1 所示：

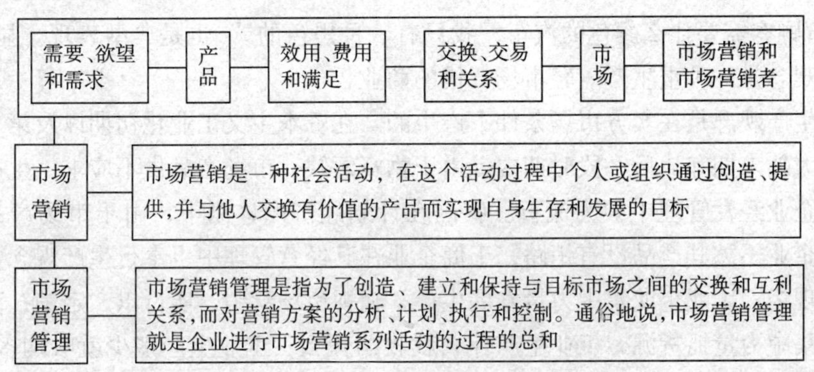

图1-1 市场营销基本概念及关系

第四节 市场营销观念

一、市场营销观念

企业经营观念（哲学）是企业经营活动的指导思想，是企业如何看待顾客和社会的利益，即如何处理企业、顾客和社会三者利益之间比重的关键。无论是西方国家企业或我国企业经营观念思想演变都经历了由“以生产为中心”转变为“以顾客为中心”，从“以产定销”变为“以销定产”的过程。企业经营观念的演变过程，既反映了社会生产力及市场趋势的发展，也反映了企业领导者对市场营销发展客观规律认识的深化。

现代企业的市场营销管理观念可归纳为五种，即生产观念、产品观念、推销观念、市场营销观念和社会市场营销观念。

（一）生产观念

生产观念是指导销售者行为的最古老的观念之一。这种观念产生于20世纪20年代前。企业经营哲学不是从消费者需求出发，而是从企业生产出发。其主要表现是“我生产什么，就卖什么”。生产观念认为，消费者喜欢那些可以随处买得到而且价格低廉的产品，企业应致力于提高生产效率和分销效率，扩大生产，降低成本以扩展市场。例如，美国皮尔斯堡面粉公司，从1869年至20世纪20年代，一直运用生产观念指导企业的经营，当时这家公司提出的口号是“本公司旨在制造面粉”。美国汽车大王亨利·福特曾傲慢地宣称：

“不管顾客需要什么颜色的汽车，我只有一种黑色的。”也是典型表现。显然，生产观念是一种重生产、轻市场营销的商业哲学。

生产观念是在卖方市场条件下产生的。在资本主义工业化初期以及第二次世界大战末期和战后一段时期内，由于物资短缺，市场产品供不应求，生产观念在企业经营管理中颇为流行。我国在计划经济旧体制下，由于市场产品短缺，企业不愁其产品没有销路，工商企业在其经营管理中也奉行生产观念，具体表现为：工业企业集中力量发展生产，轻视市场营销，实行以产定销；商业企业集中力量抓货源，工业生产什么就收购什么，工业生产多少就收购多少，也不重视市场营销。

除了物资短缺、产品供不应求的情况之外，有些企业在产品成本高的条件下，其市场营销管理也受产品观念支配。例如，亨利·福特在本世纪初期曾倾全力于汽车的大规模生产，努力降低成本，使消费者购买得起，借以提高福特汽车的市场占有率。

（二）产品观念

它也是一种较早的企业经营观念。产品观念认为，消费者最喜欢高质量、多功能和具有某种特色的产品，企业应致力于生产高值产品，并不断加以改进。它产生于市场产品供不应求的“卖方市场”形势下。最容易滋生产品观念的场合，莫过于当企业发明一项新产品时。此时，企业最容易导致“市场营销近视”，即不适当地把注意力放在产品上，而不是放在市场需要上，在市场营销管理中缺乏远见，只看到自己的产品质量好，看不到市场需求在变化，致使企业经营陷入困境。

（三）推销观念

推销观念（或称销售观念）产生于20世纪20年代末至50年代前，是为许多企业所采用的另一种观念，表现为“我卖什么，顾客就买什么”。它认为，消费者通常表现出一种购买惰性或抗衡心理，如果听其自然的话，消费者一般不会足量购买某一企业的产品，因此，企业必须积极推销和大力促销，以刺激消费者大量购买本企业产品。推销观念在现代市场经济条件下被大量用于推销那些非渴求物品，即购买者一般不会想到要去购买的产品或服务。许多企业在产品过剩时，也常常奉行推销观念。

推销观念产生于资本主义国家由“卖方市场”向“买方市场”过渡的阶段。在1920～1945年间，由于科学技术的进步，科学管理和大规模生产的推广，产品产量迅速增加，逐渐出现了市场产品供过于求，卖主之间竞争激烈的新形势。尤其在1929～1933年的特大经济危机期间，大量产品销售不出去，因而迫使企业重视采用广告术与推销术去推销产品。许多企业家感到：即使有物美价廉的产品，也未必能卖得出去；企业要在日益激烈的市场竞争中求得生存和发展，就必须重视推销。例如，美国皮尔斯堡面粉公司在此经营观念导向下，当时提出"本公司旨在推销面粉"。推销观念仍存在于当今的企业营销活动中，如对于顾客不愿购买的产品，往往采用强行的推销手段。

这种观念虽然比前两种观念前进了一步，开始重视广告术及推销术，但其实质仍然是以生产为中心的。

（四）市场营销观念

市场营销观念是作为对上述诸观念的挑战而出现的一种新型的企业经营哲学。这种观念是以满足顾客需求为出发点的，即"顾客需要什么，就生产什么"。尽管这种思想由来已久，但其核心原则直到20世纪50年代中期才基本定型，当时社会生产力迅速发展，市场趋势表现为供过于求的买方市场，同时广大居民个人收入迅速提高，有可能对产品进行选择，企业之间为实现产品的价值竞争加剧，许多企业开始认识到，必须转变经营观念，才能求得生存和发展。市场营销观念认为，实现企业各项目标的关键，在于正确确定目标市场的需要和欲望，并且比竞争者更有效地传送目标市场所期望的物品或服务，进而比竞争者更有效地满足目标市场的需要和欲望。

市场营销观念的出现，使企业经营观念发生了根本性变化，也使市场营销学发生了一次革命。市场营销观念同推销观念相比具有很大的差别。

西奥多·莱维特曾对推销观念和市场营销观念作过深刻的比较，指出：推销观念注重卖方需要；市场营销观念则注重买方需要。推销观念以卖主需要为出发点，考虑如何把产品变成现金；而市场营销观念则考虑如何通过制造、传送产品以及与最终消费产品有关的所有事物，来满足顾客的需要。可见，市场营销观念的四个支柱是：市场中心，顾客导向，协调的市场营销和利润。推销观念的四个支柱是：工厂，产品导向，推销，赢利。从本质上说，市场营销观念是一种以顾客需要和欲望为导向的哲学，是消费者主权论在企业市场营销管理中的体现。

（五）社会市场营销观念

社会市场营销观念是对市场营销观念的修改和补充。它产生于20世纪70

年代西方资本主义出现能源短缺、通货膨胀、失业增加、环境污染严重、消费者保护运动盛行的新形势下。因为市场营销观念回避了消费者需要、消费者利益和长期社会福利之间隐含着冲突的现实。社会市场营销观念认为，企业的任务是确定各个目标市场的需要、欲望和利益，并以保护或提高消费者和社会福利的方式，比竞争者更有效、更有利地向目标市场提供能够满足其需要、欲望和利益的物品或服务。社会市场营销观念要求市场营销者在制定市场营销政策时，要统筹兼顾三方面的利益，即企业利润、消费者需要的满足和社会利益。

上述五种企业经营观，其产生和存在都有其历史背景和必然性，都是与一定的条件相联系、相适应的。当前，外国企业正在从生产型向经营型或经营服务型转变，企业为了求得生存和发展，必须树立具有现代意识的市场营销观念、社会市场营销观念。但是，必须指出的是，由于诸多因素的制约，当今美国企业不是都树立了市场营销观念和社会市场营销观念。事实上，还有许多企业仍然以产品观念及推销观念为导向。市场营销观念发展图示如下：

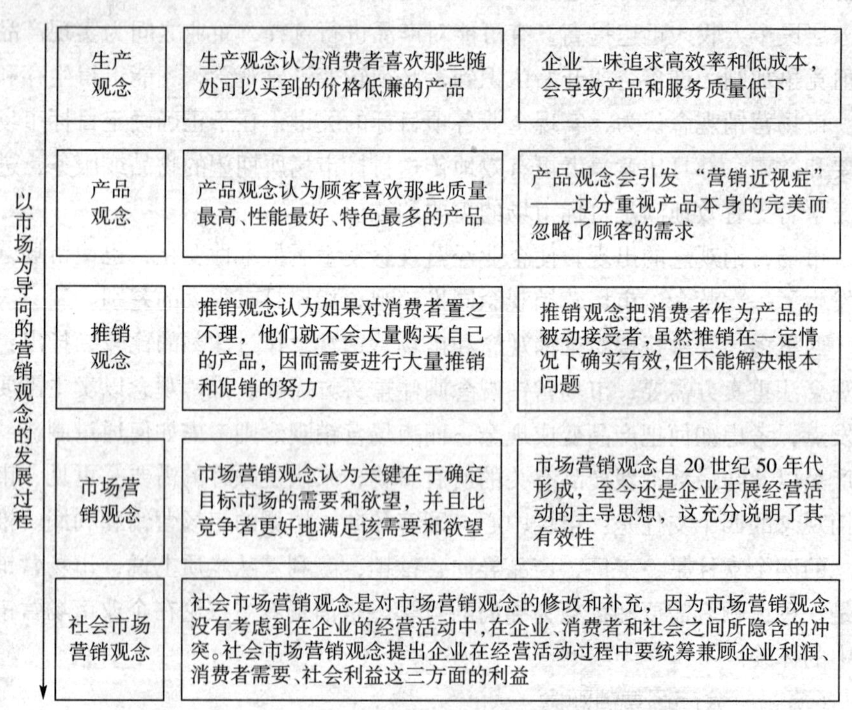

图1-2 市场营销观念发展

二、市场营销观念新发展

企业市场营销管理哲学在经历了生产观念、产品观念、推销观念、市场营销观念、社会市场营销观念五个阶段之后，继续随着实践的发展而不断深化、丰富。以下就20世纪90年代以来新出现的整体市场营销与顾客让渡价值两个理论问题作一阐述。

（一）整体市场营销

1992年，市场营销学界的权威菲利浦·科特勒提出了跨世纪的市场营销新观念——整体市场营销（Total Marketing）。他认为，从长远利益出发，公司的市场营销活动应囊括构成其内、外部环境的所有重要行为者，他们是：供应商、分销商、最终顾客、职员、财务公司、政府、同盟者、竞争者、传媒、一般大众。

1. 供应商市场营销

对于供应商，传统的做法是选择若干数目的供应商，从供应商A、B、C、D……那里分别采购所需货物的50%、25%、12%、5%……并促使他们相互竞争，从而迫使他们利用价格折扣尽量提高自己的供货份额。事实上，这种做法虽然能使企业节约成本费用，但却隐藏着很大的风险。比如供货质量参差不齐、主要的供应商因价格竞争过度而破产等。如今，越来越多的企业已开始倾向于把供应商看作合作伙伴，设法帮助他们提高供货质量及其及时性，搞好经营管理。

开展“供应商市场营销”，主要包括两方面的内容。其一，确定严格的资格标准以选择优秀的供应商，这些标准可以包括技术水平、财务状况、创新能力、质量观念等；其二，积极争取那些成绩卓著的供应商，使其成为自己的合作者。因这种市场营销活动与产品流动方向是相反的，故也称为“反向市场营销”。

2. 分销商市场营销

对许多制造商而言，分销商市场营销正变得比最终顾客市场营销更重要。在食品、个人保健品、个人电脑等领域，这种趋势表现得尤为明显，大零售商事实上控制了最终顾客。由于销售空间有限，零售商购进产品时的品牌选择极为苛刻，他们偏爱那些叫得响的名牌产品，对其他品牌则大打折扣或干脆使用零售商自己的品牌。更有甚者，由于买方市场的日益显著，零售商大肆索要

“货架占用费”、“专门展示费”、“合作广告费”等。有资料表明，美国的制造商至少将70%的促销费用于争取零售商的“优待”上。

因此，制造商必须开展分销商市场营销，以获取他们主动或被动的支持。一是“正面市场营销”，即与分销商展开直接交流与合作，例如著名的宝洁公司（P&G）就将12人长期派驻美国零售商沃奇公司总部，进行长期合作；二是“侧面市场营销”，即公司设法绕开分销商的主观偏好，而以密集广告、质量改进等手段建立并维持巩固的顾客偏好，从而迫使分销商购买该品牌产品。

3. 最终顾客市场营销

这是传统意义上的市场营销，指公司通过市场营销研究，确认并服务于某一特定的目标顾客群的活动过程。在此方面，市场营销研究人员已经具备相当复杂的技术手段，建立了顾客品牌偏好和行为选择的数学模型，以寻求满足目标顾客群的最佳途径。

实行目标顾客战略，有一点需要商榷。有些公司领导人认为，满足最终顾客是一项永无止境的工作，职员对顾客应当永远说“是”。显然，这是不切实际的，因为有些顾客要求是不合理的，难以满足或无利可图。而且，这种做法曲解了目标顾客战略的真正涵义，误以为是满足、迎合顾客的一切需求。

另外，最终顾客市场营销还可采用“牵动顾客”策略。公司推出顾客意想不到的新产品之后，应通过积极有效的市场营销活动使人们逐渐了解它、喜爱它、接受它。在美国，电子洗碗机、微波炉等新产品被广泛使用，就在于使顾客相信这些新技术革新成果确实能提高生活质量。

4. 职员市场营销

对一个股份制公司而言，它的经营宗旨应当是使职员、顾客、股东均表满意，而首要的是让职员满意。只要职员心情舒畅、工作积极、服务周到，就能令顾客满意，满意的顾客一定会再次光顾，由此带来的利润增加就可增加股东的收益，令股东满意。

可见，作为公司形象的代表和服务的真实提供者，职员也应成为公司市场营销活动涉及的一个重要方面。职员市场营销由于面对内部职员，因而也称“内部市场营销”。一方面，它要求通过培训提高职员的服务水平，增强敏感性及与顾客融洽相处的技巧；另一方面，它要求强化与职员的沟通、理解并满足他们的需求，激励他们在工作中发挥最大潜能。

5. 财务公司市场营销

财务公司提供一种关键性的专门资源——资金，因而财务公司市场营销至关重要。公司的资金能力取决于它在财务公司及其他金融机构的资信，是否被认为能有效地使用借入资金从而能够偿本付息。因此，公司需要了解金融机构对它的资信评价，并由公司的财务经理通过年度报表、业务计划等工具影响其看法，以便在资金成本和便利性方面获得优势。这种影响活动过程及其中的技巧就形成了财务公司市场营销。

6. 政府市场营销

所有企业的经济行为都必然受制于一系列由政府颁布的法律。汽车公司进行开发、设计时必须考虑不断升级的污染和安全标准，在境外销售产品的公司可能受到东道国广告立法的限制及其他贸易、非贸易壁垒。

面对政府立法的制约，美国的大公司一般都开展政府市场营销。他们聘用那些能对立法机关施加重要影响的社会活动家，四处游说，以促使制定于己有利的立法，消除不利的立法。这些社会活动家类似杰出的职业市场营销者，他们向立法机关提交翔实的材料和报告，向其证实有必要在立法中更多地考虑该行业甚至该公司的利益；另外，他们十分了解立法者对名誉、权力、选票的需求，并尽量给予满足。

政府市场营销会产生正、负两方面效用。当需要尽快推出一种新型食品并力求缩短各级政府繁杂的审查过程时，政府市场营销能起到积极的推动作用；而在其他情况下，政府市场营销往往意味着投机取巧，缺乏创新。比如，日本议院和美国国会几乎同时通过了提高汽车排放标准的立法，日本的汽车制造商立即着手生产具有更好排气控制系统的汽车；而美国的同行们则马上派出更优秀的社会活动家游说国会，要求修改这项法律。前者视法律为挑战和机会，后者则视为绊脚石。结果美国汽车制造商搬起石头砸了自己的脚，将一大部分国内市场及海外市场拱手相让。

7. 同盟者市场营销

因为市场在全球范围的扩展，寻求同盟者对公司来说日益重要。

美国电报电话公司（AT&T）若非与飞利浦等欧洲大公司联手，很难在欧洲电讯市场立足。著名的 IBM 公司、美国通用汽车公司等，如果不借助同盟者，也无法覆盖全球市场。同盟者一般与企业组成松散的联盟，在设计、生产、市场营销等领域为企业的扩张提供帮助，双方并建立互惠互利的合作关

系。潜在的同盟者不计其数，但他们的实力、需求及文化特征各不相同，企业必须根据自身的实际资源状况和经营目标加以选择，一旦确定，就积极吸引他们参与合作，并在合作过程中不断加以激励，以取得最大的合作效益。

8. 竞争者市场营销

通常的看法，认为竞争者只是与自己争夺市场和盈利的对手。事实上，竞争者可以转变为合作者，只要“管理”得当。这种对竞争者施以管理，以形成最佳竞争格局、取得最大竞争收益的过程就可视为“竞争者市场营销”。

在许多行业都是市场领导者定价，竞争者相随。为了避免两败俱伤的“流血冲突”，领导者可以向竞争者暗示他最好并且只能采用何种竞争策略。例如，P&G 在其主要产品市场上把自己塑成一只“老虎”，万一出现新品牌竞争，公司会立即采用价格折扣等方法促使顾客维持忠诚。面对这样的强者姿态，聪明的竞争者都会自觉避开“老虎”，转而进攻迟钝的“大象”或软弱的“老鼠”。

在电讯、汽车等行业，竞争者往往彼此也是供应者和购买者，需要一定程度的相互合作和支持。因此，尽管美国的通用公司和日本的丰田公司是竞争对手，然而它们也向对方买卖汽车配件，甚至合作开发新型汽车。

另外，许多行业的竞争者经常在制定行业标准、发放许可证及市场营销研究等方面开展合作。因此，有必要了解竞争者所需所想，以便影响其行为方式和反应模式，使竞争态势朝有利的方向发展。

9. 传媒市场营销

大众传媒（如广播、报刊、电视等）直接影响企业的公众形象和声誉。传媒市场营销的目的在于鼓励传媒做对企业有利的宣传，尽量淡化不利的宣传。为此，首先要了解传媒对“故事”的需求及接近公司高级主管的必要性。在此前提下，一方面委托公关部门致力于与记者建立良好关系，另一方面企业的发言人要认真对待传媒的提问，尽量作出准确、清晰的回答，以赢得他们的信任和好感。

10. 公众市场营销

企业逐渐体会到公众看法对其生存与发展有至关重要的影响。例如，公众对环境问题的关注迫使化工、冶金、造纸等行业修改生产计划和市场营销策略；同样，对胆固醇的恐惧和忧虑也要求快餐公司在其产品中添加合理的营养成分。为了获得公众的好感，企业必须广泛搜集公众意见，确定他们关注的新焦点，并有针对性地设计一些方案，加强与公众的交流。

（二）顾客让渡价值

菲利浦·科特勒在1994年出版的《市场营销管理——分析、规划、执行和控制》（第8版）中，新增了《通过质量、服务和价值建立顾客满意》一章，提出了“顾客让渡价值”（Customer-Delivered Value）的新概念。这一概念的提出，是对市场营销理论的最新发展。

1. “顾客让渡价值”的含义

“顾客让渡价值”是指顾客总价值（Total Customer Value）与顾客总成本（Total Customer Cost）之间的差额。顾客总价值是指顾客购买某一产品与服务所期望获得的一组利益，它包括产品价值、服务价值、人员价值和形象价值等。顾客总成本是指顾客为购买某一产品所耗费的时间、精神、体力以及所支付的货币资金等，因此，顾客总成本包括货币成本、时间成本、精神成本和体力成本等。

由于顾客在购买产品时，总希望把有关成本包括货币、时间、精神和体力等降到最低限度，而同时又希望从中获得更多的实际利益，以使自己的需要得到最大限度的满足，因此，顾客在选购产品时，往往从价值与成本两个方面进行比较分析，从中选择出价值最高、成本最低，即“顾客让渡价值”最大的产品作为优先选购的对象。

企业为在竞争中战胜对手，吸引更多的潜在顾客，就必须向顾客提供比竞争对手具有更多“顾客让渡价值”的产品。这样，才能使自己的产品为消费者所注意，进而购买本企业的产品。为此，企业可从两个方面改进自己的工作：一是通过改进产品、服务、人员与形象，提高产品的总价值；二是通过降低生产与销售成本，减少顾客购买产品的时间、精神与体力的耗费，从而降低货币与非货币成本。

2. 顾客购买的总价值

使顾客获得更大“顾客让渡价值”的途径之一，是增加顾客购买的总价值。顾客总价值由产品价值、服务价值、人员价值和形象价值构成，其中每一项价值因素的变化均对总价值产生影响。

（1）产品价值。产品价值是由产品的功能、特性、品质、品种与式样等所产生的价值。它是顾客需要的中心内容，也是顾客选购产品的首要因素，因而在一般情况下，它是决定顾客购买总价值大小的关键和主要因素。产品价值

是由顾客需要来决定的，在分析产品价值时应注意：

第一，在经济发展的不同时期，顾客对产品的需要有不同的要求，构成产品价值的要素以及各种要素的相对重要程度也会有所不同。例如，我国在计划经济体制下，由于产品长期短缺，人们把获得产品看得比产品的特色更为重要，因而顾客购买产品时更看重产品的耐用性、可靠性等性能方面的质量，而对产品的花色、式样、特色等却较少考虑；在市场商品日益丰富、人们生活水平普遍提高的今天，顾客往往更为重视产品的特色质量，如要求功能齐全、质量上乘、式样新颖等。

第二，在经济发展的同一时期，不同类型的顾客对产品价值也会有不同的要求，在购买行为上显示出极强的个性特点和明显的需求差异性。因此，这就要求企业必须认真分析不同经济发展时期顾客需求的共同特点以及同一发展时期不同类型顾客需求的个性特征，并据此进行产品的开发与设计，增强产品的适应性，从而为顾客创造更大的价值。

（2）服务价值。服务价值是指伴随产品实体的出售，企业向顾客提供的各种附加服务，包括产品介绍、送货、安装、调试、维修、技术培训、产品保证等所产生的价值。服务价值是构成顾客总价值的重要因素之一。在现代市场营销实践中，随着消费者收入水平的提高和消费观念的变化，消费者在选购产品时，不但注意产品本身价值的高低，而且更加重视产品附加价值的大小。特别是在同类产品质量与性质大体相同或类似的情况下，企业向顾客提供的附加服务越完备，产品的附加价值越大，顾客从中获得的实际利益就越大，从而购买的总价值也越大；反之，则越小。因此，在提供优质产品的同时，向消费者提供完善的服务，已成为现代企业市场竞争的新焦点。

（3）人员价值。人员价值是指企业员工的经营思想、知识水平、业务能力、工作效益与质量、经营作风、应变能力等所产生的价值。企业员工直接决定着企业为顾客提供的产品与服务的质量，决定着顾客购买总价值的大小。一个综合素质较高又具有顾客导向经营思想的工作人员，会比知识水平低、业务能力差、经营思想不端正的工作人员为顾客创造更高的价值，从而创造更多的满意的顾客，进而为企业创造市场。人员价值对企业、对顾客的影响作用是巨大的，并且这种作用往往是潜移默化、不易度量的。因此，高度重视对企业人员综合素质与能力的培养，加强对员工日常工作的激励、监督与管理，使其始终保持较高的工作质量与水平就显得至关重要。

(4) 形象价值。形象价值是指企业及其产品在社会公众中形成的总体形象所产生的价值。包括企业的产品、技术、质量、包装、商标、工作场所等所构成的有形形象所产生的价值，公司及其员工的职业道德行为、经营行为、服务态度、作风等行为形象所产生的价值，以及企业的价值观念、管理哲学等理念形象所产生的价值等。形象价值与产品价值、服务价值、人员价值密切相关，在很大程度上是上述三个方面价值综合作用的反映和结果。形象对于企业来说是宝贵的无形资产，良好的形象会对企业的产品产生巨大的支持作用，赋予产品较高的价值，从而带给顾客精神上和心理上的满足感、信任感，使顾客的需要获至更高层次和更大限度的满足，从而增加顾客购买的总价值。因此，企业应高度重视自身形象塑造，为企业进而为顾客带来更大的价值。

3. 顾客购买的总成本

使顾客获得更大"顾客让渡价值"的途径之二，是降低顾客购买的总成本。顾客总成本不仅包括货币成本，而且还包括时间成本、精神成本、体力成本等非货币成本。一般情况下，顾客购买产品时首先要考虑货币成本的大小，因此，货币成本是构成顾客总成本大小的主要和基本因素。在货币成本相同的情况下，顾客在购买时还要考虑所花费的时间、精神、体力等，因此这些支出也是构成顾客总成本的重要因素。这里我们主要考察后面三种成本。

(1) 时间成本。在顾客总价值与其他成本一定的情况下，时间成本越低，顾客购买的总成本越小，从而"顾客让渡价值"越大。如以服务企业为例，顾客购买餐馆、旅馆、银行等服务行业所提供的服务时，常常需要等候一段时间才能进入到正式购买或消费阶段，特别是在营业高峰期更是如此。在服务质量相同的情况下，顾客等候购买该项服务的时间越长，所花费的时间成本越大，购买的总成本就会越大。同时，等候时间越长，越容易引起顾客对企业的不满意感，从而中途放弃购买的可能性亦会增大。反之亦然。因此，努力提高工作效率，在保证产品与服务质量的前提下，尽可能减少顾客的时间支出，降低顾客的购买成本，是为顾客创造更大的"顾客让渡价值"、增强企业产品市场竞争能力的重要途径。

(2) 精力成本（精神与体力成本）。精力成本是指顾客购买产品时，在精神、体力方面的耗费与支出。在顾客总价值与其他成本一定的情况下，精神与体力成本越小，顾客为购买产品所支出的总成本就越低，从而"顾客让渡价值"越大，因为消费者购买产品的过程是一个从产生需求、寻找信息、判断选择、决定购买到实施购买，以及购后感受的全过程。在购买过程的各个阶段，均需付出一定的精神与体力。如当消费者对某种产品产生了购买需求后，就需要搜集该种产品的有关信息。消费者为搜集信息而付出的精神与体力的多少会因购买情况的复杂程度不同而有所不同。就复杂购买行为而言，消费者一般需要广泛全面地搜集产品信息，因此需要付出较多的精神与体力。对于这类产品，如果企业能够通过多种渠道向潜在顾客提供全面详尽的信息，就可以减少顾客为获取产品情报所花费的精神与体力，从而降低顾客购买的总成本。又如，对于结构性能比较复杂、装卸搬运不太方便的机械类、电气类产品，如果企业能为顾客提供良好的售后服务，如送货上门、安装调试、定期维修、供应零配件等，就会减少顾客为此所耗费的精神和体力，从而降低精神与体力成本。因此，企业采取有效措施，对增加顾客购买的实际利益，降低购买的总成本，获得更大的"顾客让渡价值"具有重要意义。

4. "顾客让渡价值"的意义

在现代市场经济条件下，企业树立"顾客让渡价值"观念，对于加强市场营销管理，提高企业经济效益具有十分重要的意义。

（1）"顾客让渡价值"的多少受顾客总价值与顾客总成本两方面的因素的影响。其中顾客总价值是产品价值（Product Value）、服务价值（Services Value）、人员价值（Personnel Value）和形象价值（Image Value）等因素的函数，可表示为TCV = f（Pd，S，Ps，I）

其中任何一项价值因素的变化都会影响顾客总价值。顾客总成本是包括货币成本（Monetary Price）、时间成本（Time Cost）、精力成本（Energy Cost）等因素的函数，即TCC = f（M，T，E）

其中任何一项成本因素的变化均会影响顾客总成本，由此影响"顾客让渡价值"的大小。同时，顾客总价值与总成本的各个构成因素的变化及其影响作用不是各自独立的，而是相互作用、相互影响的。某一项价值因素的变化不仅影响其他相关价值因素的增减，从而影响顾客总成本的大小，而且还影响"顾客让渡价值"的大小；反之亦然。因此，企业在制定各项市场营销决策时，应综合考虑构成顾客总价值与总成本的各项因素之间的这种相互关系，从而用较低的生产与市场营销费用为顾客提供具有更多的"顾客让渡价值"的产品。

（2）不同的顾客群对产品价值的期望与对各项成本的重视程度是不同的。

企业应根据不同顾客群的需求特点，有针对性地设计和增加顾客总价值，降低顾客总成本，以提高产品的实用价值。例如，对于工作繁忙的消费者而言，时间成本是最为重要的因素，企业应尽量缩短消费者从产生需求到具体实施购买，以及产品投入使用和产品维修的时间，最大限度地满足和适应其求速求便的心理要求。总之，企业应根据不同细分市场顾客的不同需要，努力提供实用价值强的产品，这样才能增加其购买的实际利益，减少其购买成本，使顾客的需要获得最大限度的满足。

(3) 企业为了争取顾客，战胜竞争对手，巩固或提高企业产品的市场占有率，往往采取“顾客让渡价值”最大化策略。追求“顾客让渡价值”最大化的结果却往往会导致成本增加，利润减少。因此，在市场营销实践中，企业应掌握一个合理的度，而不应片面追求“顾客让渡价值”最大化，以确保实行“顾客让渡价值”所带来的利益超过因此而增加的成本费用。换言之，企业“顾客让渡价值”的大小应以能够达到实现企业经营目标的经济效益为原则。

【案例】

4P 与 4C 在企业的实际应用

郝志强

营销理论的出现往往是总结了企业经营管理实践而提出来，起到传播先进经验的作用。正因为如此，营销理论的发展总是滞后于企业的实践发展。作为企业，要用一个什么样的心态来看营销理论？我们认为，理论够用就好了，企业没有必要像理论家一样追逐“最新”、“最时髦”的营销理论，来证明自己的存在，要把中心放到研究理论的实际应用上面来，放到怎样来指导企业的实际工作中来。营销中比较困扰营销人最基本的问题就是4P和4C的问题。很多文章都提出要废除4P，使用4C，但是企业在实践中发现，还是4P更实用。怎么来看待这个问题？

一、4P 和 4C 概念的提出和发展

1964年，美国营销专家鲍敦提出了市场营销组合概念，是指市场营销人员综合运用并优化组合多种可控因素，以实现其营销目标的活动总称。这些可控因素后来被麦卡锡归并为四类即4P（产品——Product；价格——Price；渠道——Place；促销——Promotion），从那以后4P成为每一个商业人士的公用

语言风行营销界30多年。

1990年，美国学者劳特·邦（Laute Born）教授提出了与传统营销的4P相对应的4C理论，即消费者的需求与欲望（Consumer's needs and wants），把产品先搁到一边，赶紧研究消费者的需求与欲望，不要再卖你能制造的产品，而要卖某人确定想要买的产品；消费者愿意付出的成本（Cost），暂时忘掉定价策略，赶快去了解消费者要满足其需要与欲求所必须付出的成本；购买商品的便利（Convenience），忘掉通路策略，应当思考如何给消费者方便以购得商品；沟通（Communication），最后请忘掉促销。4C理论的提出引起了营销传播界及工商界的极大反响，从而也成为整合营销理论的核心。

现在理论界有一种错误的观点，认为4C是消费者导向的，是正宗，而要否定4P理论的价值，或者有的人说要用4C取代4P。其实这种想法是偏激的，4P理论有独到的地方，有存在价值。

二、4P概念的理解

大家经常理解的4P是产品、价格、渠道、促销这四个单一的因素，其实如果深刻地理解4P，就会发现4P包含的营销所涉及的基本要素。

价格不单单是价格，而是一个价格体系，它应该包括出厂价格、经销商出货价格、零售价格，还包括企业的价格政策里面的折扣、返利等指标这样的要素，才构成了整个的价格体系。

产品也不单单是产品，它是一个产品的体系，包括产品线的宽度、广度，产品的定位、质量状况，甚至包括产品的售后服务。

渠道也不单单是渠道，它是包括了公司的渠道战略是自己建设渠道还是通过总经销建设渠道，是总经销还是小区域独家代理，还是密集分销。产品要占领哪些终端，终端的策略怎样，渠道链条的规划，客户的选择怎样，以及客户的管理和维护、渠道的把握、渠道客户的切换等等方面的问题。

促销也不单单是促销活动，而是广义上的对消费者、对员工、对终端、对经销商的一个促销组合，这样的促销才是完善的。

三、企业的态度

对于企业来讲，按照上面的思路来理解4P，4P对企业永远适用，因为它涵盖了企业营销的基本的层面，是站在企业的角度来看营销。当然不是说4C不重要，4C中的方便、成本、沟通消费者，是站在消费者的角度上来看营销。消费者直接影响了企业在终端的出货，决定企业的未来。

也就是我们可以这样概括：所谓的4P是站在企业的角度来看营销，所谓的4C是站在消费者的角度来看营销，出发点不同而已，两种思维方式都正确。如果企业不管4C，只是一味地强调4P理论，那就是在闭门造车，一定会制定出可笑的销售政策、可笑的产品、可笑的促销计划；如果企业只是一味地站在消费者的角度进行4C，来满足消费者的需求，企业的成本将会没有必要地增大，企业得不偿失，很可能设计出来过度超前的产品，或者使企业破产的促销计划。所以企业要在考虑产品定位、渠道策略、促销活动的时候要有4C的观念，在企业执行计划或者方案的时候，按照企业的实际情况进行调整。

也就是说企业要用4C来思考，用4P来行动！

（摘自郝志强培训网 http：//www. consultroom. com/）

【思考题】

1. 市场营销学产生的背景是什么？
2. 市场营销的观念有哪些？
3. 结合旅游相关知识？你认为旅游业的营销应采用何种观念？为什么？
3. 旅游的本质是什么？结合营销知识谈谈你的认识。
4. 谈谈你对4P和4C的认识。

第二章 旅游市场环境分析

第一节 旅游市场环境概述

企业总是在一定的外界环境条件下开展市场营销活动，而这些外界环境条件的不断变化，既给企业创造了新的市场机会，又给企业带来了某种威胁。因此，市场营销环境对企业的生存和发展具有重要意义。企业必须重视对市场营销环境的分析和研究，并根据市场营销环境的变化制定有效的市场营销战略，扬长避短，趋利避害，适应变化，抓住机会，从而实现自己的市场营销目标。旅游市场营销的成功取决于两个方面因素：旅游企业的营销组合和旅游企业的营销环境。前者属于企业可控因素，后者则超越了企业控制范围。所谓的旅游企业营销环境是指由一些影响着旅游企业能否成功开展并维系与目标顾客进行交易的各种因素和势力的构成。而旅游市场环境又可以分为两个部分：旅游企业的微观环境和旅游市场的宏观环境。微观环境要素包括企业的供应商、营销中间商、顾客、竞争者以及社会公众和影响营销管理决策的企业内部各个部门；宏观环境要素，即影响企业微观环境的巨大社会力量，包括人口、经济、政治、法律、科学技术、社会文化及自然地理等多方面的因素。微观环境直接影响和制约企业的市场营销活动，而宏观环境主要以微观营销环境为媒介间接影响和制约企业的市场营销活动。前者可称为直接营销环境，后者可称为间接营销环境。

市场营销环境是一个多种因素、多层次而且不断变化的综合体，是企业营销活动要适应的环境，同时企业对环境也具有一定的作用，可以改变。

一、市场营销环境是一个多因素、多层次且不断变化的综合体

市场营销环境有其自身的特点和发展规律，主要表现在：

1. 客观性

企业总是在特定的社会经济和其他外界环境条件下生存、发展的。不管你承认不承认，企业只要从事市场营销活动，就不可能不面对着这样或那样的环境条件，也不可能不受到各种各样环境因素的影响和制约，包括微观的、宏观的。因此，企业决策者必须清醒地认识到这一点，要及早做好充分的思想准备，随时应付企业面临的各种环境的挑战。

2. 差异性

市场营销环境的差异性不仅表现在不同的企业受不同环境的影响，而且同样一种环境因素的变化对不同企业的影响也不相同。例如，不同的国家、民族、地区之间在人口、经济、社会文化、政治、法律、自然地理等各方面存在着广泛的差异性。这些差异性对企业营销活动的影响显然是很不相同的。由于外界环境因素的差异性，因而企业必须采取不同的营销策略才能应付和适应这种情况。

3. 相关性

市场营销环境是一个系统，在这个系统中，各个影响因素是相互依存、相互作用和相互制约的。这是由于社会经济现象的出现，往往不是由某个单一的因素所能决定的，而是受到一系列相关因素影响的结果。例如，企业开发新产品时，不仅要受到经济因素的影响和制约，更要受到社会文化因素的影响和制约。

4. 动态性

营销环境是企业营销活动的基础和条件，这并不意味着营销环境是一成不变的、静止的。恰恰相反，营销环境总是处在一个不断变化的过程中，它是一个动态的概念。

5. 不可控性

影响市场营销环境的因素是多方面的，也是复杂的，并表现出企业不可控性。例如一个国家的政治法律制度、人口增长以及一些社会文化习俗等，企业不可能随意改变。而且，这种不可控性对不同企业表现不一，有的因素对某些企业来说是可控的，而对另一些企业则是不可控的。

二、企业营销活动既要适应环境又要设法改变环境

市场营销环境是企业经营活动的约束条件，它对企业的生存和发展有着极端重要的影响。现代营销学认为，企业经营成败的关键，就在于企业能否适应不断变化着的市场营销环境。如果企业不能很好地适应外界环境的变化，则很可能在竞争中失败，从而被市场所淘汰。强调企业对所处环境的反应和适应，并不意味着企业对于环境是无能为力或束手无策的，只能消极地、被动地改变自己以适应环境，而是应从积极主动的角度出发，能动地去适应营销环境。也就是说，企业既可以以各种不同的方式增强适应环境的能力，避免来自营销环境的威胁，又可以在变化的环境中寻找自己的新机会，并可能在一定的条件下转变环境因素。或者说运用自己的经营资源去影响和改变营销环境，为企业创造一个更有利的活动空间，然后再使营销活动与营销环境取得有效的适应。企业对营销环境具有一定的能动性和反作用，它可能通过各种方式如公共关系等手段，影响和改变环境中的某些可能被改变的因素，使其向有利于企业营销的方向变化，从而为企业创造良好的外部条件。美国著名市场学者菲利浦·科特勒正是针对该种情况，提出了“大市场营销”理论。该理论认为，企业为了成功地进入特定市场或者在特定市场经营，应以经济的、心理的、政治的和公共关系技能，赢得若干参与者的合作。科特勒举例说：假设某家百货公司拟在美国某城市开设一家商店，但是当地政府的法律不准许，在这种情况下，必须运用政治力量来改变法律，才能实现企业的目标。“大市场营销”理论提出企业可以运用能控制的方式或手段，影响造成营销障碍的人或组织，争取有关方面的支持，使之改变做法，从而改变营销环境。这种能动的思想不仅对开展国际市场营销活动有重要指导作用，对国内跨地区的市场营销活动也有重要意义。因此，营销管理者的任务不但在于适当安排营销组合，使之与外部不断变化的营销环境相适应，而且要创造性地适应和积极地改变环境，创造或改变目标顾客的需要。只有这样，企业才能发现和抓住市场机会，因势利导，在激烈的市场竞争中立于不败之地。

市场营销环境之间具体关系如下图：

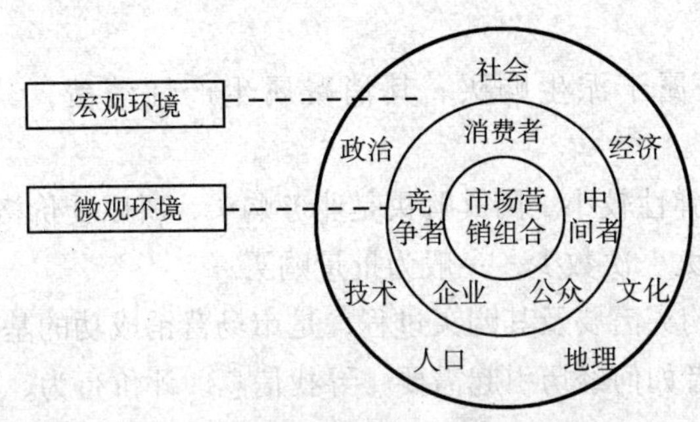

图 2-1　市场营销环境之间具体关系

第二节　旅游市场微观环境分析

营销管理的目标是向目标市场提供有吸引力的产品和服务。这一目标的实现受到微观环境中各种因素的影响。所谓的旅游市场营销的微观环境是指存在于旅游企业周围并影响其营销活动的各种因素和条件。它包括购买者、中间商、竞争者和公众。

一、购买者

（一）旅游购买者

消费市场又称消费者市场、消费品市场或生活资料市场，是指个人或家庭为满足生活需求而购买或租用商品的市场，它是市场体系的基础，是起决定作用的市场。旅游购买者就是旅游市场的消费者，具有以下特点：

1. 购买数量少、次数多，一般为家庭购买。

2. 人多面广，包含了各个社会阶层的购买者。

3. 购买一般为非专业购买，购买者缺乏专业知识。

4. 对产品的需求有着较大的差异。

同时，消费者个人行为也影响着旅游营销活动。其内容涉及广泛，包括心理学、社会学、人类学、经济学等多方面。

（二）公司购买者

公司购买者是指为开展业务而购买旅游产品和服务的各种团体和个人。它具有如下特点：

1. 公司购买属于派生购买。其消费属生产性消费，其费用也属生产性费用。

2. 公司购买弹性较小。因其购买是业务购买，所以受价格影响较小。

3. 购买规模大、次数少，一般为批量购买。

研究和了解购买需要及其购买过程，是市场营销成功的基础。市场营销人员通过了解购买者如何经历引起需要、寻找信息、评价行为、决定购买和买后行为的全过程，就可以获得许多有助于满足消费者需要的有用线索；通过了解购买过程的各种参与者及其对购买行为的影响，就可以为其目标市场设计有效的市场营销计划。

二、中间商

中间商是指处于旅游生产者与旅游者之间、参与产品流通、促成贸易达成的集体和个人。它一方面要把相关产品信息告知旅游消费者；另一方面又要使旅游者方便实现旅游目的。其有如下特点：

1. 购买的次数较少、数量大。

2. 购买为了转卖，其目的是获取利润。

3. 一般为专家购买，他们对价格、行业动态十分了解。

中间商可分为两类：代理中间商和买卖中间商。代理中间商有代理商、经纪人和生产商代表。他们专门介绍客户或与客户磋商交易合同，但并不拥有商品所有权。买卖中间商又称经销中间商，主要有批发商、零售商和其他再售商。他们购买商品，拥有商品所有权，再售商品。中间商对企业产品从生产领域流向消费领域具有极其重要的影响。中间商由于与目标顾客直接打交道，因而它的销售效率、服务质量就直接影响到企业的产品销售。因此，必须选择使用合适的中间商。在与中间商建立合作关系后，要随时了解和掌握其经营活动，并可采取一些激励性合作措施，推动其业务活动的开展，而一旦中间商不能履行其职责或市场环境变化时，企业应及时解除与中间商的关系。在选择中间商时营销人员需全面、深入调查，分析中间商的发展趋势，做好其选择。同时，要注意以下因素：中间商人员素质、劳务费用、履行职责效果、对中间商的可控程度等。

三、竞争者

竞争者的状况直接决定企业的生存状况。

（一）竞争者类型

竞争者可分为：愿望竞争者（Desired Competitors），一般竞争者（Generic Competitors），产品形式竞争者（Product Competitors），品牌竞争者（Brand Competitors）。例如，公司组织员工外出旅游，可以观光、疗养、考察。这种属于愿望竞争者。到达目的地的方式有火车、飞机、轮船，而满足这一愿望的方式属于一般竞争者，到达目的地后可以选择高、中、低三档酒店，这种档次的选择属于“产品型式竞争者”。之后，对酒店品牌的选择则属于“品牌竞争者”。

（二）辨别竞争者的战略

公司最直接的竞争者是那些为相同的目标市场推行相同战略的人。一个战略群体就是在一个特定行业中推行相同战略的一组企业。一个公司需要辨别与它在竞争的那个战略群体，这是其最具威胁的对手所在地；也必须关注其他群体，因为群体与群体之间也存在着对抗。第一，某些战略群体所吸引的顾客群相互之间可能有所交叉。第二，顾客看不出它们的供应品有多少差异。第三，各个组别可能都想扩大自己的市场细分范围，特别是在规模和实力相当以及在各组之间流动障碍较小的情况时，更为如此。一个公司必须不断地观测竞争者的战略，富有活力的竞争者将随着时间的推移而修订其战略。例如，福特是早期的赢家，因为它成功于低成本生产。通用汽车超过了福特，因为它响应了市场上对汽车多样化的欲望。后来，日本公司取得了领先地位，因为它们供应的汽车省油。日本人下一步的战略是生产可靠性高的汽车。美国的汽车制造商注重质量时，日本汽车商又转移至知觉质量，即汽车及部件更好看和感觉更好。很清楚，公司必须警惕顾客欲望的变化和竞争者的战略变化，以满足这些新出现的欲望。

四、公众

公众是企业市场营销微观环境的重要影响因素。公众环境可对旅游环境产生现实的或潜在的影响。一个企业的公众主要有：

（一）金融公众

指那些关心和影响企业取得资金能力的集团，包括银行、投资公司、证券公司、保险公司等。

（二）媒介公众

指那些联系企业和外界的大众媒介，包括报纸、杂志、电视台、电台等。

（三）政府公众

指负责企业的业务、经营活动的政府机构和企业的主管部门，如主管有关经济立法及经济政策、产品设计、定价、广告及销售方法的机构；国家经委及各级经委、工商行政管理局、税务局、各级物价局等等。

（四）公民行动公众

是指有权指责企业经营活动破坏环境质量、企业生产的产品损害消费者利益、企业经营的产品不符合民族需求特点的团体和组织，包括消费者协会、保护环境团体等。

（五）地方公众

主要指企业周围居民和团体组织，他们对企业的态度会影响企业的营销活动。

（六）一般公众

是指对企业产品并不购买，但深刻地影响着消费者对企业及其产品的看法的个人。

（七）内部公众

指企业内部全体员工，包括领导（董事长）、经理、管理人员、职工。处理好内部公众关系是搞好外部公众关系的前提。

公众对企业的生存和发展产生巨大的影响，公众可能有增强企业实现其目标的能力，也可能会产生妨碍企业实现其目标的能力。所以，企业必须采取积极适当的措施，主动处理好同公众的关系，树立企业的良好形象，促进市场营销活动的顺利开展。以上是企业的微观环境的主要组成，其具体关系可以参见下图：

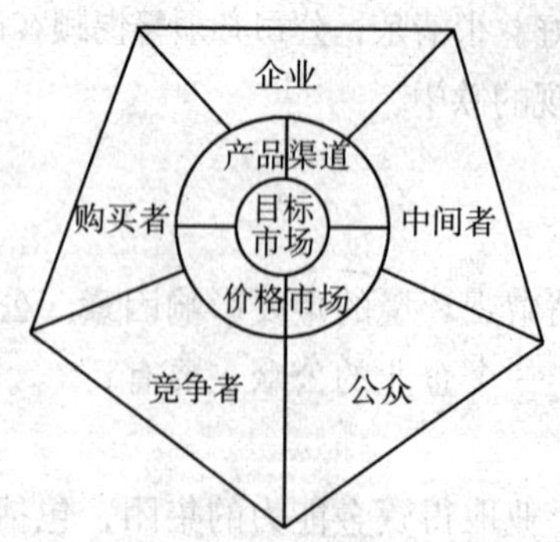

图 2－2　企业的微观环境的主要组成

第三节 旅游市场营销宏观环境分析

旅游企业的宏观营销环境是指旅游企业或行业运行的外部大环境，它既不受企业控制也不受其影响，但它对企业来说却至关重要。宏观因素主要包括政治法律因素、经济因素、文化因素、技术因素和人口地理因素。

一、政治法律因素

政治与法律是影响企业营销的重要的宏观环境因素。政治因素像一只有形之手，调节着企业营销活动的方向；法律则为企业规定商贸活动行为准则。政治与法律相互联系，共同对企业的市场营销活动发挥影响和作用。

首先，政治环境因素。政治局势指企业营销所处的国家或地区的政治稳定状况。一个国家的政局稳定与否会给企业营销活动带来重大的影响。如果政局稳定，生产发展，人民安居乐业，就会给企业造成良好的营销环境。相反，政局不稳，社会矛盾尖锐，秩序混乱，不仅会影响经济发展和人民的购买力，而且对企业的营销心理也有重大影响。战争、暴乱、罢工、政权更替等政治事件都可能对企业营销活动产生不利影响，能迅速改变企业环境。

其次，法律因素。各个国家在不同时期，根据不同需要颁布一些经济政策，制定经济发展方针，这些方针、政策不仅要影响本国企业的营销活动，而且还要影响外国企业在本国市场的营销活动。例如，我国在产业政策方面制定的《关于当前产业政策要点的决定》，明确提出了当前生产领域、基本建设领域、技术改造领域、对外贸易领域各主要产业的发展序列。就对本国企业的影响来看，一个国家制定出来的经济与社会发展战略、各种经济政策等，企业都是要执行的，而执行的结果必然要影响市场需求，改变资源的供给，扶持和促进某些行业的发展，同时又限制另一些行业和产品的发展，那么企业就必须按照国家的规定，生产和经营国家允许的行业和产品。这是一种直接的影响。国家也可以通过方针、政策对企业营销活动施以间接影响。例如，通过征收个人收入调节税，调节消费者收入，从而影响消费者的购买力来影响消费者需求；国家还可以通过增加产品税来抑制某些商品的需求，如对香烟、酒等课以较重的税收来抑制消费者的消费需求。这些政策必然影响社会购买力，影响市场需求，从而间接影响企业营销活动。从对国外企业的影响来看，国际出入境的繁简程度也影响旅游活动的开展。

二、经济因素

（一）国民收入

国民收入可以衡量一国的富裕程度，它是指一个国家在一定时期内所生产的以市场价格计算的最终产品与劳务。一般来说，国民收入高的地区、发展水平比较高的地区，在市场营销方面，强调产品款式、性能及特色，品质竞争多于价格竞争。而在经济发展水平低的地区，则较侧重于产品的功能及实用性，价格因素比产品品质更为重要。在生产者市场方面，经济发展水平高的地区着重投资较大且能节省劳动力的先进、精密、自动化程度高、性能好的生产设备。在经济发展水平低的地区，其机器设备大多是一些投资少而耗劳动力多、简单易操作、较为落后的设备。因此，对于不同经济发展水平的地区，企业应采取不同的市场营销策略。

（二）个人收入

这部分收入是消费需求变化中最活跃的因素，也是企业开展营销活动时所要考虑的主要对象。因为这部分收入主要用于满足人们基本生活需要之外的开支，一般用于购买高档耐用消费品、旅游、储蓄等，它是影响非生活必需品和劳务销售的主要因素。在这方面，法国统计学家恩格尔提出了恩格尔定律。其中，恩格尔系数是衡量一个国家、地区、城市、家庭生活水平高低的重要参数。消费结构指消费过程中人们所消耗的各种消费资料（包括劳务）的构成，即各种消费支出占总支出的比例关系。优化的消费结构是优化的产业结构和产品结构的客观依据，也是企业开展营销活动的基本立足点。二战以来，西方发达国家的消费结构发生了很大变化：①恩格尔系数显著下降，目前大都下降到20%以下；②衣着消费比重降低，幅度在20%～30%之间；③住宅消费支出比重增大；④劳务消费支出比重上升；⑤消费开支占国民生产总值和国民收入的比重上升。而从我国的情况看，消费结构还不尽合理。长期以来，由于政府在住房、医疗、交通等方面实行福利政策，从而引起了消费结构的畸形发展，并且决定了我国居民的支出模式以食物、衣物等生活必需品为主。随着我国社会主义市场经济的发展，以及国家在住房、医疗等制度方面改革的深入，人们的消费模式和消费结构都会发生明显的变化。企业要重视这些变化，尤其应掌握拟进入的目标市场中支出模式和消费结构的情况，输送适销对路的产品和劳务，以满足消费者不断变化的需求。

三、文化因素

社会文化是指一个社会的民族特征、价值观念、生活方式、风俗习惯、伦理道德、教育水平、语言文字、社会结构等的总和。人类在某种社会中生活，必然会形成某种特定的文化。不同国家、不同地区的人民，不同的社会与文化，代表着不同的生活模式，对同一产品可能持有不同的态度，直接或间接地影响产品的设计、包装、信息的传递方法、产品被接受的程度、分销和推广措施等。社会文化因素通过影响消费者的思想和行为来影响企业的市场营销活动。因此，企业在从事市场营销活动时，应重视对社会文化的调查研究，并做出适宜的营销决策。社会文化所包含的内容很多，下面仅就与企业营销关系较为密切的社会文化因素进行讨论。

（一）教育水平

教育水平是指消费者受教育的程度。一个国家、一个地区的教育水平与经济发展水平往往是一致的。不同的文化修养表现出不同的审美观，购买商品的选择原则和方式也不同。一般来讲，教育水平高的地区，消费者对商品的鉴别力强，不容易接受广告宣传和接受新产品，购买的理性程度高。因此，教育水平高低影响着消费者心理、消费结构，影响着企业营销组织策略的选取以及销售推广方式方法的差别。

（二）价值观念

价值观念是人们对社会生活中各种事物的态度、评价和看法。不同的文化背景下，人们的价值观念差别是很大的，而消费者对商品的需求和购买行为深受其价值观念的影响。

（三）宗教信仰

不同的宗教信仰有不同的文化倾向和戒律，从而影响人们认识事物的方式、价值观念和行为准则，影响着人们的消费行为，带来特殊的市场需求，与企业的营销活动有密切的关系，特别是在一些信奉宗教的国家和地区，宗教信仰对市场营销的影响力更大。

（四）风俗习惯

风俗习惯是人们根据自己的生活内容、生活方式和自然环境，在一定的社会物质生产条件下长期形成并世代相袭而成的一种风尚和由于重复、练习而巩固下来并变成需要的行动方式等的总称。它在饮食、服饰、居住、婚丧、信仰、节日、人际关系等方面，都表现出独特的心理特征、伦理道德、行为方式和生活习惯。不同的国家、不同的民族有不同的风俗习惯，它对消费者的消费嗜好、消费模式、消费行为等具有重要的影响。例如，不同的国家、民族对图案、颜色、数字、动植物等都有不同的喜好和不同的使用习惯，像中东地区严禁带六角形的包装；英国忌用大象、山羊做商品装潢图案即是如此。再如中国、日本、美国等国家对熊猫特别喜爱，但一些阿拉伯人却对熊猫很反感；墨西哥人视黄花为死亡，红花为晦气而喜爱白花，认为可驱邪；德国人忌用核桃，认为核桃是不祥之物；匈牙利人忌"13"单数；日本人忌荷花、梅花图案，也忌用绿色，认为不祥；南亚有一些国家忌用狗作商标。

四、技术因素

进入20世纪以来，科学技术日新月异，二战以后，新科技革命蓬勃兴起，形成了科学—技术—生产体系，科学技术在现代生产中起着领头和主导作用。工业发达国家科技进步因素在国民生产总值中所占比重已从本世纪初的5%～20%，提高到现在的80%以上。现代科学技术是社会生产力中最活跃的和决定性因素，它作为重要的营销环境因素，不仅直接影响企业内部的生产和经营，而且还同时与其他环境因素相互依赖、相互作用，影响企业的营销活动。

科学技术的发展为提高营销效率提供了更新更好的物质条件。首先，科学技术的发展，为企业提高营销效率提供了物质条件。例如，新的交通运输工具的发明或旧的运输工具的技术改进，使运输的效率大大提高；信息、通讯设备的改善，更便于企业组织营销，提高营销效率。现代商业中自动售货、邮购、电话订货、电视购物等方式的发展，既满足了消费者的要求，又使企业的营销效率更高。其次，科学技术的发展，可使促销措施更有效。例如，广播、电视、传真技术等现代信息传媒的发展，可使企业的商品和劳务信息及时准确地传送到全国乃至世界各地，这将大大有利于本国和世界各国消费者了解这方面的信息，并起到刺激消费、促进销售的作用。第三，现代计算技术和手段的发明运用，可使企业及时对消费者的消费需求及动向进行有效的了解，从而使企业营销活动更加切合消费者需求的实际情况。科学技术的发展，推动了消费者需求向高档次、多样化方向的变化，消费者消费的内容更加纷繁复杂。因此，生产什么商品，生产多少商品去满足消费者需要的问题，还得依靠调查研究和综合分析来解决。这种情况，完全依赖传统的计算和分析手段是无能为力的，而现代计算和分析手段的发明运用，提供了解决这些问题的方法。例如，利用高级电子计算机对消费者及其需求的资料进行模拟和计算、分析和预测，就能及时、准确地为企业提供相关资料，以作为企业营销活动的客观依据。

总之，科学技术的进步和发展，必将给社会经济、政治、军事以及社会生活等各个方面带来深刻的变化，这些变化也必将深刻地影响企业的营销活动，给企业造成有利或不利的影响，甚至关系到企业的生存和发展。因此，企业应特别重视科学技术这一重要的环境因素对企业营销活动的影响，以使企业能够抓住机会，避免风险，求得生存和发展。

同时，因特网作为跨时空传输的"超导体"媒体，能够克服营销过程中时空的限制，可以为市场中所有顾客提供及时的服务，同时通过因特网的交互性可以了解不同市场顾客特定需求并针对性地提供服务，因此，因特网可以说是营销中满足消费者需求最具魅力的营销工具之一。因特网将同4P（产品的服务、价格、分销、促销）和以顾客为中心的4C（顾客、成本、方便、沟通）相结合对企业营销产生深刻影响。

五、人口、地理因素

（一）人口环境及其对企业营销的影响

人口是构成市场的第一位因素。因为市场是由那些想购买商品同时又具有购买力的人构成的。因此，人口的多少直接决定市场的潜在容量，人口越多，市场规模就越大。而人口的年龄结构、地理分布、婚姻状况、出生率、死亡率、人口密度、人口流动性及其文化教育等人口特性，它们会对市场格局产生深刻影响，并直接影响企业的市场营销活动和企业的经营管理。企业必须重视对人口环境的研究，密切注视人口特性及其发展动向，不失时机抓住市场机会，当出现威胁时，应及时、果断调整营销策略以适应人口环境的变化。

人口结构对企业营销的影响，不同年龄的消费者对商品的需求不一样。我国人口年龄结构的显著特点是：现阶段，青少年比重约占总人口的一半，反映到市场上，在今后20年内，婴幼儿和少年儿童用品及结婚用品的需求将明显增长。目前我国人口老化现象还不十分严重，但到下世纪初，同世界整体趋势相仿，我国将出现人口老化现象，而且人口老化速度将大大高于西方发达国

家。反映到市场上，将使老年人的需求呈现高峰。这样，诸如保健用品、营养品、老年人生活必需品等市场将会兴旺。另外，家庭是购买、消费的基本单位。家庭的数量直接影响到某些商品的数量。目前，世界上普遍呈现家庭规模缩小的趋势，越是经济发达地区，家庭规模就越小。欧美国家的家庭规模基本上户均3人左右，亚非拉等发展中国家户均5人左右。在我国，“四代同堂”现象已不多见，“三位一体”的小家庭则很普遍，并逐步由城市向乡镇发展。家庭数量的剧增必然会引起对炊具、家具、家用电器和住房等需求的迅速增长。最后，人口的性别不同，其市场需求也有明显的差异。据调查，0~62岁年龄组内，男性略大于女性，其中37~53岁的年龄组内，男性约大于女性10%左右，但到73岁以上，女性约多于男性20%左右。反映到市场上就会出现男性用品市场和女性用品市场。例如我国市场上，妇女通常购买自己的用品、杂货、衣服，男子购买大件物品等。

（二）人口的地理分布及区间流动对企业营销的影响

地理分布指人口在不同地区的密集程度。由于自然地理条件以及经济发展程度等多方面因素的影响，人口的分布绝不会是均匀的。从我国来看，人口主要集中在东南沿海一带，约占总人口的94%，而西北地区人口仅占6%左右，而且人口密度逐渐由东南向西北递减。另外，城市的人口比较集中，尤其是大城市人口密度很大，在我国就有上海、北京、重庆等好几个城市的人口超过1000万人，而农村人口则相对分散。人口的这种地理分布表现在市场上，就是人口的集中程度不同，则市场大小不同；消费习惯不同，则市场需求特性不同。例如南方人以大米为主食，北方人以面粉为主食，江浙沪沿海一带的人喜食甜，而川湘鄂一带的人则喜辣。随着经济的活跃和发展，人口的区域流动性也越来越大。在发达国家除了国家之间、地区之间、城市之间的人口流动外，还有一个突出的现象就是城市人口向农村流动。在我国，人口的流动主要表现在农村人口向城市或工矿地区流动；内地人口向沿海经济开放地区流动。另外，经商、观光旅游、学习等使人口流动加速。对于人口流入较多的地方而言，一方面由于劳动力增多，就业问题突出，从而加剧行业竞争；另一方面，人口增多也使当地基本需求量增加，消费结构也发生一定的变化，继而给当地企业带来较多的市场份额和营销机会。

旅游宏观环境要素参见图2-3：

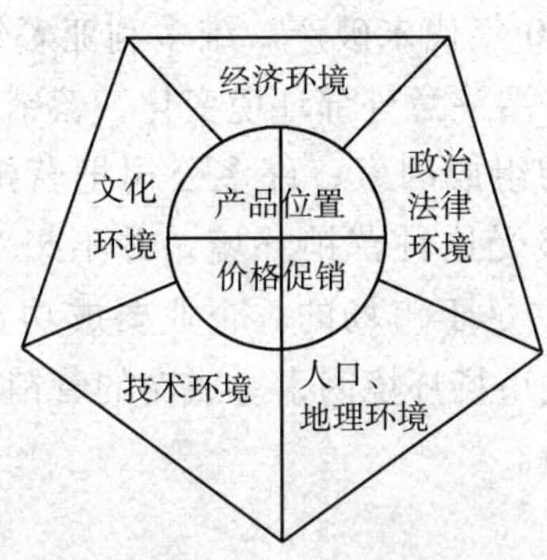

图2-3 旅游宏观环境要素

旅游市场环境与旅游市场营销关系十分密切，一个良好的市场营销环境可以促使旅游企业营销活动的顺利开展；反之，则会阻碍。归纳起来，旅游营销环境对旅游营销活动的影响分为两类：积极正面的影响和消极负面的影响。

例如，多米诺比萨连锁店是当今比萨饼行业派送的领袖，该连锁店是汤姆·摩纳根和他的兄弟创立于1960年，到1980年，连锁店已发展为拥有290家分店的企业。目前，它已拥有5000多家分店，销售额超过2.2亿美元。

20世纪80年代，多米诺比萨饼店有着重大发展。归根结底是因为其掌握了市场动态——双收入家庭的增加使越来越多的美国人越来越看重时间价值，居民家庭数目的增加使市场容量扩大，正是由于多米诺比萨饼研究市场环境，立足于市场，了解市场环境变化，及时采用了瞄准发展市场家庭派送这一细分市场的营销组合，使它一度成为行业的成功典范。可是，随着时间的发展，多米诺公司所标榜的速度已不再具有竞争优势，越来越多的连锁店已赶上它的速度。于是多米诺公司在此时根据市场要求又提出了利用技术赢得竞争优势的理念。随着市场的变化，公司更是积极响应变化。多米诺餐馆提供了一个以外部环境为主导的公司的例子，它能充分反映那些不仅仅要评估、研究市场，做出反应，还要积极采取行动影响环境的各个相关因素。

又如，维多利亚车站餐馆曾是上世纪70年代成功餐馆的象征。自1969年成立以来，其发展速度极快，到1976年已拥有46家分店。随着连锁店的成长，建立更高体系的管理内部环境优势越来越明显，成本每降低一个百分点，利润就会上升几十万美元。但是它并没有注意到外部环境的变化，没有意识到人们口味的变化，铁路餐馆的菜色已过时。维多利亚餐馆不能改变其特色，终于在上个世纪 80 年代末破产。维多利亚餐馆的经历说明以内部为主导的公司在经营组合中要注意外部环境变化，营销管理虽不能控制环境的变化，却可以影响环境的组成因素，许多公司把营销环境看作一个“不可控”因素，他们消极地接受这种营销环境，并不想对它有所改变，但是仅仅消极适应环境是很难立足于市场的。企业要成功营销，一方面要适应市场，另一方面要积极影响市场环境因素。成功的营销在于积极的而不是消极的适应市场，甚至于回避。

第四节　机会—风险分析

一、机会与风险

（一）机会

所谓的旅游市场机会是指对企业的营销和有吸引力的、能享有竞争优势和获得差别利益的环境机会，换句话说，也就是营销环境中对企业市场营销有利的因素。由于机会对企业来说极为重要，它直接决定企业营销活动的开展，因而，企业营销人员必须对市场机会进行专门调查、评估。企业要立足于市场，必须要积极寻求市场机会，但并不是所有的机会都适合。作为企业营销人员，仅仅会识别市场机会是远远不够的，还要善于分析、评估机会，找到适合企业本身目标、资源的机会。这就需要其根据企业优、劣势，评估机会，从而选择企业最佳机会。市场机会作为特定的市场条件，是以其利益性、针对性、时效性、公开性四个特征为标志的。

1. 针对性

特定的营销环境条件只对于那些具有相应内部条件的企业来说是市场机会。因此，市场机会是具体企业的机会，市场机会的分析与识别必须与企业具体条件结合起来进行。确定某种环境条件是不是企业的市场机会，需要考虑企业所在行业及本企业在行业中的地位与经营特色，包括企业的产品类别、价格水平、销售形式、工艺标准、对外声誉，等等。

2. 利益性

可以为企业带来经济的或社会的效益，是市场机会的又一特性。市场机会的利益特性意味着企业在确定市场机会时，必须分析该机会是否能为企业真正带来利益、能带来什么样的利益以及利益的多少。

3. 时效性

对现代企业来讲，由于其营销环境的发展变化越来越快，它的市场机会从产生到消失的过程通常也是很短暂的，即企业的市场机会往往稍纵即逝。同时，环境条件与企业自身条件最为适合的状况也不会维持很长时间，在市场机会从产生到消失这一短短的时间里，市场机会的价值也快速经历了一个价值逐渐增加、再逐渐减少的过程。市场机会的这种价值应时而变的特点，便是市场机会的时效性。

4. 公开性

市场机会是某种客观的、现实存在的或即将发生的营销环境状况，是每个企业都可以去发现和共享的。与企业的特有技术、产品专利不同，市场机会是公开化的，是可以为整个营销环境中所有企业所共用的。市场机会的公开化特性要求企业尽早去发现那些潜在的市场机会。

市场机会的上述四个特性表明，在市场机会的分析和把握过程中，必须结合企业自身的内部、外部环境的具体条件，发挥竞争优势，适时、迅速地做出反应，以争取使市场机会为企业带来的利益达到最大。

市场机会的识别：识别市场机会的方法主要为“产品/市场拓展矩阵”，通过矩阵分析市场机会，可以较快、较好地识别市场机会，这种方式是一种比较方便的、实用的方式，具体图形如下：

	现有产品	新产品
现有市场	市场渗透	产品开发
新市场	市场开拓	多角化

图 2-4 产品/市场拓展矩阵

市场机会评估：找到机会并不等于机会就适合企业发展，因此企业还要对机会进行评估，企业需要对市场机会的价值进行更为详细具体的分析。

市场机会的价值大小由市场机会的吸引力和可行性两方面因素决定。

(1) 市场机会的吸引力

市场机会对企业的吸引力是指企业利用该市场机会可能创造的最大利益。它表明了企业在理想条件下充分利用该市场机会的最大极限。反映市场机会吸引力的指标主要有市场需求规模、利润率、发展潜力。

(2) 市场机会的可行性评估

市场机会的可行性是由企业内部环境条件、外部环境状况两方面决定的。企业内部环境条件如何是能否把握住市场的决定因素。企业的外部环境从客观上决定着市场机会对企业可行性的大小。外部环境中每一个宏观、微观环境要素的变化都可能使市场机会的可行性发生很大的变化。

确定了市场机会的吸引力与可行性，就可以综合这两个方面对市场机会进行评估。按吸引力大小和可行性强弱组合可构成市场机会的价值评估矩阵，如下图：

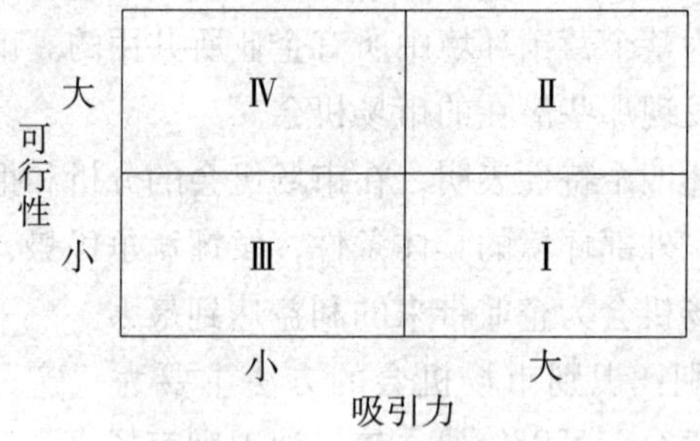

图 2-5　市场机会的吸引力与可行性

区域Ⅰ为吸引力大、可行性小的市场机会。一般来说，该种市场机会的价值不会很大。除了少数好冒风险的企业，一般企业不会将主要精力放在此类市场机会上。但是，企业应时刻注意决定其可行性大小的内、外环境条件的变动情况，并做好当其可行性变大进入区域Ⅱ迅速反应的准备。

区域Ⅱ为吸引力、可行性俱佳的市场机会，该类市场机会的价值最大。通常，此类市场机会既稀缺又不稳定。企业营销人员的一个重要任务就是要及时、准确地发现有哪些市场机会进入或退出了该区域。该区域的市场机会是企业营销活动最理想的经营内容。

区域Ⅲ为吸引力、可行性皆差的市场机会。通常企业不会去注意该类价值最低的市场机会。该类市场机会不大可能直接跃居到区域Ⅱ中，它们通常需经由区域Ⅰ、Ⅳ才能向区域Ⅱ转变。当然，有可能在极特殊的情况下，该区域的市场机会的可行性、吸引力突然同时大幅度增加。企业对这种现象的发生也应有一定的准备。

区域Ⅳ为吸引力小、可行性大的市场机会。该类市场机会的风险低，获利能力也小，通常稳定型企业、实力薄弱的企业以该类市场机会作为其常规营销活动的主要目标。对该区域的市场机会，企业应注意其市场需求规模、发展速度、利润率等方面的变化情况，以便在该类市场机会进入区域Ⅱ时可以立即有效地予以把握。

需要注意的是，该矩阵是针对特定企业的。同一市场机会在不同企业的矩阵中出现的位置是不一样的。这是因为对不同经营环境条件的企业，市场机会的利润率、发展潜力等影响吸引力大小的因素状况以及可行性均会有所不同。

在上述矩阵中，市场机会的吸引力与可行性大小的具体确定方法一般采用加权平均估算法。该方法将决定市场机会的吸引力（或可行性）的各项因素设定权值，再对当前企业这些因素的具体情况确定一个分数值，最后加权平均之和即从数量上反映了该市场机会对企业的吸引力（或可行性）的大小。

（二）风险

企业经营风险是市场营销的不利因素，它是生产经营活动中长期存在的客观现象。随着市场竞争的加剧，风险经营管理的重要性日益提高。

1. 风险度的衡量。风险的衡量就是度量、评估有关风险对实现既定目标的不利影响及其程度。对风险进行衡量，需要两方面的信息：风险损失发生的频率与这些损失的严重程度。比较合理的情况是以损失的严重程度作为评价的主要依据。对风险损失的严重性进行评估时，应注意以下几点：

（1）风险损失的相对性。即在衡量风险损失时，除了正确测量损失的绝对量外，还应该充分估计该经济实体对可能发生的风险损失的承受能力。

（2）风险损失的综合性。在确定损失严重性的过程中，必须注意考虑同一风险事件可能产生的所有类型的损失及其对经济实体的最终、综合影响。在估计风险所带来的直接损失、有形损失的同时还要充分考虑风险所产生的间接损失、无形损失。

（3）风险损失的时间性。损失总有一个发生、发展与终结的过程，有些风险所产生的损失当场得以体现，而有些则需一定时间后才能充分暴露，因此风险的衡量要与时间联系在一起。

2. 风险的控制。控制经营风险的目的主要是阻止或减轻风险损失。风险的控制主要有以下几种方法：

（1）损失回避。这是一种对付风险的最彻底的手段，有效的损失回避可以完全解除某一特定风险可能造成的损失。但它又是最消极的手段，因为它主要通过放弃或不再进行某项活动以消除风险源，同时也使获得的可能性降至为零。并不是所有的风险均能回避，避免了某一种风险可能又会面临另一种新的风险，所以只有在迫不得已的情况下，才使用损失回避手段。

（2）损失控制。即通过减少损失发生的机会，或通过降低所发生损失的严重性，来处理那些不愿回避或转移的风险，它是一种被普遍采用的风险管理手段。根据损失的目的可以分为损失预防与损失减轻两种。前者主要是试图减少或消除损失发生的机会，后者则主要是想降低损失的严重程度。

（3）风险隔离。即对所面临的风险单位进行空间与时间的分离，这样便可达到减轻风险损失的目的。风险隔离相应地增加了所有控制的单独风险单位的数量，如果其他情况不变，根据大数定律，显然会减少风险损失，当然，可能会增加一定的管理费用。

（4）风险结合。这与风险隔离正好对应，是从另一个方面进行管理，即通过减少风险单位的数量来提高整体预防未来损失的能力，这在市场波动大、竞争激烈的现实世界中是极为有效的。

（5）风险转移。作为风险控制对策中的风险转移主要通过契约或合同将损失的财务负担和法律责任转移给非保险业的其他人，以达到降低风险发生频率和缩小其损失程度的目的。

二、机会—风险分析

市场营销环境分析常用的方法为SWOT法，它是英文Strength（优势）、Weakness（劣势）、Opportunity（机会）、Threat（威胁）的意思。下面予以介绍。

（一）外部环境分析（机会与威胁）

环境机会的实质是指市场上存在着“未满足的需求”。它既可能来源于宏观环境也可能来源于微观环境。随着消费者需求不断变化和产品寿命周期的缩短，引起旧产品的不断被淘汰和要求开发新产品来满足消费者的需求，从而市场上出现了许多新的机会。

环境机会对不同企业是不相等的：同一个环境机会，对某些企业可能成为有利的机会，而对另一些企业可能就造成威胁。环境机会能否成为企业的机会，要看此环境机会是否与企业目标、资源及任务相一致，企业利用此环境机会能否比其竞争者带来更大的利益。

环境威胁是指对企业营销活动不利或限制企业营销活动发展的因素。这种环境威胁，主要来自两方面：一方面，是环境因素直接威胁着企业的营销活动，如政府颁布某种法律，诸如《环境保护法》，它对造成环境污染的企业来说，就构成了巨大的威胁；另一方面，企业的目标、任务及资源同环境机会相矛盾，如人们对自行车的需求转为对摩托车的需求，给自行车厂的目标与资源同这一环境机会造成矛盾。

（二）内部环境分析（优势/劣势分析）

识别环境中有吸引力的机会是一回事，拥有在机会中成功所必需的竞争能力是另一回事。每个企业都要定期检查自己的优势与劣势，这可通过“营销备忘录优势/劣势绩效分析检查表”的方式进行。管理当局或企业外的咨询机构都可利用这一格式检查企业的营销、财务、制造和组织能力。每一要素都要按照特强、稍强、中等、稍弱或特弱划分等级。

很清楚，公司不应去纠正它的所有劣势，也不是对其优势不加利用。主要的问题是公司应研究，它究竟是应只局限在已拥有优势的机会中，还是去获取和发展一些优势以找到更好的机会。

SWOT 分析法是一种分析企业内、外部因素的方法，在此基础上，可以根据旅游企业的得分来判定企业该采用哪种战略，具体如下图所示：

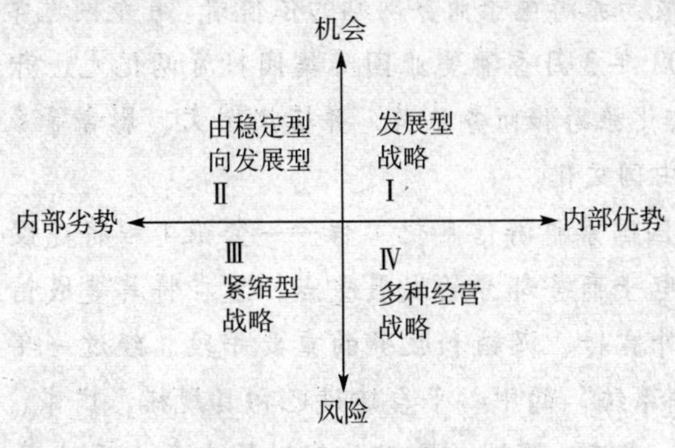

图 2-6　SWOT 分析法

【案例】

旅游电子商务重新洗牌

专家预测，今后我国旅游电子商务理念将从“以交易为中心”向“以服务为中心”转化；企业建网而形成的信息孤岛现象将得到改善；人性化、个性化的服务将得到市场的追捧。

电子商务运用于旅游业仅有数年的时间，但是其发展势头十分强劲。电子商务已经成为信息时代旅游交易的新模式。2002年，全球旅游业电子商务销售额突破630亿美元，连续5年保持350%以上的增长速度。据世界旅游组织（WTO）预计，5年之内旅游电子商务将占全球所有旅游交易的25%；在未来4至5年内，旅游电子商务在电子商务中的比重将达到20%～25%。

一、旅游电子商务网站方兴未艾

我国旅游电子商务网站从1996年开始出现，目前，具有一定旅游资讯能力的网站已有5000多家。其中专业旅游网站300余家，主要包括地区性网站、专业网站和门户网站的旅游频道三大类。地区性网站主要是当地景点、景区风光的介绍，总体实力较差，信息量少，效益难以保证。专业旅游网站主要进行旅游中介业务，包括传统旅行社建立的网站和专业电子商务网站两类。前者有中青旅网、国旅网等，康辉还开通了国内第一家出境旅游网站，介绍出境旅游报名参团、办理护照、签证、边防、海关等知识。后者中比较成功的有携程旅游网、e龙网、华夏旅行网。其中携程自2001年9月以来，在众多旅游网站中迅速崛起，网上咨询爆满。2003年11月该网完成了新一轮总额约为1200万美元的融资，成为旅游电子商务网站的佼佼者。e龙网也拿到了美国私人风险投资基金。2003年3月香港美亚国际集团投资两亿元，开通了“中华万游网”。该网突出文化旅游和商务旅游，并运用图文、影音等多媒体技术和电子地图等方式介绍中国文化。

2002年，我国国家旅游信息化工程——金旅工程将建设“旅游目的地营销系统”作为其电子商务部分的发展重点，旨在将其建成信息时代中国旅游目的地进行国内外宣传、促销和服务的重要手段。经过一年多的努力，全国“旅游目的地营销系统”的中心平台建设已初具规模，广东、香港、澳门、大连、三亚、珠海、南海、深圳、厦门、苏州等十余个区域或城市的“旅游目的地营销系统”也已投入运营或正在建设之中，在旅游宣传促销方面发挥了重要作用。在此基础上，国家旅游局预计用两年左右的时间，逐步完成138个优秀旅游城市的系统建设，并逐步辐射到其他城市。

可见，我国旅游电子商务已形成了各类旅游企业（包括目的地旅游服务企业、旅游中间商）网站和旅游目的地营销机构（DMO）网站、全球分销系统（GDS）和计算机预订系统（CRS）、专业旅游网站及旅游电子商务平台功能互补、相互竞争、共同发展的多元化格局。

二、旅游电子商务网站前景广阔

2003年，我国人均GDP超过1 000美元。发达国家旅游业发展经验表明，人均GDP达到1 000美元以后，大众旅游时代很快就要到来，旅游市场需求也将转变。当前我国旅游市场正处于由初级阶段向中高级阶段转化之中，旅游消费将渐趋理性化、个性化。“半军事化、拉练式、追求看最多景点的”观光旅游逐渐转向“追求舒适静谧”为主要目的的休闲度假旅游和“体现个性审美”的民俗文化、生态体验、体育健身等特色旅游；出游方式也将从目前“随团出游”逐渐转向自行组织、自驾私家车等。

在这种背景下，传统的市场细分已经不能准确地反映市场需求和偏好，旅游网站需要重新对客源市场进行划分。

据中国互联网信息中心（CNNIC）2003年12月调查，我国网民数量已攀升至7 950万，具有较强支付能力的25岁以上网民占44.1%。CNNIC调查还显示，社会对互联网的信任度也在增强，有55.8%的网民信任互联网交易，只有比例为7%的网民选择不信任；非网民中选择信任互联网的比例为56.5%，选择不信任互联网的比例为11.2%。同时，央视调查咨询中心所做的北京中青年网民“互联网网民旅游消费”调查结果显示：已经有21.8%的网民登录过旅游网站，有43.2%的网民表示将会登录旅游网站；在已经登录旅游网站的网民中，有3.8%网民已经进行过与旅游相关的网上预订，有54.2%的网民表示将会尝试网上预订。可以预见，未来旅游电子商务有很大的发展空间，旅游网站前景非常美好。

三、旅游电子商务发展方向

迅速地进入并占领目标市场是旅游电子商务网站成败的关键。网站要以诚信为本，奉献最好的服务，树立良好的品牌；不断加大技术投入，有效阻挡可能发生的网络黑客攻击行为；与银行联手解决电子支付问题；开发新的特色旅游产品，领导旅游市场的潮流；与旅行社建立稳固的联盟，保持一条龙服务体

系。同时，网站还要充分利用法律保护自己的知识产权。

专家预测，今后几年我国旅游电子商务理念将从“以交易为中心”向“以服务为中心”发展，旅游电子商务将在服务上更加完善，更人性化；旅游电子商务系统将增进互联与整合，企业建网形成“信息孤岛”的不成熟模式将得到改观；旅游电子商务标准与规范亟待建立；移动电子商务等新技术的应用，将使行前、行中、行后的旅游者得到系列化的服务。

所以，当前我国旅游网站的建设要突破商业网站圈钱、烧钱的怪圈，以服务为本，以旅游者的真正需求来开展业务。

根据Forrester Research对8 600个上网家庭的调查，约有75%的受调查者声称高质量的内容是让他们成为客户的关键因素。“广度”和“精度”这两个层面的搭配成为电子商务网站成功的第一大要素。

网站除提供景点行程、车旅、就餐、住宿安排外，还可以提供旅游景点介绍、旅行社基本情况介绍、预订方法等。和印刷媒体相比，网站介绍更加形象、具体，不但有文字说明，还有图片等其他方式的展示。同时，网站还可以运用相关链接等多种手段使线路信息介绍更加详尽，能够让旅游者从比较全面的信息中进行准确的比较，从丰富的旅游资源信息中选择，从而确定最具有个性的旅游线路，提高交易的成功率。

（摘自旅游经理人网 http：//www.cntmu.com/2005－02－22）

【思考题】

1. 试论述旅游市场营销的微观环境与宏观环境的各种因素。
2. 思考宏观环境对市场营销活动的影响。
3. 经济环境对消费者选择有哪些影响？
4. 试论述什么是SWOT分析法，以及它对旅游营销活动的指导意义。

第三章 旅游市场营销策略

20 世纪 90 年代以来，国际旅游浪潮日益冲击着各个旅游接待国。团队比重下降，规模变小，需求趋于多样化、个性化。对于旅游企业来说，无论规模有多大，都不可能同时满足旅游市场的各种需求，而市场营销又要求旅游企业最大限度地满足消费者。解决这一矛盾的根本途径在于旅游企业应分辨出它能为之提供的有效服务的某一个顾客群——目标顾客，使其获得最大满足，因而，旅游企业必须实行目标营销。本章主要从旅游市场细分、目标市场的确立等方面进行学习。

第一节 旅游市场细分的作用和环境分析

旅游企业对于旅游市场的开发，关键在于找到目标市场，而目标市场则需要通过对市场细分后才会明确。市场细分在旅游企业目标营销中起着十分重要的作用。

一、旅游市场细分概述

（一）旅游市场细分的概念

1. 市场细分

市场细分思想是由 20 世纪 50 年代美国营销学家史密斯提出的。市场细分又可叫做市场分割，它是按照购买者的需要和欲望、购买态度、购买行为特征等不同因素，把一个市场划分为几个不同的购买者群体的消费过程。

市场细分在本质上并非是对整体市场的地域范围或者数量规模进行划分，而是对一种不同顾客按需求特征的差异性与相似性进行非常接近客观事实的分类。在细分后的整体市场中，不同细分市场之间顾客的需求欲望和对营销因素

的反应具有明显差异；而在同一细分市场内部，顾客的需求特征又相对比较一致。因此，市场细分是以市场需求格局的差异性和相似性为客观基础的。假定从一个整体市场顾客对产品各种属性的需求反应中，任意取两种属性的不同偏好分布情况加以说明，即可得出市场需求格局的三种基本偏好模式。

（1）同质偏好型。所有顾客对服务质量和价格水平的偏好都是一致居中的，也就是此市场中不存在市场细分的客观基础。

（2）分散偏好型。每一位顾客对服务质量和价格水平的偏好都各不相同，在理论上可将每一位顾客都作为一个细分市场，但在实践中分别针对每一位顾客制定产品和营销组合往往是不现实的，所以这一类市场一般不存在市场细分的问题。

（3）集群偏好型。各顾客群体对服务质量和价格水平具有显著差别，而在每一个群体内部，其成员对两属性的偏好又是大致相同的，因此此市场可明显地划分为若干细分市场。

2. 旅游市场细分

由于旅游是一种综合性很强的高层次的消费活动，因此旅游市场属于典型的异质市场。随着社会经济文化的发展，旅游活动内容不断地增加，旅游市场的异质程度还将进一步提高。旅游市场具有非常鲜明且在发展的异质性特征，同时异质性特征又表现出明显的集群偏好，这正是旅游市场细分非常明确的客观基础。

旅游市场细分是旅游企业把需求者按一种或几种因素加以分类，使分类后的亚市场在一个或几个方面具有相似的消费特征，以便旅游企业可以用相应的营销组合尽可能地满足不同消费群的需要。旅游市场细分具有以下几方面的涵义：

（1）市场细分内的过程并非将旅游市场营销支离破碎，而是一个先分后合的过程。从纷繁复杂的消费者个体中找出相同的特征加以归类，采用相应的营销措施，面对整体旅游市场，使旅游企业有限的生产能力得到充分发挥。

（2）市场细分的标准是不同消费者的消费特征，诸如需求特征、购买动机、购买行为等特征。它使市场消费的特征更加鲜明，利于旅游企业制定合理有效的营销策略。

（3）市场细分的最终目的是使旅游企业现有的生产能力、产品供应特征等能够最大限度地满足消费者的需求，用来实现旅游企业的经营目标，维持和扩大旅游企业的市场占有率。

（二）旅游市场细分的作用

旅游市场细分是分析旅游消费需求的一种手段，对于旅游企业而言，有以下作用：

（1）有利于旅游企业寻找市场机会。由于旅游产品的差异性和旅游企业固有的客观局限性，旅游企业在市场上取得优势都是相对的，而不是永恒的、绝对的。市场客观存在没有被满足的消费需求成为旅游企业的机会市场。通过市场细分，旅游企业可了解不同消费者群体的需求状况和满意程度，迅速占领未被满足的市场，扩大市场占有率，取得市场营销的优势。

（2）有利于旅游企业制定营销策略。旅游企业通过市场细分，可以比较直观、系统、准确地了解目标市场的需求，从众多细分市场中确定服务方向、产品战略，更合理地确定营销组合策略，及时调整旅游企业产品的价格、销售渠道及促销手段。

（3）有利于旅游企业制定灵活的竞争策略。通过市场细分，旅游企业了解到市场的消费特征后，可以集中力量对一个或几个细分市场进行市场营销，突出旅游企业产品和服务的特色，制定灵活的竞争策略，提高旅游企业的竞争力。通过市场细分，使旅游企业经营由粗放型转变为集约型，应对市场竞争，提高经济效益。

二、旅游市场细分的步骤

作为旅游市场营销的一个前提，市场细分并没有一个定式，通常先确定细分的依据，以此作为基础分割市场，然后对分割的市场进行分析，最后确定目标市场。而市场细分的步骤因市场类型不同而各有差异，美国市场营销学家麦卡锡提出了市场细分七步法，为旅游市场营销的市场细分提供了一个行动参照，具体操作如下：

1. 确定营销产品的范围

进入旅游市场营销业，首先需要确定的是旅游市场营销产品的范围，如旅游市场营销是什么类型的，它的定位是什么。选定旅游市场营销产品的市场范围，部分依赖旅游企业自身的生产能力和特点，但更为主要的还是以市场的需求为基础，这不能由旅游产品的特性来决定。

2. 列举潜在顾客的基本需求

在选定产品市场范围的前提下，旅游企业可从人口、地理、行为、心理、

经济等各种因素方面，大致估算潜在旅游者的需求，以了解市场需求状况，如消费者对疗养旅游的需求大致是：宁静、清新、有利于健康等，而会议旅游则要求通讯方便等。潜在顾客的需求并非显示需求，因而旅游企业在进入行业竞争前先要熟悉行业特征。

3. 进行调研和选择

在初步分析的基础上，旅游企业以罗列的各种需求为调研的依据，对不同类型，具有鲜明特征的潜在顾客进行调研，了解他们较为迫切的需求，然后加以总结，选出两三个市场细分的标准。

4. 排除潜在顾客的共同需求

对于粗略划分的市场，其共同的需求固然重要，但只能作为设计市场营销组合的参考，而不能作为市场细分的基础，因而可以排除这些共同的需求，选择具有鲜明特征的需求作为市场细分的标准。

5. 划分相应的市场群

旅游企业对各个细分市场剩下的需求作进一步分析，结合细分市场的消费者特点，为各细分市场暂时取名。

6. 进一步分析各细分市场的具体特点

深入考察细分市场的特点，分析各市场的不同需求和购买行为，了解影响细分市场新的因素，以决定各细分市场有没有必要再细分或重新组合，以不断适应市场的变化。

7. 评估各细分市场

基本决定各细分市场的类型后，旅游企业应该测量每一个细分市场潜在顾客的数量，因为它决定旅游企业产品的潜在销售量，影响旅游企业的获利机会。

三、营销活动的计划方案和环境分析

（一）营销活动的计划方案

营销战略必须转化为营销计划方案加以实施和执行。这需要在营销预算、营销组合和营销资源分配上作出决策。

首先，公司必须决定要达到其营销目标所需的营销支出水平。如果期望获得较高的市场份额，营销预算比率可能比通常要高些。

其次，公司还必须决定如何对市场营销组合中的各种工具进行预算分配。营销组合是公司用来从目标市场寻求其营销目标的一套工具。它包括：

（1）产品：产品组合、产品设计、性能、品牌、包装、规格、服务、担保、退货、产品生命周期、新产品开发。

（2）价格：定价、折扣、折让、付款期限、信用条件。

（3）地点：分销渠道、覆盖区域、商品分类、位置、存货、运输。

（4）促销：销售促进、广告、人员推销、公共关系、直接营销。

最后，营销人员必须决定如何将营销费用分配给不同的产品、渠道、促销媒体和销售领域。

（二）营销管理的分析

战略营销的最后一个环节是营销管理，即组织营销资源对营销计划方案进行执行，对过程实施有效控制，并通过实施过程中反馈的市场信息对计划进行评估改善，以确保营销目标的实现。毫无疑问，任何公司必须设立一个能够实施营销计划方案的营销组织。在小公司里，一个人可能要兼管营销调研、推销、广告、客户服务等一切营销工作；在一些大公司里，会设置几个营销专业人员：推销员、销售经理、营销调研人员、广告人员、产品和品牌经理、细分市场经理和客户服务人员等。

营销组织通常有一位营销副总负责，一方面要协调全体营销人员的工作，另一方面要配合其他职能的副总经理工作。营销部门的有效性也取决于对其人员的选择、培训、指导、激励和评价。经理们须定期召见他们的下属，检查他们的业绩，表扬优点，指出缺点，并提出如何改正错误的建议。

在营销组织实施营销计划方案的过程中会出现许多意外情况，公司必须有一套反馈和控制措施：

年度销售计划控制是为了保证公司在年度计划中所制定的销售、盈利和其他目标的实现，这包括，第一，管理层必须明确地阐明年度计划中每月、每季的目标；第二，管理层必须掌握衡量计划执行情况的手段；第三，管理层必须确定执行过程中出现严重缺口的原因；第四，管理层必须确定最佳修正行动，以填补目标和执行之间出现的缺口。

盈利能力控制是对产品、客户群、贸易渠道和订货量大小的实际盈利率进行测量。营销盈利率分析是衡量各种营销行动获利水平的工具；营销效率研究是研究如何提高各种营销活动的有效性。

战略控制是评估公司的营销战略是否适合于市场条件。由于营销环境的多变，每个公司都需要营销审核，定期对营销结果进行评价。

（三）外部环境的分析

影响公司业务的外部环境有哪些？有哪些可利用的市场机会？有哪些要预防的威胁和挑战？

影响公司业务的外部环境如表 3－1 所示：

表 3－1　外部环境分析：机会与威胁

影响因素	机　会	威　胁
宏观环境因素 宏观经济环境、人口统计情况、技术因素、政治/法律的因素、政府及其管理机构、社会责任/文化的因素、自然环境		
微观环境因素 总体行业情况、竞争环境、当前客户、潜在客户、竞争对手、分销渠道、供应商		

（四）内部环境的分析

公司内部的竞争能力如何？公司经营的优势和劣势是什么？

识别环境中有吸引力的市场机会是一回事，拥有在机会中成功所必需的资源和竞争能力是另一回事。每家公司都要定期检查自己的优势与劣势，如表 3－2所示：

表 3－2　内部环境分析：优势与劣势

因　　素	机　会	威　胁
营销能力 公司信誉、市场份额、产品质量、服务质量、定价效果、分销效果、促销效果、销售员能力、创新效果、地理覆盖区域		
财务能力 资金成本/来源、现金流量、资金稳定性		
制造能力 设备、规模经济、生产能力、人力资源、按时交货能力、技术和制造工艺		
研发能力 新产品开发能力、技术创新能力		
组织管理能力 有远见的领导、具有奉献精神的员工、创业导向和企业家精神、弹性/适应能力、共有价值观和企业文化		

第二节 旅游市场细分的依据与方法

一、旅游市场细分的依据

由于受到年龄、性别、收入、职业、受教育程度以及生活方式等因素的影响，不同的消费者有不同的需求。这些不同的需求成为旅游市场细分的依据。细分市场不存在统一的标准变量，每个旅游企业必须选择适合自身资源的可变因素。在市场细分中常用的四个依据是：地理变量、人口统计变量、心理变量和行为变量。

（一）地理变量

旅游企业依据消费者所在地理位置、地形气候、空间位置等变量细分市场。由于地理因素是消费者的生存环境，与消费者的需求有较大的相关性，因而消费者的需求因地理位置不同而有较大的差异。按地理变量细分市场，对于分析研究不同地区消费者的需求特点、需求数量及其发展变化趋势具有一定价值，我国就有"东甜西酸南辣北咸"之说。

1. 地理区域变量。它是细分旅游市场最基本的变量，具体又可分为洲别、国别和地区等变量。例如，世界旅游组织（WTO）根据地区间在自然、经济、文化、交通以及旅游者流向流量等方面的联系，将世界旅游市场细分为六大旅游区域，即欧洲市场、美洲市场、东亚及太平洋地区市场、南亚市场、中东市场和非洲市场。

不同地理区域的地理位置、自然环境、经济环境与人文环境的综合差异，深刻影响、制约着消费者旅游需求的综合差异。一般而言，客源地与目的地在自然风光和人文风貌上差异越大，其旅游引力也越大；而两地间生活条件、生活方式以及价值观差异越大，其旅游障碍就越大。以此细分旅游市场有利于旅游目的地针对不同客源市场设计特色旅游产品与分销、促销策略。

按国别细分旅游市场是旅游目的地国家或地区细分国际旅游市场最常用的形式。由于国界因素的强化，一国内部的消费需求往往有更多的相似性，而国与国之间则往往出现较多的差异性。

按地理区域细分旅游市场，可分别根据其自然、经济、人文三大方面因素对旅游需求特征的不同影响来加以考虑。如我们可根据各国各地区的人均GNP值细分国际旅游市场；又如，根据宗教信仰对旅游需求的影响，我们可区分中东市场、南亚市场、东南亚市场旅游者的不同宗教信仰，分别开发相应的旅游产品和设计相应的营销方式。

国际上还通行按不同客源国或地区旅游者流向某一目的地所占该目的地总接待人数的比例来细分市场。在一个旅游目的地国家或地区的总接待人数中，来访者占最大比例的两三个客源国或地区（一般可共占40%～60%）可划为一级市场；来访者占相当比例的一些客源国或地区，可划为二级市场；来本目的地的人数很少，而出游人数日见增长的国家或地区，可划为机会市场（也叫边缘市场）。

2. 气候变量。根据潜在客源地区与旅游目的地之间自然环境的差异，尤其是气候环境的差异细分旅游市场，也是极其有意义的。地形、气候、水体、生物等都是构成自然旅游资源的重要因素，其中起主导作用的是地形和气候两方面因素。气候对生物和水体的状态影响最大、最直接，且气候类型分布的规律较明显，以地质地貌为基础的旅游资源也往往需要有一定的气候条件相配合才更富有吸引力。因此，以气候为主导因素的自然旅游资源往往是很有力的旅游吸引物，尤其对于度假旅游是最重要的吸引物。如以“3S”（Sand、Sea、Sun）著称的地中海风光，每年吸引欧洲80%以上的度假者前往该地，尤以北欧各国旅游者为盛。

3. 空间位置变量。各地旅游者的旅游需求特征不仅与自身所在地理环境和目的地地理环境的差异大小有关，而且还与所在地相对目的地的空间位置有关。两地的空间距离是旅游活动的自然障碍因素，而两地间的交通条件又起着跨越这种障碍的作用。但无论如何，旅游者所在地与目的地空间位置的差异，从旅行时间上和费用上都会构成旅游的障碍性因素。以此可将旅游市场细分为远程、中程、近程等旅游细分市场。远程旅游者数量虽然相对较小，但其多属中上层生活条件的游客，在目的地一般停留时间较长，消费水平高，其旅游支出往往高出邻国市场旅游者的几倍以上。随着现代交通工具的发展，远程旅游者有发展趋势。近程旅游市场，尤其是相邻地区旅游市场，不仅因为距离近、消耗小，而且也因为生活方式接近，邻国之间在入境手续上还可能提供方便，对于目的地国家而言，其客源挖掘潜力大，应是开拓国际旅游市场的重点对象。在全球旅游业发展最兴盛的欧洲旅游区，其区内旅游就占绝对优势。近年我国也加强了对周边国家旅游市场的开发；同时，也有针对性地发展远程旅游市场（如欧美旅游市场）。

地理细分的具体变数如表 3－3 所示：

表 3－3　市场细分地理变量构成表

细分依据	细分变数
地区	国内：华东、华南、西南、中南、西北、华北、东北 国际：欧洲、北美、亚洲、拉美、非洲
人口密度	城市、农村
城市规模	大城市、中小城市、城镇
地形	山区、平原、高原、盆地
气候	热带、亚热带、温带、寒带

（二）人口统计变量

人口统计细分是将市场按年龄、性别、职业、家庭规模、婚姻状况、收入、教育、信仰、种族、国别等为依据划分不同的群体。由于人口统计变量较其他变量更容易衡量和区分，它与消费者的欲望、偏好、文化习惯及产品使用率等都有密切联系，因此成为区分消费者群体常用的依据。综合考虑，可形成如下基本标准：

1. 年龄、性别与家庭生命周期。建立在人口最基本自然属性基础上的年龄、性别与家庭生命周期三个变量因素，不仅能从生命活动过程与生理上直接影响旅游需求，而且还能通过影响旅游者的收入和社会角色等因素间接影响旅游需求。

人口年龄变量是细分旅游市场最主要的变量之一。据美国研究，20 岁至 64 岁之间的人出游率最高，其中 35 岁至 44 岁之间的人最富有旅游的活力。按照人口年龄段，旅游市场可细分为青少年市场、中年市场和老年市场。其消费特征如表所示。

中年人旅游市场是当今人数最多、潜力最大的旅游市场。中年人年富力强，收入往往不菲，较讲究食宿和享乐条件，以观光、会议、商务旅游者居多，携家度假旅游的也不少，较看重与自己年龄与身份相称的游乐项目，是旅游业较理想的目标市场。

表 3-4 不同年龄消费群的消费特征表

细分依据	特 征
青少年市场	年轻、活泼，喜欢刺激、新颖的产品，消费水平较低，发展前景好
中年市场	比较理智，人数多，潜力大，商务旅游居多，消费水平高，逗留时间较短
老年市场	怀旧，喜静，收入稳定，时间充裕，比较关心旅游服务质量

老年人旅游市场也是比较引人注目的市场。老年人一般有经济积累，又很少有子女负担，闲暇时间充裕（尤其退休者），无工作压力或压力小，旅游兴趣较浓，以观光休养、探亲访友居多。随着世界人口老龄化趋向的发展，如何进一步开发老年人旅游市场已成为世界旅游业广泛关注的课题。

青年人旅游市场虽然总体消费水平不高，但仍是一个人数众多、不容忽视的市场。青年人精力、体力都处于最佳状态，无论时间还是金钱上的障碍，几乎都不能遏制其旅游的激情。

少儿旅游市场也有其自身特点，需要旅游营销者加以注意。少儿旅游一般须由学校组织或成人带领，通常选择具有教育性、游乐性的旅游项目，注重安全、卫生、方便等条件。

旅游需求的性别差异也是明显的。一般而言，男性游客独立性较强，更倾向知识性、运动性、刺激性较强的旅游活动，公务、体育旅游者较多，喜欢康乐消费等；而女性游客更注重旅游目的地的选择，较喜欢结伴出游，注重自尊和人身与财产安全因素，喜好购物，对价格敏感。今天随着妇女社会地位的提高，无论从工作需要、心理需求还是经济能力等方面都为女性旅游市场注入了极大的活力，使包括公务旅游在内的女性游客人数迅速扩张（1980 年美国公务旅游者中，女性就占到 40%），单身旅游也变得时髦。女性旅游市场的开发已受到旅游企业的关注。

家庭是消费的基本单位。家庭结构、规模和总收入等状况都会直接影响旅游需求。这些状况又随着家庭生命周期阶段的不同而变化。其中家庭子女情况对旅游消费需求制约较大。

2. 收入、职业、受教育程度与社会阶层。由于家庭可自由支配收入是实现旅游活动最重要的限制性客观条件之一，而且其水平的高低直接影响旅游消费水平和消费构成，因此，以消费者收入水平细分旅游市场具有较为普遍的意义。据调查，美国最经常旅游的人家庭年收入大于25000美元，进行远距离旅游的人，家庭年收入至少为50000美元。

由于旅游是具有审美性质的高层次消费活动，因此消费者受教育程度与职业特征直接影响到旅游需求的程度、层次、类型与内容。一般受教育程度越高，旅游需求层次越高、品位越高。职业特征对旅游需求的时机、类型影响较大，如教师、学生一般只能利用寒暑假旅游，管理人员、技术人员和商务人员多属公务旅游和商务旅游。

收入、职业与受教育程度往往是相互关联的，尤其是在发达国家。管理人员大多受过高等教育，收入也较高，喜欢旅游，且具有较多公务旅游机会；其旅游开支较大，要求也较高。综合收入、职业与受教育程度三方面因素，往往形成社会地位的差异产生社会阶层的概念。社会阶层的划分，多以收入为基础，职业为代表，受教育程度为参考。每一阶层的成员具有相似的价值观、兴趣爱好和行为方式。社会阶层变量有时可代替人口属性变量作为细分旅游市场的标准。

（三）心理变量

根据消费者的生活方式、性格特征、态度、兴趣和动机等心理特征细分市场。消费者实现旅游活动的主观条件，根本上还在旅游动机；而个人的心理特征在形成旅游动机上起着首要作用。因而，能更准确地区分细分的市场特征。即使同一细分的消费者群体，由于不同心理特征的结果，对同类产品的偏好和态度也会各异。心理变量的具体内容如下表所示。

表3-5 市场细分心理变量构成表

细分依据	细分变数
生活方式	传统型、新潮型、简朴型、奢侈型、潇洒型、高雅型
性格	内向型、外向型

（四）行为变量

按消费者不同的购买动机、偏好程度、使用频率及消费行为特征细分市场。由于消费者的行为导致消费的最终实现与否，因而成为细分市场至关重要的出发点。

根据旅游者购买过程中比较关键的行为特征，可细分出一些需求各异、具有综合性特征的重要旅游细分市场。

购买形式是指旅游者购买旅游产品过程的组织形式和所通过的渠道形式。以此变量细分旅游市场，最有利于分析出因购买组织形式和购买渠道不同的重要旅游者群体对营销因素的综合反应特征和旅游需求特征。依据购买组织形式变量将旅游市场细分为团体市场和散客市场是旅游市场最基本的细分形式之一。团体旅游具有的优点是省心、省事、省时甚至节省费用，众人结伴旅游热情高，旅行安全系数大，语言障碍小等；但同时存在着个体适应性和过程灵活性较差的突出缺点。近年散客市场在世界范围内得到很大的发展，已成为世界旅游市场的主体。在这一市场中，游客的旅游形式发展也日益复杂多样，包括独自旅游结伴同游、家庭旅游、小组旅游、驾车旅游、徒步旅游等，不一而足。

旅游活动的时间性、季节性非常突出，根据购买时机变量不仅可将旅游市场划分出旺季、淡季及平季等两至三个细分市场，而且还可细分出寒暑假市场，以及春节、国庆节、双休日等节假日市场。如我国新近发展的周末度假旅游市场就引人关注。

根据消费者购买旅游产品的数量与频率特征，可将其分为少量购买者和大量购买者，或称较少旅游者、多次旅游者和经常旅游者这样的细分市场。以此为起点，很有利于深入探析描述不同购买数量特征的旅游者群在人口属性与心理方面的不同特征，从而也有利于分析形成旅游者购买数量需求差异的深层原因。经常性旅游者通常在整体市场上所占的比重很小，但他们的旅游消费支出在整体市场上却往往占有很大的比重。

行为细分的具体变量如下表所示。

表3-6　市场细分行为变量构成表

细分依据	细分变数
购买动机	观光、商务、会议、文化民俗、度假、其他
购买数量	团体、散客
偏好程度	极度偏好、中等程度偏好、摆动偏好、无偏好
购买时间	旅游淡季、旅游旺季
购买次数	一次购买、重复购买
购买行为特征	理智型、冲动型、积极型、猎奇型、享受型

以上四种变量是旅游市场营销细分的主要依据，在实际营销过程中，用于细分市场的变量并非仅限于这些。旅游企业应根据自身的优势和外部环境给予的条件，具体细分市场，而不能生搬硬套。

二、旅游市场细分市场的方法

（一）单变量细分法

选择影响旅游市场细分的最显著的变量，作为细分市场的唯一依据，划分市场中不同的消费者群体的方法。这种方法能够将市场迅速细分，而且细分市场的特征较鲜明，但不能对市场进行深刻的调研分析。如以性别来划分，整个市场可分为男、女两个细分市场。

（二）多变量细分法

选择两个或两个以上显著影响市场需求的变量，作为细分市场的依据，划分市场中的消费者群体的方法。这种方法能准确、深入地划分旅游市场中每一个不同的消费群体，有助于旅游企业做出准确、合理的市场营销策略，但由此会增加市场细分的时间、费用等。同时，如果市场细分的变量数目不能科学合理地掌握，极易造成市场的完全细分，将市场上每一个消费者个体作为一个单独的细分市场，从而失去市场细分的意义。

（三）顾客盈利能力细分方法

所谓顾客盈利能力指企业顾客在未来很长一段时间内（指其作为企业顾客的时间长度内）为企业贡献利润的一种能力。根据顾客盈利能力的不同进行市场细分，就是把顾客盈利能力作为市场细分的变量，把每一个顾客都当作一个细分市场，分析企业服务每个顾客的成本和收益，得到每个顾客对企业的财务价值，然后与企业设定的顾客盈利能力水平进行比较，如果顾客的盈利能力达到企业设定的顾客盈利能力水平，那么他就是企业目标市场中的一员，所有满足这个条件的顾客构成企业的目标市场，否则，企业就不向他们提供服务。

这种细分方法的优点是：直接界定细分市场是否能为企业带来盈利，能真正达到市场细分的目标，完全满足目标营销的需要，是实现“一对一营销”的前提基础，从而保障企业能更有效地对每个顾客提供产品和服务。

衡量顾客盈利能力的指标是顾客终身价值。所谓顾客终身价值是指顾客作为企业顾客的周期内为企业利润的贡献的折现总和。影响顾客终身价值的最重要的两个因素是计算周期和贴现率。一般而言，在贴现率不变的情况下，顾客成为企业顾客的周期越长（即计算周期越长），那么，纳入计算的顾客价值就越多，顾客的终身价值就越大；计算周期一定的情况下，贴现率越高，未来的收益就越不值钱，则顾客终身价值就越小。

顾客终身价值的计算比较复杂，需要获得以下这些信息：

（1）顾客作为企业顾客的时间周期；

（2）企业的贴现率（因为未来的收益要折现）；

（3）每个时间周期内顾客购买某产品品类的频数；

（4）顾客购买该企业产品的平均贡献；

（5）顾客购买该企业某产品的概率；

（6）其他一些信息。

市场细分充分地显示了旅游企业所面临的各种市场机会。但细分的目的并不仅限于此，它最终使旅游企业的产品和营销策略有效地用于最有吸引力的机会市场。因而，旅游企业在众多的细分市场中，须选择其目标市场。

第三节　旅游目标市场选择与市场定位及开发

一、旅游目标市场

目标市场是指旅游企业在市场细分的基础上，进行营销活动所要满足的市场需求。这一类的消费者群体的市场需求成为旅游企业的主要经营对象。目标市场最主要的特点是有针对性的。这种目标市场只能针对特定的旅游市场营销企业。由于旅游市场营销竞争者的存在，相对于这一旅游企业是目标市场的消费群体，对于另一旅游企业而言并非是目标市场。就算是许多旅游企业同一目标市场，由于消费者需求的差异，也能够使竞争者采取不同的策略。

市场细分与选择目标市场，二者有区别也有联系，市场细分是按不同的消费影响因素划分消费群体的过程；选择目标市场则是在细分市场的基础上，挑选少量细分的市场作为营销对象的选择过程。市场细分是目标市场的前提和基础，目标市场则成为市场细分的目的和归宿。科学合理的目标市场只有通过深入的市场细分才能产生。

二、旅游市场定位

已经研制开发并生产出旅游产品的企业，在营销上首先遇到的就是“市场定位”问题。简单地说，就是首先定在哪些“市场”、“场合”和选择哪些消费群体销售本企业的产品，是在南方市场还在北方市场？是在沿海市场还是在内地市场？是在城市市场还是在农村市场？是在大城市市场还是在中小城市市场？是在大型商场还是在中小型商店？是选择高档饭店还是中低档饭店？

上述这些问题以及目标消费群体的选择问题常常是困扰着旅游企业的营销部门。而不少旅游企业在解决这些问题时常常依据常规思维，如毛皮类产品选择北方市场，认为北方天气寒冷，这类产品肯定好销；保健品选择大城市市场，考虑大城市居民收入水平高，购买力也一定强；另外一想就想到北京、上海市场，因为这些市场的社会零售商品额每年都有成百上千亿，认为稍占有一小块市场份额，销售收入就很可观；有的企业瞄准大型零售商场，千方百计想挤入这类商场，在其中占一席之地；有的企业则遍地撒网，不管商店大小，地处何方，谁要货就给谁。其结果是，重点选择定位在北方市场的这家皮毛产品营销公司在这些市场上的效益并不理想，而无意中开发的南方市场却结出硕果，用该企业营销经理的话来说就是：“有心栽花花不开，无心插柳柳成行”；而在大城市竞争得头破血流的一家保健品公司的某个推销员却在内地某省的一个小城镇上用短短的一个月时间卖了1500件，把该公司的营销经理给“弄糊涂了”；再就是进入北京市场的公司，发现在开展业务时处处受限制，费用层层加码，最后其业务经理不得不发出“天子脚下规矩多”的感叹；千方百计挤进大型商场搞联营联销的公司，发现除了协议中的倒扣比例外，还有广告资助费，促销活动费，各种赞助费，还要打点商品部经理等，一年下来，算来算去几乎无利润可言；而遍地撒网，到处布货的公司则发货出去了，但款回不来，这样，一要承担利息费用，二要承坦因通货膨胀而造成的货币贬值的损失，三要承担因资金周转不灵而需追加流动资金贷款的负担，四要承担讨债的费用，五要承担可能形成坏账的心理压力，等等，真是苦不堪言。非但如此，有的企业还发现，一些偏僻的网点货已经布了一年了，可一件也没有销售出去。而企业这里还在不断地投入生产资金。很多企业就这样被拖垮了，不少企业虽然通过向市场交付“学费”后，领悟到其中的奥妙，及时转向，但也伤了元气。

当然，以上的结论并不是说北方市场不能进，大城市市场不能进，大型商场不能进或者不能遍地撒网，而只是说“市场定位”不能靠“拍脑袋”、靠主观臆想。有经验的营销经理在“市场定位”方面作出常规判断后，都要亲自进行实地考察，通过去看、去听、去问，了解当地消费者的风俗习惯、收入状况、需求状况、花钱态度，当地市场的竞争状况，当地商业经营方式及商业道德，当地政府的限制等，在掌握第一手资料，获得客观环境市场信息的基础上，才能做出比较正确的“市场定位”决策。这样做虽然需要花费一定的前期费用，但如果不这样做，就会绕更大的弯子（甚至会因为市场定位错误而使推销人员丧失信心，从而埋怨旅游企业不做广告或广告做得不够，把旅游企业引入歧途，经营迷失方向，最终使企业一蹶不振）。当然，旅游市场定位准确并不意味着万事大吉，旅游企业还需要在营销体制的设计、营销网络的建设、营销人员的选拔与培训、营销政策的制定等方面下工夫。不熟悉这些方法的旅游企业需要咨询机构的帮助，旅游企业应把这种帮助视为是一种投资，一种能够比其他中介机构带来更高回报的投资。然而，不管怎样，旅游市场定位准确意味着企业已向成功迈出了第一步。

另外，已经定位的旅游市场可以并且也需要根据变化作出适当的调整，调整本身也是一种创新的过程。调整的思路很多，美国企业管理学权威彼得·德鲁克的创新思想理论中把创新的机会来源列为十种，而第一种就是“意外”，包括“意外的成功”、“意外的失败”和“意外的事件”，关键就在这“意外”二字上。上述旅游企业的营销经理所体会到的“有心栽花花不开，无心插柳柳成行”和“天子脚下规矩多”都体现了“意外”二字，前者是意外的成功，后者则是意外的失败。意外的成功是指没有经过特别的努力，本来并不指望能产生更多效益的地方却获得了意想不到的成功；意外的失败则是指虽然花了很大的力气，投入了许多精力和财力，但本来认为能产生效益，获得成功的地方，偏偏成功不了或者效益平平。这实际上都是市场向企业发出的“信号”，要求企业做出调整。特别是全国范围内开展营销活动的企业，尤其要注意各地市场上发出的这种信号，并及时分析原因，如果是“机会”，迅速总结推广，调整市场或营销手段；如果是“威胁”，也要及时调整市场定位。但这就要求企业的营销总部（市场部、经营部或业务部）具有营销信息管理职能，制定有关营销信息管理制度，并有专人负责处理信息（目前已有不少公司开始利用电脑建立营销网络管理系统和营销管理系统）。总之，旅游企业的营销部门要对市场的变化保持警觉，并预测这种变化对企业营销活动的影响，然后要有反应，要重新思考自己应该怎么办。悲惨性的后果当然能够告诉我们在什么问题上铸成了大错，但是我们应该在信号还不太强烈之前就能够发现它。

三、旅游目标市场的营销战略

旅游企业在选择目标市场范围时，可采取由面到线、由线到点的战略，而在市场营销中采取由点到线、由线到面的原则，稳打稳扎，步步为营，进入整个旅游市场。其具体营销有以下三种战略：

（一）无差异市场战略

无差异市场战略是旅游企业不考虑市场内消费者的潜在差异，将整个市场看成一个巨大的同质的目标市场，不进行市场细分，只以单一的产品，运用单一的营销组合，力求适合尽可能多的消费者需求。如早期的麦当劳公司，生产的主要食品都是适合美国人的口位和生活节奏的产品，所有的生产企业的生产质量标准都是一样的，餐馆的建筑风格也是一样的，广告语都是统一的。

旅游企业采用无差异营销战略要具备以下条件：（1）有大规模的单一产品生产线；（2）有广泛的销售渠道；（3）产品在消费者中有很好的口碑；（4）产品用于满足人们的基本需求。

采取这一战略，能让旅游服务标准化和批量生产，有利于降低生产和服务成本，提高服务技巧和劳动效率；同时，单一的市场能减少营销费用和成本。但另一方面，采取这一战略容易忽略市场需求的差异，从而带来较大的风险。

（二）差异性市场战略

采用这一战略的旅游企业同时为几个细分市场提供服务，针对不同细分市场的需求特点设计不同的产品，并实施相应的营销组合战略。如美国的马里奥特公司，从啤酒馆进入餐馆，又进入旅游市场营销行业，1937 年，成为首家提供飞机饮食的公司，二战初，又从事工厂内饮食服务，还经营住宿业。

选择这一类战略的旅游企业必须具备以下条件：（1）有一定的规模，人力、物力、财力雄厚；（2）旅游企业的技术水平、设计开发能力与之呼应；（3）旅游企业有较好的营销能力，具有鲜明的形象；（4）市场的需求差异较大。

它的优点在于：小批量，多品种经营，能满足不同顾客的需求，有利于扩

大销售，可以分散旅游企业的风险。但缺点是资源分散经营，不能产生理想的经济效益，增加了旅游企业的成本和经营费用。

（三）集中性市场战略

集中性营销战略是指旅游企业将自身的资源和营销集中在某一个或少数细分市场上，实行专业化生产和销售，使旅游企业在目标市场上有较大的市场占有率，以此弥补在较大市场上较小的市场占有率。现代化的旅游企业无不倾注所有的力量来改变旅游企业的产品和服务，力求精益求精，以获得众多消费者的青睐。它有利于旅游企业在目标市场中取得有利的地位，也可在很大的程度上降低旅游企业的营销成本，如果能够选择合理的细分市场，旅游企业就可以创造出品牌，增加销售，获得较高的投资回报。但这也增加了旅游企业的经营风险。

（四）选择市场覆盖策略

由于上面三种市场目标策略各有优劣，旅游企业不可以随意选择自己的经营策略，因此在选择市场覆盖策略时需要考虑到许多因素。

第一，取决于旅游企业实力大小，也就是资源条件，也取决于产品和服务的差异程度。当企业资源有限时，集中性目标市场策略最合理。无差异性目标市场的经营更适合于一些同类同质产品；不同类型的旅游产品和服务，则更适合于差异性或集中性目标市场策略。

第二，旅游产品在其生命周期中所处的阶段也是要考虑的内容之一。新的旅游产品和服务应采取无差异性营销和集中性营销方式；旅游产品生命周期成熟阶段选择差异性营销是更为合理的。

第三，要考虑的是市场差异程度。如果大多数旅游消费者在某一时期对相同的旅游产品和服务情有独钟，对市场营销活动反应相同，那么无差异性营销是最合适的。

第四，要考虑竞争者的目标市场策略。不应与竞争对手采取相同的策略，否则，等同于自杀。一般要采取与之相抗衡的策略。如果对手采用无差异性目标市场策略，企业则应在分析的基础上，根据有关细分市场的利弊采取差异性或集中性目标市场策略，占领有利市场。

但是在旅游竞争过程中，往往情况十分复杂，因此需要在选择目标市场采取不同策略时慎重考虑多方面的因素。

四、旅游市场定位

（一）市场定位的含义及作用

“定位”一词首先是由两位广告人 Ai Ries 和 Jack Trout 于 1972 年首先提出的，指的是为产品在潜在顾客的大脑中确定一个合适的位置。定位是从顾客心理出发的，不是从公司或产品出发的，只认识到自己的特色及与众不同，未必能被消费者认同；因此，所谓定位，并不是指产品本身，而是指顾客心理的定位，即产品在顾客心目中的地位。

市场定位的实质是取得目标市场的竞争优势，确定产品在顾客心目中的适合位置并留下深刻的印象，以便吸引更多的顾客。因此，市场定位是市场营销战略体系中的重要组成部分，它对于树立企业及产品的鲜明特色，满足顾客的需求偏好，从而提高企业竞争实力具有重要的意义。

成功的定位可以为企业的经营带来很多好处，主要表现在：其一，它可以造就消费者对本企业产品的持久形象；其二，它可以在市场上为本企业创造出某种竞争优势；其三，它可以使本企业利用自己在某些方面的优势或长处，去吸引对其感兴趣的市场。

（二）旅游市场定位策略应考虑的要素

旅游市场定位与旅游企业的长期战略有密切关系。定位需要很长时间创造在旅游者心目中的地位，并完成旅游者从接触到认识与认同的过程，而不是仅仅通过短期的广告活动就可以完成的。旅游市场定位为旅游产品的差异性建立了一个固定的方式，它使旅游产品之间可以相互区别，并建立各自不同的竞争优势。精心构建的定位是可持续的、有防御性的。游客一旦接受了某种旅游产品也就同这一旅游产品建立了心理上的联系。这使得同类型的旅游产品再难以进入到这一游客群体中，而且这种定位可以进一步利用。旅游产品市场定位的成功与否涉及诸多因素，其中四个因素是旅游企业定位过程中必须考虑的：

1. 对目标市场清晰的认识

只有对目标市场有透彻清晰的认识，才能做到有的放矢。假定一个旅游企业认为其旅游产品在市场中具有特定的定位，但是在不同的旅游者看来，可能其产品具有不同的定位。所以必须了解该定位对所有关键目标市场及旅游者的作用，以及预测对非目标细分市场的冲击，全面衡量旅游产品定位的市场反映。

2. 了解旅游者对旅游产品的要求

旅游产品定位所含有的利益必须对所瞄准的目标旅游者极为重要。假如瞄准一个对价格不敏感的细分市场，显然只考虑旅游产品价格的高低是毫无意义的。由于定位的利益特征必须是对目标旅游者有吸引力的利益特征，这要求准确把握旅游目标市场的行为特点和旅游者心理因素，才能够切实了解旅游者对旅游产品的实际需要。

3. 以旅游产品优势的现实为基础

旅游产品的优势及用以创造产品优势的核心功能的旅游产品组合，能够使旅游企业同其他旅游产品相互区分。这种基于产品的方法，是利用旅游企业资产最有效的创造性竞争定位，并且能够确保这一竞争定位，在竞争对手的攻击性定位面前是能够保护旅游企业自身，即具有防御能力和能够在旅游者心目中拥有持久的地位。

4. 旅游市场定位的可沟通性

旅游市场定位应当能够与目标市场沟通。这通常意味着它们简单明确，能够在同旅游者的相互沟通中加以修正。可以使用有吸引力和有创造性的广告或其他营销沟通方法使定位更具有吸引力，真正体现定位是以顾客为出发点的。

旅游产品市场定位要求从旅游者的角度了解旅游企业及其产品，因此旅游消费者的心理因素成为必须要考虑的因素，把握旅游者对旅游产品的质量、价格、特色等方面的需求，这对准确的市场定位有着重要意义。

（三）旅游企业定位的方法

一个企业的定位战略有多种不同的考虑途径，很多企业的营销实践表明，企业定位战略的制定大致可有以下六种可供选择的方法：

1. 根据产品特色进行定位

这是最为常见的一种定位方法，即根据自己产品的某种或某些优点，或者说是根据目标顾客所看重的某种或某些利益去进行定位。例如对于饭店企业来说，这些优点或利益的基础可以是本饭店的建筑风格、坐落地点、服务项目、服务质量、房间和装潢的设计与质量，或者这些方面产品特色的任何组合。

2. 根据价格—质量之间的联系进行定位

国际上有些饭店是根据这种方法来考虑自己的定位。采用这种方法进行定位的饭店将其产品的价格作为反映其质量的标识。众所周知，战略价格的重要作用之一，便是象征产品的质量。产品越具特色，即产品的性能越高或者提供的服务越周到，其价格也就越高。对于一个提供全方位服务的高档饭店来说，为自己的产品制定高价，本身就会对顾客起到一种知觉暗示的作用，即他们可在这里得到周到的高等级服务。

3. 根据产品的用途进行定位

这种方法尤其是指根据产品的某种特别用途去进行定位。例如，如果一个饭店拥有足够的会展场地和健全的会议设施，则可以围绕适合接待某些类型的会展或演出活动这一长处去树立形象。这样，当会议和会展组织者或者某些演出活动的主办者寻找场所时，这种定位的饭店都有可能因此而受益。

4. 根据产品使用者进行定位

例如，如果本饭店通过营销努力，特别是通过公关活动，同某一社会阶层或社会名流建立起较为经常的主顾关系，则会变得为某些类型的顾客所关注。在莎士比亚故乡的莎士比亚剧场附近有一家餐馆，该餐馆的规模很小，在服务方面也谈不上有什么令人称道之处，但由于同莎士比亚剧场演员关系较好，这些演员经常光顾该餐馆，以致很多对莎剧、特别是对其演员感兴趣的人也纷纷前来光顾，从而使该餐馆在当地很有一些名气。同样，有些饭店因被某些著名的运动队视为“福地”而经常被光顾，因而在定位上也受益。

5. 根据产品的类别进行定位

这一方法是指企业可通过变换自己产品类别的归属去进行定位。工业企业中有许多运用这种方法进行定位的成功案例。例如，西方国家的一些酿造厂商所生产的本来是酒精含量较低的啤酒类产品，但是它们不是将其产品定位于啤酒，而是定位于软饮料产品。通过这样定位，可以使其产品吸引完全不同于啤酒饮用者的消费者市场，从而使其产品的市场规模有效地得以扩大。同理，有些度假地饭店可不必将自己定位为饭店，而是定位于例如温泉疗养中心之类的场所。通过诸如此类的做法，企业可扩大或控制自已的目标市场范围。

6. 借助竞争者进行定位

这种方法所指的是一个企业可通过将自己同市场声望较高的某一同行企业进行比较，借助竞争者的知名度来实现自己的形象定价。其通常做法是通过推出比较性广告，说明本企业产品与竞争者产品在某一或某些性能特点方面的相同之处，从而达到引起消费者注意并在其心目中形成印象的目的。例如在20世纪90年代初，奥迪公司多次通过做广告，将自己生产的汽车同奔驰公司和

宝马公司同类型号的汽车进行比较。广告中声称，德国的汽车专家们评价认为，奥迪车优于奔驰车和宝马车……奥迪公司这样做的目的，显然是要通过这种比较性广告去影响消费者对自已产品的知觉。

由于定位最终决定着消费者对某一企业或其产品的知觉，因此产品定位在很大程度上也便成为运用各种营销手段的指导基础。当然，在实现定位过程中，企业也需要通过运用产品、价格、促销和分销等营销手段，在目标市场心目中树立和造就本企业品牌的地位。麦当劳公司就是通过其一系列的营销组合手段强化其定位战略的。例如，麦当劳公司通过在其营业场址设立儿童游戏区、设置“麦当劳叔叔”塑像、设计儿童感兴趣的“开心乐园餐”、赠送迪斯尼动画片中熟悉角色的玩具以及接连不断的促销宣传，有力地强化了该公司所要树立的自身形象。

五、旅游市场开发

越来越多的旅游企业家感到，一种产品在旅游市场上几十年不变仍然能够保持垄断或寡头垄断地位的日子已经一去不复返了。现在，产品的市场寿命越来越短，产品两年一升级、四年一换代的现象实属屡见不鲜。产品生命周期的前两个阶段——导入期和成长期，也越缩越短。企业投入大量的资金生产出一种新产品，产品还在导入期，投资还远远没有收回，就已有竞争对手出现；产品刚被市场接受，销售曲线正在上升，产品进入成长期，竞争已日趋激烈；然后市场迅速趋于饱和，竞争达到白热化，产品进入成熟期。这个时期的表现是，企业的销售越来越困难，投入的促销费用越来越大，利润越来越薄，市场格局基本已定，如果没有什么创新的举动或特殊的招数，很难再扩大市场份额，如果草率地扩大规模，则固定设施还没有建起，已背上了沉重的包袱。这时的企业在本行业中常常陷入进退两难的境地，有一种“干耗”的感觉。所以，也正是在这个时候，有的企业提出了“多种经营，跨业发展”，有的则提出“二次创业，再度辉煌”，实际上都是在寻求进入新的领域和新的市场。所谓“市场开发”指的就是这种二次、三次创业性质的开发，其中既包括选择新的市场，又包括选择新的产品和项目。

企业在进行这种意义的市场开发时通常有多种思路，下面介绍三种：

1. 关联性开发

即向“上游”行业或者“下游”行业渗透，如饲料厂向养殖业渗透，养殖业向肉类联合加工业渗透；装饰材料厂向装饰工程业渗透，装饰工程业向装饰材料销售业和设计业渗透等，反之亦然。而且还可以向其他相关配套领域发展。最终形成企业集团。在“三角债”横行的现实状况下，这种开发可以使“下游”企业及时有效地，甚至以优惠的条件获得成本效益最佳原材料、元器件或机械设备以及最好的技术指导和维修服务，而先进的“下游”企业则可以影响“上游”企业的技术发展方向，并为其提供实验基地。在此基础上，又会增强这些企业在外部市场上的竞争力。

2. 补缺性开发

即不当新市场的开路先锋，而是寻找“市场空隙”，乘虚而入。不少公司的营销者的使命就是填补介于产品和需求之间的空隙。这种空隙和差距不仅体现在产品质量、数量和功能上，而且体现在推出时间、市场空间、应用范围、支付手段和对服务的需求上。东芝公司的原董事长说：“别人是先在实验室里研制出产品，然后再寻找市场，而我们是首先寻找市场空隙。”开路先锋所冒的风险一般都比较大，因为开拓一个全新的市场，首先需要开拓一种观念，而且还要积极宣传，然后是耐心等待消费者和社会大众接受这一观念，前期费用很高，失败的可能性也很大，如开发我国的啤酒市场、干白或干红葡萄酒市场、咖啡市场、微生态制品市场、高纤维食品市场、无土栽培绿色食品市场等等，首创者都需冒很大的风险，并要有极大的耐心。所以有些企业就采取了静观待变的补缺性开发策略，待市场打开，消费者接受了这一新的观念后再进入这一市场。中国的市场实在是太大了，所以任何一家公司，无论其实力怎样雄厚，都别想完全垄断这一市场。这就为后来者提供一个补缺的机会，而且后来者如果聪明的话还可以采取“创造性模仿”的策略，即广泛地听取消费者的意见，了解消费者所追求的价值，找出市场的空隙，在模仿的基础上进行改进，利用“后发性优势”挤占市场。

3. 创新性开发

即采取一种逆向思维方式，从市场的潜在需求入手，寻找“市场空白”，检索已有的科研成果，找出能够填补市场空白的项目和项目系列，以能够开创一代新潮流的产品形式推出，以时尚产品的形象打开市场，如目前在中高档饭店餐桌上流行的无土栽培豌豆苗就是采取这种方式开发市场的。其经营者首先发现许多中高档饭店都在寻找能够引起顾客兴趣又别具一格的菜肴，但都没有找到合适的，这就出现了潜在需求。而在蔬菜菜谱上除了一般的大路菜就是南

方传入的西洋菜，罐头野菜曾风行一时，但食客很快就对其厌倦了。人们似乎都在传统的农产品和工业化农产品上做文章，没有人考虑现代绿色农业，在这方面又出现了空白，因此极少有竞争，豌豆苗的开发者正是抓住了这一点，推出了领导一代潮流的新产品，产品上市后迅速打开了市场。

总之，不管企业家们采用哪一种方式开发市场，都要考虑市场机会的大小和自己驾驭能力的大小，并且必须记住："对于企业来说，生产（经营）什么并不是最重要的，重要的是要了解消费者（客户）需要什么，知道什么对消费者（客户）有价值，考虑怎样才能够方便消费者（客户）购买，进而主动地去满足消费者（客户）的需求。"这是彼得·德鲁克早期总结出的经验，而这条经验至今仍是许多企业的座右铭。企业开发市场方式如下图：

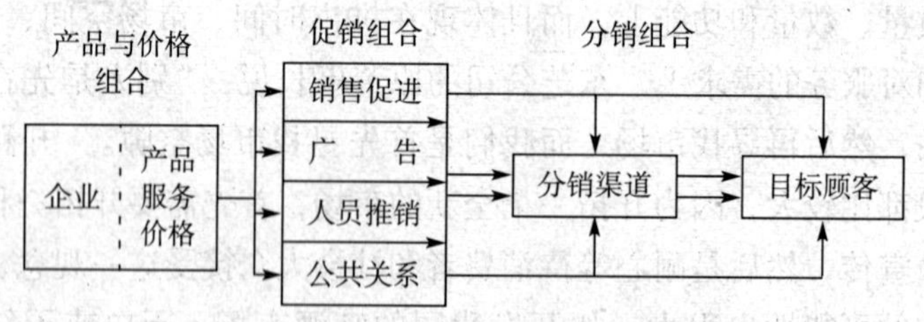

图3-1　企业开发方式

【案例】

经济型酒店的现状分析和发展机会、策略

王　强

一、引论、基本概念和假设

经济型酒店的分类，有两个角度，一是从供给角度讲，主要涉及酒店设施、功能、物品、服务项目的配置规模、数量和档次等感官形态因素，以及投资总额和单项指标平均额的资金财务指标；二是从需求和市场角度讲，主要涉及进入酒店的消费者的经济支付水平和消费满意度的主观评价，酒店的客房价是最重要的衡量指标。对于特定地点、时期、供求环境、经营模式的经济型酒店，供给角度的分类衡量标准与需求和市场角度的分类衡量标准，是完全一致的。如果特定地点、时期、供求环境、经营模式中的条件不是同时成立，供给角度的分类衡量标准与需求和市场角度的分类衡量标准，会出现局部的不完全一致。

例如，在北京支付250元人民币客房价入住的酒店可以基本划为经济型酒店，而在石家庄的同样的酒店的客房价可以是150元，或者，在石家庄支付同样的250元客房价可以入住三星级酒店中较好的酒店。所以，经济型酒店是个特定、动态、均衡的相对概念，决不是简单、绝对、不变的概念。不过，为了便于把经济型酒店概念具体化，便于直观把握和比较，与人们平常熟悉的星级酒店档次对应，本文假设，酒店按档次分为高档酒店（四五星级，一半多三星级）、经济型酒店（一二星级，约一半三星级）、普通旅馆（社会旅馆、个体旅馆）。

二、我国经济型酒店发展中的主要问题

经济型酒店的由来和发展现状，从宏观、微观和市场运作讲，都与体制有密切的联系。

由于种种原因，我国酒店业到目前为止，在宏观上尚未形成统一的行业体制、宏观管理规范（或者讲是形成了成体系的两个酒店行业管理体制），在微观上，没有使所有酒店形成市场化现代企业制度和商业化运作。

1. 酒店实施涉外管理制度产生了两套基本隔离的酒店行业管理体制

涉外酒店制度，指酒店经营中接待涉外人员入住，资格牌照须经公安部门和旅游管理部门批准，有涉外资格的酒店被称为“旅游涉外饭店”或“旅游饭店”。涉外酒店的行业管理归旅游行政管理部门，非涉外酒店的行业管理归商业行政管理部门。商业部在国家机构体制改革后，现并入其他结构，但非涉外酒店的行业管理体制还存在，只是功能萎缩了。酒店实施涉外制度，形成旅游局管理涉外酒店的行业管理，商业部管理非涉外酒店的行业管理。问题的关键是，作为统一的、有交叉的、有市场内在联系的酒店业被体制因素分割。对于经济型酒店讲，如果是涉外酒店则成为旅游行业管理范围内的旅游饭店，如果不是涉外酒店则成为商业行业管理范围内的普通旅馆。实际上，进一步的问题是，在行业管理的实际运作中，旅游行业管理又重点是管理高档酒店，商业部行业管理又没有资格、能力去管理普通旅馆以外的经济型酒店，经济型酒店是否是涉外或是否实际涉外，也缺乏有效的划分和管理。

所以，经济型酒店被涉外制度分割后，使经济型酒店多年来，实际成为一个行业管理的相对薄弱地带。

2. 酒店实施星级标准的影响：高档酒店受益和配合明显，经济型酒店较为不敏感

酒店由于投资、建设、管理、市场的需要，本身有等级、档次的划分必要，政府和市场应该把酒店做统一等级、档次的划分。1988年，国家旅游局参照国际标准，颁布实施对涉外酒店的星级评定制度。星级评定制度实施成为旅游饭店宏观行业管理的基础性手段和相关酒店管理方法的载体，也促进了涉外酒店的建设、管理、服务、市场规范，是旅游饭店行业管理的最成功的业绩。

酒店实施星级标准是建立在涉外酒店制度基础上，酒店要上星级，必须先是涉外酒店（当然，是涉外酒店，也不一定非要去申报酒店星级，实际上，有一半的涉外酒店并没有去申报酒店星级，基本全是经济型酒店）。我国酒店实施星级标准，对高档酒店、旅游行业管理的作用较大。但对经济型酒店的作用则没有高档酒店明显，全国的经济型酒店对星级申报缺乏主动，一半的涉外酒店至今未报星级，是个较好的证明。

3. 经济型酒店的产权：大多数产权不清晰，导致市场行为不规范

相比高档酒店，经济型酒店的产权很不明晰，大多属于满足地方、部门利益而建立的“楼堂馆所”或是事业单位，或是一些机构的附属，谈不上现代企业制度和法人治理结构。很多经济型酒店不是面对公众市场，而是面对某个内部市场或是内部的接待机构。所以，从立项建设，资金性质，功能设置，运作管理，人事管理，经济效益看，都不完全是商业化运营。经济型酒店对规范管理、经济效益、市场竞争、行业管理的信息不敏感，也缺乏主动性。在传统体制下，此类为满足特殊的体制利益而建立的酒店，推向市场经济的基础较差。

4. 酒店业的一个怪圈、悖论：酒店业下一步的发展重点，是高档酒店，还是经济型酒店

1999年，全国涉外酒店总实现利润总额为53亿元，其中星级酒店的总实现利润总额为38亿元，但全国五星级酒店的总实现利润是1.6亿元，其他各星级酒店的各自总实现利润全是负数。

在近几年酒店利润逐年下降的情况下，五星级酒店的实现利润在涉外酒店有利润酒店中的比例在上升，有数字表明，五星级酒店的实现利润占到有利润的酒店中的总利润的98%。如果单从统计数字看，国内的高档酒店是最有赢利的领域。酒店的投资方向，似乎是鼓励投资者的投资，向五星级酒店集中。

从20世纪80年代后期起，涉外酒店就以较快的速度发展，由于酒店立项批准和投资体制的不完善，酒店的发展数量、档次、地区布局、规模，在很大程度上过于超出实际的需求程度和应有效益的标准，也超过被旅游管理部门设定的“酒店适度超前发展”的临界值。酒店的建设发展，从决策角度讲，没有有效地被政府调控（实际上外资酒店、内资酒店，都有具体的政府审批规定，没有调控好，是体制有弊端），也没有完全由市场来调节（信息不完整，投资主体对行业竞争不敏感，对效益缺乏商业化判断，中国经济发展周期出现异常波动是共同原因）。酒店发展失控，主要的是高档酒店的数量太多，增长速度太快，对业内发展起了消极的连锁反应。主要是削价竞争，但总客源市场没有变化。也许正是高档酒店多，使酒店结构与客源结构的对应规律被破坏，导致高档酒店相对地剥夺了其他酒店的利润，最终降低酒店业的总体效益，扰乱酒店业的总体竞争秩序。

中国前20年的酒店发展，是一个主要适应国外客源（商务、旅游）的阶段（如先发展国际入境旅游业，后出现国内旅游业，再出现国际出境旅游业）。与此相对应的，必然是适应外国客源需求的高档酒店先发展，在商业机制上、管理服务规范、星级标准上，与国际接轨；经济型酒店相对高档酒店，处于较低的发展水平、规模、规范程度，处于缺乏有序的状态。

三、经济型酒店发展的机遇

随着中国社会经济发展，与国际社会经济水平差距的缩短，经济型酒店将起重要的作用，相比已发展成熟、规范化高档酒店，有更多的商业机会，既包括经济型酒店数量、规模、档次等涉及硬件、资金的方面，也包括经济型酒店产权、机制、经营模式、管理服务规范、行业体制都“软件”的方面。

国内的酒店集团，如锦江集团、新亚集团、首旅集团，在近年内，已开始启动发展经济型酒店并使之有品牌、连锁的计划，基本上是迎合了酒店发展的新方向，得到社会、市场的积极反应，获得了经济效益。

外国的酒店投资者和酒店管理公司都已形成共识：近期在中国发展高档酒店已不是投资酒店的最好选择，经济型酒店的发展是酒店的新机会。假日集团、雅高、万豪都有明确的在中国发展经济型酒店的动机，万豪还专门请咨询公司做了中国未来酒店业发展报告，结论之一是，经济型酒店是一个新热点、新机会，比高档酒店有发展前景。

另外，外国著名的Days Inn商业酒店连锁特许品牌和青年旅舍公益连锁特

许品牌，已以特许方式迅速进入中国，得到经济型酒店的青睐并迅速结合。经济型酒店有品牌要求，也看好连锁客源预订中心，接受特许经营方式，外国公司也看好中国的市场和经济型酒店正发展的契机。

中国缺乏规范的、符合国际水准的经济型酒店。目前，对于客源市场来讲，批评经济型酒店的最大问题是“不像个（规范的）酒店”，“四五星级像个样，三星级以下就走样”，缺乏硬件、软件上规范，难以符合已提高消费水平的国内消费者和国外希望住经济型酒店的客源的需要。按道理讲，经济型酒店只是投资标准和设施配套程度少，不是酒店的基本管理服务质量的下降。对经济型酒店的要求已不仅是“安全、卫生、符合基本生活需要”。经济型酒店虽然投资额有限，但也有相应的规范和基本服务质量和专业水平。在酒店业发展成熟的国家，经济型酒店有重要的客源市场地位，在必备项目和基本服务上，经济型酒店与高档酒店是一致的水平。我国的经济型酒店“不像个（规范的）酒店”的现象亟待改变。

高档酒店目前处于利润集中点的基础在发生改变，由于体制和市场需求的变化，经济型酒店将成为近期内酒店业的热点领域，蕴藏了巨大商机，酒店业的竞争格局将发生改变。

四、中国经济型酒店的规模

经济型酒店的规模统计，由于没有直接的数字，只能结合国家旅游局和商业部的统计来估计。

到2000年底，全国有涉外酒店10481家，比1999年的7035家增加3446家。1999年，全国星级酒店3856家，其中，五星级77家，四星级204家，三星级1292家，二星级1898家，一星级385家。估计，经济型酒店座数占涉外酒店的80%左右，经济型酒店房间数占涉外酒店的50%左右。

按商业部的统计，2000年底，非涉外酒店的数量是25万家，其中，社会旅馆8万多家，个体旅馆16万多家。由于商业部没有做过全面的非涉外酒店的等级划分，估计在25万家中，达到经济型酒店的在5万家左右，300万房间左右。

总之，经济型酒店在6万家左右，300万房间左右，但分属于涉外酒店和非涉外酒店，在两个酒店行业管理体制下。按发展规范程度，涉外酒店制度下的经济型酒店明显规范；按发展机会，非涉外酒店制度的经济型酒店机会较多。如果发展策略合适，经济型酒店的数量会更大。

五、经济型酒店的发展策略

1. 认识上的一致和全社会的参与

中国在改革开放的前20年，必定要走以高档酒店为主的发展模式，酒店对外资积极开放，引入星级制度，借鉴外国酒店的科学管理方法，引进外国酒店管理公司，都是当时的需要。在发展高档酒店的同时，由于改革开放的扩大，社会经济发展和消费水平提高，经济型酒店规模也从小到大，从行业配角发展到主角之一，成为酒店的一个须重视的部分，形成新的行业机会，是必然的发展过程。

由于酒店的投资主体多元化，酒店的行业管理体制也是涉外和非涉外并存，经济型酒店的发展和规范，涉及的面广泛，为了给经济型酒店的发展、规范创造良好的环境，需要各方面统一认识，形成合力。特别是政府主管部门，从体制和市场的统一角度看，要从长远考虑，为经济型酒店创造良好环境。

2. 加快经济型酒店向现代企业制度的转变，从产权制度上建立市场化运营的基础

这是从微观上推进经济型酒店进入市场经济体系的基础，是建立市场主体的关键，是经济型酒店能按照商业化运作的前提。这个方面，国家有统一的建立现代企业制度的要求和做法，在使产权清晰、建立法人治理结构上，所有权与管理权分离上，与各行各业的企业是一样的。在建立现代企业制度方面，经济型酒店可向三资酒店学习，作为开放最早的外资投资领域，其市场经济和管理、服务规范已同国际接轨，是经济型酒店直接模仿的对象。

3. 酒店行业管理体制要协调，最终走上统一的市场经济体系

酒店业是统一的体系，从客源角度讲，市场也要求酒店业是个整体。酒店行业管理体制被分离，尽管有以前的客观原因，但走向一体是必然的。

4. 加强协会和服务组织的作用，为经济型酒店的发展提供指导、交流、协调、自律、服务

管理涉外酒店的中国旅游饭店协会和管理非涉外酒店的中国饭店协会，要加强合作，优势互补，不仅发挥协会在为经济型酒店指导、服务、教练、行业自律的作用，而且利用协会相对淡化体制的特点，为经济型酒店的一体化创造条件。

5. 加强与外界的交流，尤其是向外国经济型酒店学习

酒店是个国际化、标准化特点强的产业，先进、适用的酒店模式应用会传

播到世界的每个角落。从建筑外观到先进材料，从设施到使用物品，从电脑硬件到软件，从经营模式到管理服务规范，以及绿色环保等，都有科学的标准和实施程序。过去，我国与外国的高档酒店的交流多，现在，对外国经济型酒店的学习、交流要增多。实际上，外国的著名酒店管理公司的起步发展，大多是从经济型酒店发展起来的。当然，国内酒店间的学习、交流也是应该的，无论是经济型酒店之间，还是经济型酒店同高档酒店之间。

6. 走集团化的发展道路

集团化的优势在于集合相关资源，既形成规模经济和资金、资本势力，又利于扩张，集中资源做好、做快、做大。我国提倡酒店走集团化的口号叫了多年，也组建了不少的集团，但在酒店业中的影响小，尤其在高档酒店，起影响作用大的还是外国的投资者和酒店管理公司。可以讲，国内著名的五星级酒店，大多被外国投资者、管理公司控制和实际管理。

经济型酒店的发展，为酒店集团提供新的机会。国内的酒店集团比外国的酒店集团，在发展经济型酒店上有更多的优势，不能丧失这个机会和新的经济增长点。

7. 连锁和特许经营是经济型酒店受欢迎的合作模式

国内外的经验证明，经济型酒店比较适合连锁和特许经营。经济型酒店规模小，财力有限，发展连锁和特许，可以使酒店有品牌、客源、管理质量的保证，但又不是依靠自己的长期的经验积累，又无须支付太多的费用。所以，国内锦江、新亚、首旅集团，就采取有连锁加特许方式，通过投资或租赁，发展经济型酒店。不过，经济型酒店的连锁加特许方式，除这种集团直营店外，还有开放式连锁加盟店。开放式连锁加盟店可能更是发展的方向，外国的经济型酒店大多是开放式的连锁加盟。国内的酒店集团还是习惯在处理新事物中，不自觉地使用原习惯方法，缺乏利用市场资源和多种利益格局来整合商业模式，以达到最优配置的这种能力。

8. 酒店管理公司要转变观念，适应新机会，参与经济型酒店的发展

经济型酒店由于体制原因，所有权和管理权分离不够，不适合酒店管理公司以全权委托方式管理；由于观念原因，经济型酒店不习惯让外人管理；由于规模小，财力有限，经济型酒店也不接受酒店管理公司派人以全权委托方式管理。这一点，酒店管理公司要特别注意，要多从连锁和特许、顾问管理、客源预定服务上去研究。

我国的酒店管理公司有两个弱点，一是总想管理高档酒店，但总是在外国著名酒店管理公司的竞争中处于被动地位，二是总想用中长期的全权委托方式的管理方法，与酒店业主的利益和经营习惯总有根本的矛盾。为参与经济型酒店的发展，国内酒店管理公司首先要有新思路、勇于创新和寻找稳定的市场发展培育点。

9. 要重点发展大中城市中的经济型酒店

经济型酒店的核心是经济，迎合消费者的实际需求。经济型酒店的发展重点在大中城市，不仅因为大中城市是商务、旅游的交织密集点，有庞大、稳定的流量，使经济型酒店有发展的市场，而且，在大中城市，经济型酒店可以借助城市功能，使经济型酒店的一些设施、服务转给社会，使建设、运营费用降低。如在外国十分流行的B&B模式酒店，就是经济型酒店的一种，重视住(Bed)和必不可少的早餐(Breakfast)，住和必不可少的早餐的设施按需要做得很专业，无关的就尽量不设，或功能合并，或少设。北京的酒店的很多配套设施闲置，占用建设资金，扩大运营费用，经营中亏损，这些设施就可以减免。据研究，北京大部分酒店的餐厅按独立核算都是亏损，又是酒店管理最繁琐的工作，但除早餐外，至少70%的住店客人由于时间、价格、消费习惯、餐饮特色等原因，并不在酒店内用餐。实际上，酒店大多把餐饮租赁、外包、合作，集中力量做房务。应多研究经济型酒店的规律，使建设、运营费用低，又使客人在主要方面最大满意的B&B模式。

发展经济型酒店，是我国酒店业发展新阶段的需要，是社会经济发展的需要，是改革发展的需要，是我国融入经济全球化的需要。经济型酒店不仅有发展的必要性和可行性，而且有现实的紧迫性，有巨大的机会。对于酒店宏观管理结构和酒店产业中的成员酒店，这既是一个机会，也是一个挑战。

(摘自《中国旅游报》http://www.ctnews.com.cn/)

【思考题】

1. 旅游市场细分的作用是什么？
2. 旅游市场细分的依据有哪些？
3. 旅游市场细分市场有几种方法？
4. 旅游目标市场的营销战略有几种类型？

第四章　旅游产品营销策略

第一节　旅游产品概述

一、旅游产品的含义

企业的一切生产经营活动都是围绕着产品进行的，即通过及时、有效地提供消费者所需要的产品而实现企业的发展目标。产品是指能够提供给市场并引起人们的注意、获取、使用或消费以满足某种欲望或需要的任何东西包括各种有形物品、服务、地点、组织和想法。旅游产品是指旅游者从离家开始旅行到结束旅行返回原住地的整个过程中所包括的全部内容。从旅游消费者来看，他在旅游活动中付出的不仅是一定数量的货币，还包括一定的时间和精力。旅游产品乃是旅游者为了获得物质和精神上的满足，通过花费一定的货币、时间和精力所获得的旅游经历。从旅游企业来看，他们所生产和经营的产品是为旅游者提供的各种服务。旅游产品是指旅游企业为了满足旅游者在旅游活动中的各种需要而凭借着各种旅游设备、设施和环境条件向旅游市场提供的全部服务要素之总和。

二、旅游产品的构成

企业的市场产品观认为，整体产品一般应包括三个层次内容，如图 4 - 1 所示：

产品的核心部分是指与旅游资源、旅游设施相结合的旅游服务，即产品的使用价值。具体说，吃、住、行、游、娱、购六大要素构成一件旅游产品的核心层次。营销人员必须找到每一种产品给消费者带来的核心利益，并且出售这些利益，而不仅仅出售各种外部特征。

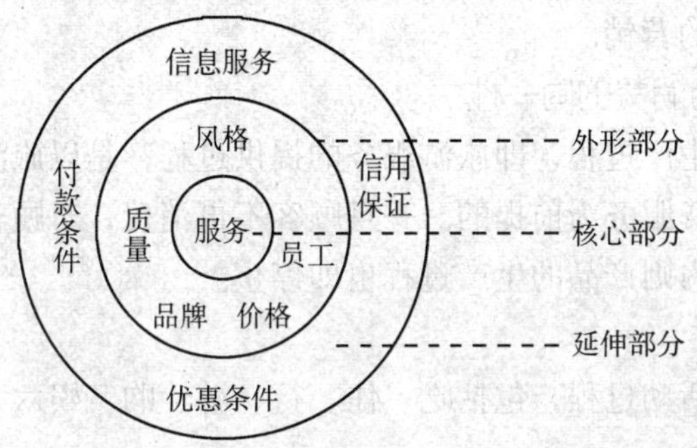

图 4-1　整体产品构成

产品的外形部分是指旅游产品的质量、特色、风格、声誉组合方式，即将核心利益转变而成的外部形态。只有通过这些因素，饭店提供给客人的核心利益才更易被客人认识，而且使世界上的饭店体现出各自的特色。

产品的延伸部分或辅助部分是指供给旅游者的优惠条件、付款条件及旅游产品的推销方式等。因为购买者的目的是为了满足某种需要，因而他们希望得到与满足该项需要有关的一切。美国的学者西奥多·莱维特说过："新的竞争不是发生在生产什么产品，而是发生在其产品能提供何种附加利益。"

由此可知，任何一种旅游产品的消费都是一个整体系统。明确整体产品概念，可以分析消费者的需求系统，发现开发产品的思路和方法，指定有效的产品竞争手段，寻求增加产品及其附加值从而扩大企业效益的众多机会，动态地不断满足市场需要。其中，质量是旅游产品差异化的基础，增加顾客所获得的利益是差异化的重要手段。目前，许多旅游目的地和旅游企业都把提高产品质量和改进产品延伸部分的内容作为吸引顾客、参与竞争的有效途径。对于目的地的旅游产品，其延伸部分包括安全保障、信息服务、信贷服务、速度、准确、便利等；旅游企业如饭店产品的延伸部分包括，为客人提供方便的预订服务、信息服务、付款条件的便利和对儿童和残疾人的照顾。延伸部分通过为顾客提供多种附加利益，能形成吸引顾客的独特因素，创造顾客对产品和企业的忠诚，有助于旅游业经营者保持和扩大市场。

三、旅游产品的特点

旅游产品不同于一般的物质产品，而是以多种服务表现出来的无形产品，

因此有其独有的特点，旅游目的地或旅游企业必须根据旅游产品的特点来实施和管理旅游市场的营销。

（一）生产与消费的同一性

旅游产品的生产过程，即旅游服务的提供过程，是以旅游者到达旅游目的地或旅游企业消费服务为前提的。一旦顾客不再消费，对顾客而言的旅游服务便不再存在，对内则产品的生产过程也即停止。

（二）综合性

表现在旅游活动过程，包括吃、住、行、游、购、娱六大方面。

（三）无形性

旅游产品属于服务性产品。既无一定状态，又不可触摸，虽然旅游产品中的旅游资源与旅游设备是有形的，但它们只是作为生产旅游服务的条件而存在的，而产品的质量和价值是凭消费者的印象、感觉来评价和衡量的。

（四）不可存储性

由于录音产品是通过服务来满足游客需要的，而服务是一种行为，不存在独立的“生产”过程，因此，只有当游客购买并现场消费时，旅游产品才得以存在，旅游产品是不可储存的。

（五）不可转移性

旅游产品无法运输，只有依赖于游客到达旅游产品生产现场，才能实现旅游产品的生产与消费。并且，游客购买的是知识产品的暂时使用权，所有权并不发生转移。

（六）时间性

旅游者花费一定的金钱、时间进行旅游活动，时间对于旅游者来说是一种支出，在一定程度上可量化为一定的价值。因此，时间因素成为旅游者评价旅游产品质量的一个重要方面。

（七）后效性

游客只有在消费过程全部结束后，才能对旅游产品质量做出全面、确切的评价。

每个旅游企业的产品都会影响旅游者的整体旅游经历，因此，要保持每一环节、每一部分的协调发展，任何部分的脱节都会影响旅游者的总体感受。总之，旅游产品的特点对旅游市场营销有着重要影响，了解旅游产品的特点是做好旅游市场营销工作的基础。

第二节　旅游产品生命周期

产品在市场上的销售情况及获利能力随着时间的推移而变化。这种变化的规律正像人和其他生物的生命一样，从诞生、成长到成熟，最终将走向衰亡。这个过程在市场营销学中是指产品从开始构思、开发上市直至被市场淘汰为止的整个时期。旅游产品生命周期理论是旅游学中的一个重要理论，它对于旅游企业或有关部门在激烈的市场竞争中，根据现代旅游消费的特点，有效利用旅游资源、开发具有特色的旅游产品、制定营销策略具有重要的指导意义。

一、旅游产品生命周期理论

产品生命周期原是市场营销学中的一个重要概念，它是指一种产品从投入市场到被淘汰退出市场的过程。80 年代初，该理论被引入到旅游研究领域从而形成了旅游产品生命周期理论。旅游产品生命周期理论认为旅游产品的发展过程要经历开发、发展、繁荣、衰退四个阶段。在开发阶段，旅游产品还未被广大消费者所认识，产品在旅游市场上知名度较低。通过修建旅游设施、改善交通条件、加强宣传促销，市场逐步打开，游客增加速度很快，从而进入到发展阶段。在繁荣阶段，游客增长速度趋于平稳，在旅游旺季，游客人数开始出现超过当地居民的趋势，对旅游的投入已开始产生良好的经济效益和社会效益。随着旅游产品的特色逐渐为更多的人所熟悉，其吸引力会随之逐渐下降，游客人数达到峰值后开始出现缓慢下降趋势。旅游企业或有关部门应进一步改善旅游设施，开发新旅游项目，扩大接待规模。在衰退阶段，旅游目的地的社会和环境承载力已达极限，由于市场竞争和新的旅游产品的吸引，加上严重的环境和社会问题，游客人数明显回落，特别是长线的团队游客下降，一些旅游设施闲置或作他用。这一阶段可采取延长旅游产品生命周期策略或更新策略。

旅游产品生命周期理论是一种客观规律。任何一项旅游产品的吸引力都会随时间的推移而发生变化，其市场需求也会发生变化，都有一个发现与开发、成长与巩固、衰退和淘汰的过程，只不过这个过程所经历的时间长短不同而已。只有了解旅游产品生命周期的变化趋势，了解市场需求的变化，采取正确的策略和措施，才可能延长产品的生命周期。

二、旅游产品生命周期划分

产品生命周期显现了产品销售历史中的不同阶段。与各个阶段相对应的是与营销策略和利润潜量有关的不同的机会和问题。公司可通过确定其产品所处的阶段或将要进入的阶段制定更好的市场营销计划。我们说产品有生命周期就是明确下面四点：

1. 产品的生命有限；

2. 产品销售经过不同阶段，每一阶段对销售者提出不同的挑战；

3. 在产品生命周期的不同阶段，利润有升有降；

4. 在产品生命周期的不同阶段，产品需要不同的市场营销、财务、制造、采购和人事策略。

有关旅游产品生命周期的论述大都认为一般商品的销售历史表现为一条S形曲线。典型的这种曲线分为四个阶段，即投入期、成长期、成熟期和衰退期（图4-2、图4-3）。

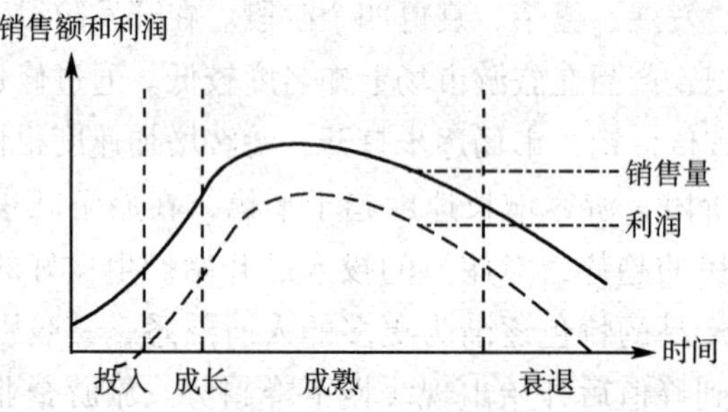

图4-3 产品生命周期曲线

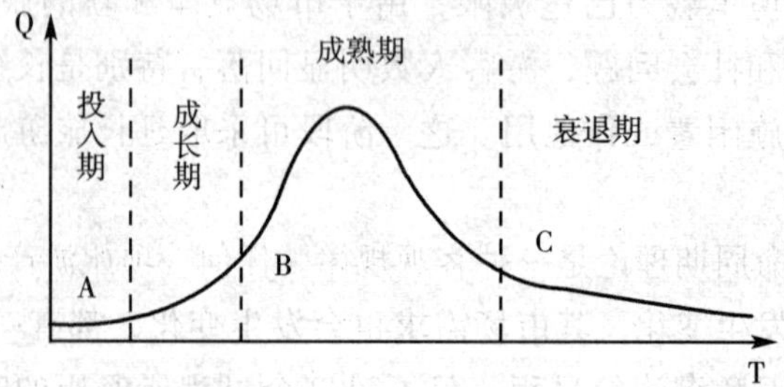

图4-3 旅游产品生命周期曲线

1. 投入期：投入期又称引入期，指产品引入市场，销售缓慢成长的时期，是旅游产品投放市场的初级阶段，旅游者对这些产品还在观望阶段。在这一阶段因为产品引入市场所支付的巨额费用，致使利润几乎不存在。

2. 成长期：这一时期，旅游景点、旅游设施基本上粗具规模，旅游产品基本定型并形成一定的特色。

3. 成熟期：是旅游产品的市场需求已经达到饱和状态的时期。因为产品已被大多数的潜在购买者所接受而造成的销售增长减慢的时期。为了对抗竞争、维持产品的地位，营销费用日益增加，利润稳定或下降。

4. 衰退期：一般是指旅游产品的更新换代阶段。更新的旅游产品迅速进入市场，逐渐代替老产品。如近年来，溶洞旅游已经进入衰退期并逐渐退出市场。

旅游产品，例如一条旅游线路、一个以某种旅游资源为核心的旅游地、某种专项旅游产品、某种类型的饭店或航空公司，都有其生命周期。一般来说，世界上接待规模较大的旅游目的地的生命周期也大体呈S形曲线，但接待规模较小的旅游地生命周期则出现不规则变化状态（图4-4）。同样具体到一个饭店产品或娱乐场产品等同样存在生命周期。相比较而言，旅游地生命周期比旅游产品生命周期要长，如丝绸之路被誉为永不衰落的产品，而一般的人造景观的生命周期只有3~5年。

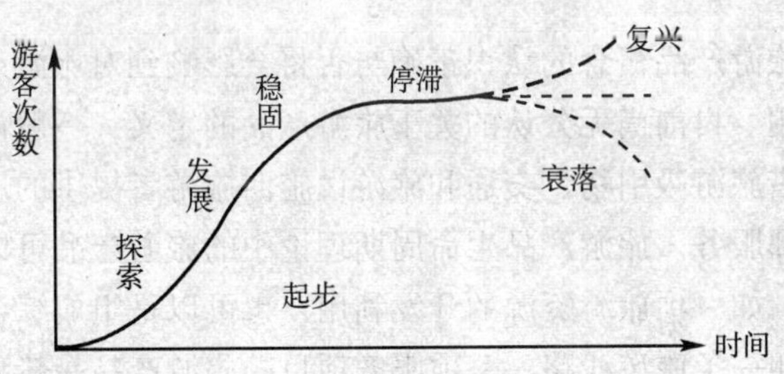

图4-4　旅游地生命周期曲线

三、影响旅游产品生命周期的主要因素

1. 旅游产品的吸引力

即旅游吸引物的吸引力。一般来说，吸引力越大，其生命周期越长。如中国悠久的历史和秀丽的山河对海内外游客具有很大吸引力，一些具有深厚文化

底蕴的人文景观和自然景观长盛不衰。而一些近几年刚建成的“宫”、“庙”、“城”，由于雷同和缺乏特色，相互间地理位置相距太近而门可罗雀。

2. 目的地的自然环境与社会环境

因为旅游产品的吸引力不仅来自于产品本身的吸引力，而在更大程度上依赖于目的地的自然环境和社会环境，如居民的友好态度，优美的环境，安全、卫生、便捷的交通等。正是从这个意义上说，目的地政府必须树立大旅游的观念，用系统工程的方法来统一规划，不仅要重视旅游景点的物质文明建设，更要重视精神文明建设，这样才可能使本地区旅游业可持续地高速发展。

3. 消费者需求的变化

消费者的需求可能因时尚潮流的变化而发生兴趣转移，从而引起客源市场的变化，导致某地旅游资源吸引力的衰减。消费观念的变化、收入的增加、新的旅游景点的出现、目的地的环境污染或服务质量下降都会影响消费需求的变化。

4. 正确的经营策略和方针

在旅游业市场竞争日趋激烈的今天，改变经营观念，加大促销与宣传力度，实施正确的产品组合策略和市场细分战略，才可能保持可扩展的客源市场，才能延长旅游产品的生命周期。

四、对旅游产品生命周期理论的几点认识

第一，对旅游产品概念的认识正确与否将会影响到对旅游产品生命周期理论的理解和应用。目前尚无公认的关于旅游产品的定义，一般认为旅游产品指旅游经营者凭借旅游吸引物、交通和旅游设施向旅游者提供的用以满足其旅游活动需求的全部服务。旅游产品生命周期理论中的旅游产品可以是一个综合旅游产品的概念，如一项旅游资源的开发利用，也可以是组成综合旅游产品的单一旅游产品，如一条旅游线路、一项服务项目。旅游产品一般具有综合性、无形性、不可转移性、易折性、不可贮存性等特点。

第二，旅游产品生命周期是指旅游产品一般的发展规律，并不是指所有旅游产品都具有相同的变化趋势或具有相同的生命周期。不同产品的生命周期是不同的，其生命周期所经历的阶段也可能不同。一些自然景观、人文景观，由于特定的文化内涵以及不可复制性等特点，其生命周期可能较长；而一些人造景观的生命周期可能相对较短；有些旅游产品、服务项目由于种种原因甚至未

经历繁荣阶段就被淘汰。

第三，旅游产品生命周期是客观存在的，但不是固定不变的，人们可以通过采取各种措施来延长其寿命。旅游产品，特别是一些自然景观和人文景观，由于其独特的文化内涵而无法被完全仿制，具有垄断性特点。如到一些缩微景观游览和到现实地旅游的感觉是不同的。加上人文景观或自然景观在美感主观体验上具有客观的稳定性，绝大多数优秀的精神和文化产品具有恒定的审美价值，使得一些旅游产品，特别是一些名胜古迹，年代愈久吸引力越大。但这并不能证明旅游产品生命周期理论是错误的。因为旅游产品生命周期是一个与市场有关的概念，一方面，随着时间的推移，旅游产品本身也会磨损，随着游客的增加，其环境也不可避免地受到污染，并会产生一些社会问题；另一方面，游客到过某旅游景点后，该旅游景点对其吸引力将有所下降，加上市场竞争加剧、新的旅游资源开发和消费习惯改变，其需求也会发生变化，旅游产品的吸引力会不断下降。但通过开发新的旅游项目、更新改善旅游设施、扩大宣传促销的范围、重新包装产品、开拓新的市场，则可延长旅游产品的生命周期。一些旅游名胜长盛不衰的奥秘就在于此。

第四，应用旅游产品生命周期理论要重视市场这个因素。生命周期是指旅游产品投入市场到淘汰的过程，其生命周期的长短不仅受产品本身吸引力大小的影响，还受到竞争、经济状况、时间、季节、质量、价格、服务项目等因素影响。研究旅游产品生命周期理论不只是要求我们了解旅游产品生命周期，产品何时淘汰，更重要的是要求我们根据旅游产品所处的发展阶段，根据市场需求制定正确的经营策略。

所以，对于一些旅游景点经济效益不佳，不能机械地认为是产品老化所致而盲目地进行淘汰，而应对客源市场进行深入的分析，了解消费者有哪些需要，我们产品的吸引力如何，市场定位是否准确，产品推销是否到位，从而制定出正确的经营战略来延长旅游产品的生命周期。首先，旅游产品生命周期理论要求我们在制定企业经营战略时要重视客源市场和定位，了解旅游者的消费心理和现代旅游追求个性化、多样化、参与与自助的特点，开发新的旅游项目。如对农村居民可开发都市旅游项目，对城镇居民则可开发农业旅游、生态旅游项目，对体育爱好者可开发体育旅游项目等。其次，应根据消费者的不同需求，按时间、品种、消费水平和线路等要素进行产品组合和配套服务，延长旅游产品的生命周期，减缓变化趋势。再次，应加强宣传与促销。对企业来说，某一旅游产品在某一市场、某一地域滞销，并不意味着该产品一定处在衰退期，可能是宣传力度不够，也可能在其他地域、其他市场上很畅销。所以应在正确的市场定位基础上，进行多种形式的宣传和促销来扩大市场占有率，而不是盲目地实施淘汰策略。

五、产品生命周期各阶段的市场营销策略

（一）投入期：重点应突出一个“快”字，要抢先占领市场

当新产品推出时，介绍阶段开始了。沟通经销商渠道和在几个市场中推广是要花费时间的，因此销售成长趋于缓慢发展。在这一阶段，由于销售量少和促销费用高，公司要亏本或利润很低。它们需要大量经费以吸引分销商和“填满销货渠道”。促销支出占销售额的比率最高，因为它需要高水平的促销努力，以达到：（1）告诉潜在的消费者新的和他 们不知道的产品；（2）引导他们试用该产品；（3）使产品通过零售网点分销。只有少数几个竞争者在生产该产品的基本型式。公司销售的目标是那些最迫切的购买者，通常为高收入阶层。其价格偏高的原因是：（1）产量比较低，导致成本提高；（2）生产上的技术问题可能还未全部掌握；（3）需要高的毛利以支持销售成长所必需的巨额促销费用。

在推出一种新产品时，营销管理当局能为各个营销变量，诸如价格、促销、分销和产品质量分别设立高或低两种水平。当只考虑价格和促销时，管理当局能在下面的四个战略中择一而行。

1. 快速撇脂战略

即以高价格和高促销水平的方式推出新产品。公司采用高价格是为了在每单位销售中尽可能获取更多的毛利。同时，公司花费巨额促销费用向市场上说明虽然该产品定价水平高，但是物有所值。高水平的促销活动加快了市场渗透率。采用这一战略的假设条件是：潜在市场中大部分人还没有意识到该产品；知道它的人渴望得到该产品并有能力照价付款；公司面临着潜在的竞争和想建立品牌偏好。

2. 缓慢撇脂战略

即以高价格和低促销水平方式推出新产品。推行高价格是为了从每单位销售中获得尽可能多的毛利；而推行低水平促销是为了获取大量利润。采用这一战略的假设条件是：市场的规模营销费用；大多数的市场已知晓这种产品；购

买者愿出高价；潜在对手的竞争并不迫在眉睫。

3. 快速渗透战略

即以低价格和高促销水平的方式推出新产品。这一战略期望能给公司带来最快速的市场渗透和最高的市场份额。采用这一战略的假设条件是：市场规模很大；市场对该产品不知晓；大多数购买者对价格敏感；潜在竞争很激烈；随着生产规模的扩大和制造经验的积累，公司的单位制造成本会下降。

4. 缓慢撇脂战略

公司可降低其促销成本以实现较多的净利润。公司确信市场需求对价格弹性很高，而对促销弹性很小。采用这一战略的假设条件是：市场规模大；市场上该产品的知名度较高；市场对价格相当敏感；有一些潜在的竞争。

一家旅游公司，特别对旅游市场开拓者而言，必须根据其打算好的产品定位选择一项推出战略。推出战略应作为产品生命周期总体营销计划中审慎选择的第一步。如果开拓者选择的推出战略是“狠赚一笔”，那么它将为了短期利润而牺牲长远收益。如果市场开拓者办事非常高明，则他定会抓住成为保持市场领先地位的最好时机。

开拓者可以设想他一开始可进入各种各样的市场，但是一下子全部进入是不可能的。市场开拓者应该分析每一市场各自的和组合的利润潜量，并作出一个市场扩展战略决策。开拓者向前看，就会知道竞争早晚要加入进来，并会引起价格和其市场份额的下降。问题在于：这种情况何时发生？开拓者在各个阶段应该做什么？福瑞描述了开拓者必须向前看的竞争周期的各个阶段。开始，即第一阶段，开拓者是唯一的供应商，拥有100%的生产能力。当然，该产品的全部销售都为他所有。第二阶段，竞争渗透，开始于一个新的竞争者已经具备了生产能力并上市销售。其他的竞争者也陆续登场，市场领导者的生产能力份额和销售份额逐渐下降。后来的竞争者因为可见的风险和他们质量上的不稳定性，因而常常采用低于领导者价格的方式进入市场。随着时间的推移，与领导者有关的可见的相对价值下降了，并引起领导者的溢价下降。在快速成长阶段，生产能力往往发展得过大，因此，当所引起的周期性降价发生时，该行业的过剩能力就会驱使毛利下降，趋向“正常的”水平。这时，新的竞争者不大愿意加入竞争，而已经参加竞争的公司要努力巩固自己的地位。这样就进入了第三阶段，份额稳定。在这一阶段，能力份额和市场份额都趋向于稳定。在份额稳定期以后，就进入商品竞争阶段。这时，产品被看成是商品，购买者不再支付商业溢价，供应商只能赚到一个平均的投资收益率。此时，一个或几个公司可能退出竞争。因此，对于可能仍在市场份额上处于支配地位的开拓者来说，他可以决定在别人离开后去进一步扩大市场份额，或者也可以放弃市场和逐步退出。在开拓者经历这个竞争周期的各个不同阶段时，如果想成功，那么在面临的各种新挑战面前，他必须制定新的定价和营销战略。

（二）成长期：重点应放在一个“好”字，即提高产品质量，增加产品特色

成长阶段的标志是销售迅速增长，企业利润迅速增长，利润达到最大，由于大规模的生产和利润的吸引，新的竞争者进入市场。在这一阶段内，随着促销成本被大量的销售额所分摊，利润增加，同时，由于“经验曲线”的影响，产品单位制造成本比价格下降得快。

在成长阶段，公司为了尽可能长时间地维持市场成长而采取下列战略：

1. 继续改进产品，加强品牌地位

努力提高产品质量，增加产品的新特色，在花色、款式、规格、包装等方面作出改进，以树立自己的品牌形象。

2. 开拓新市场

采取市场渗透的办法，尽量使原有顾客多购买本企业的现有产品；同时把竞争者的顾客吸引过来，使之购买本企业的现有产品；寻找新的顾客，扩大销售。

3. 加强市场促销

广告应从介绍产品转为树立企业形象、提高企业声誉、创立名牌上来，同时为企业以后开发系列产品做准备。例如，日本交通旅行社经营的旅游产品都以“展望”为标志来对产品和企业进行促销。在服务业中，企业形象起着“过滤器”的作用，直接影响人们对企业产品质量的感知。所以，旅游企业在这一时期应把促销的重点放在争取潜在顾客和促使旅游消费者增强对旅游产品和旅游企业的信任感上。

4. 价格方面

对于高价旅游产品，企业应适当降价。对团体旅游及包机、包船旅游给予一定的优惠，以合理的有竞争能力的价格，防止竞争者进入市场。

公司推行这些市场扩展战略将会大大加强其竞争地位。但是，这个改进措施会增加成本。公司在成长阶段要决定究竟选择高市场占有份额，还是选择当

前高利润。如果把大量的钱用在产品改进、促销和分销上，它能获得一个优势地位，但要放弃获得最大的当前利润，对此公司有希望在下一阶段得到补偿。

（三）成熟期：重点应突出一个“占”字，即放在提高市场占有率的基础上

产品销售到达某一点后将放慢步伐，并进入相对成熟阶段。这个阶段的持续期一般长于前两个阶段，并给营销管理部门带来最难对付的挑战。市场竞争非常激烈，各种品牌、各种款式的同类产品不断出现。

菲利浦·科特勒根据成熟期产品销售量的变化情况，把成熟期分为三个阶段。第一个时期是成长中的成熟。此时由于分销的影响，未来的销售依赖于人口增长和更新需求；第二个时期是衰退中的成熟。此时销售的绝对水平开始下降，顾客也开始转向其他产品和替代品。销售成长率的减慢使得整个行业中的生产能力过剩，能力过剩又导致竞争加剧，竞争者更频繁地使用减价和不标价的方法销售。他们增加广告，扩大贸易和消费者交易的机会。他们为改进产品式样和开发侧翼品种而增添研究和开发预算。这些步骤都意味着某些利润的减少和较弱的竞争者开始退出。最后，该行业由一些地位牢固的竞争者所组成，他们的基点是要获得竞争利益。这些竞争者分为两种类型：支配行业的是几个巨型企业，其产量占行业总产量的大部分。这些公司为整个市场服务，并主要从高产量和低价格中获取利润，这些产量领导者在质量高、服务好或价格低等方面的名声多少有些不同。环绕这些支配性公司的是大量市场拾遗补缺者。这些拾遗补缺者包括市场专家、产品专家和顾客化公司。它们为小的目标市场提供服务并能很好地满足其需求，以此获得溢价。成熟市场的企业面临的问题是努力奋斗，争取成为高产低价的“三巨头”之一，抑或采用拾遗补缺战略，通过高边际利润率获得利润。

对成熟期的产品，只能采取主动出击的策略，使成熟期延长或使产品生命周期出现再循环，可以采取以下策略：

1. 市场改革

为了寻找机会市场，争取新的消费者，企业进行新的市场开发，进一步挖掘市场潜力，稳定和扩大产品的销售量。如深圳华侨城的几个大型旅游景区——民俗文化村、世界之窗、锦绣中华，最初的市场定位是港澳同胞，进入20世纪80年代末，随着特区建设步伐的加快，华侨城把目标市场由已经饱和的港澳市场转向内宾市场，一举在全国人造景观中出现轰动效应。

2. 产品改革

旅游产品的改革主要集中在两个方面：一方面是产品质量改革，根据消费者的反馈信息，哪些旅游活动较吸引人，哪些活动内容单调，现有的基础设施能否满足现有的旅游消费，给旅游地带来什么样的影响，如何改变这种影响，这些都是旅游产品质量改革的基本内容。另一方面是服务质量改革，规范服务技巧，使旅游接待服务标准化，以此来稳定服务质量，同时，增设尽可能多的服务项目，以此吸引旅游消费者。

3. 营销组合改革

对原有的营销组合因素进行调整、变革，以刺激销售量。如降价或增加销售过程中的服务内容、开辟多种销售渠道等。但这种策略如处置不当，容易为其他企业模仿而加剧市场竞争，也可能因促销费用的增大而导致利润的损失。

4. 新产品的研制和开发

产品的市场营销进入成熟期，意味着市场营销工作开始下降。而旅游消费者日益变化的旅游需求，无法确知现有产品的衰退期何时到来，为使企业永远居于市场主动地位，旅游企业应着手研究新的旅游产品，加之成熟期的产品具有一定的代表性，能全面反映和预示旅游者的需求变化，因此，新一代旅游产品的研制和开发不可避免地提上了日程。

（四）衰退期：应突出一个“转“字，即有步骤有计划地转换经营目标，或转到其他新产品，或设法延长现有的产品的生命周期

1. 继续策略

继续沿用过去的策略，仍按照原来的细分市场，使用相同的销售策略、定价及促销方式，直至产品完全推出市场。

2. 集中策略

把企业能力和资源集中在最有利的细分市场和销售渠道上，从中获利。这样有利于缩短产品推出市场上的时间，同时又能为企业创造更多的利润。

3. 收割策略

收割策略即利用剩余的生产能力，在保证获得边际利润的前提下，有限度生产一定量的产品，逐步集中在一个或几个市场上。适应市场上原有的少量老顾客的需要，并逐步减少在该产品上的投资。

4. 放弃策略

撤退老产品，放弃经营。可以采取完全放弃的形式，把产品完全转移出去

或立即停止生产；也可采取逐步放弃的方式，使其所占有的资源逐步转向其他的产品。

六、如何延长产品生命周期

处于成熟期的产品，能给企业带来丰厚的利润，旅游经营者乐意运用适当的营销策略来延长旅游产品的生命周期，尤其是延长产品的成熟期（图4－5）。主要有两种方法：

1. 产品改革策略

通过对处于生命周期不同阶段的旅游产品的某些改进，可以吸引、保持及扩大旅游市场。

2. 市场改革策略

就是为成熟期的旅游产品寻找新的顾客，开发新的产品。具体方法有开辟新市场，即为原有的产品寻找新的使用者，进入新的细分市场；开发产品的新用途；市场营销组合改进策略，即根据市场环境的变化，旅游经营者对可控的营销因素组合加以改变，以保持旅游产品的生命力。

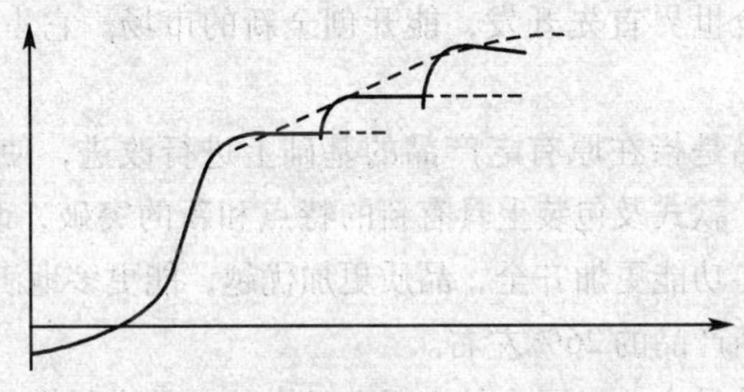

图4－5　延长旅游产品生命周期曲线

第三节　旅游新产品开发策略

人类社会发展的车轮已把我们推向了一个高速创新的时代，科学技术的飞速发展，经济全球化步伐的加快，市场竞争日益激烈，世界市场机会在不断转移，导致产品生命周期越来越短。在20世纪中期，一代产品通常意味20年左右的时间，而到90年代，一代产品的概念不超过7年。80～90年代美国的产

品生命周期平均为3年，1995年已经缩短为不到2年。生命周期最短的是计算机行业产品，根据莫尔定理，计算机芯片的处理速度每18个月就要提高一倍，而芯片的价格却以每年25%的速度下降。这一切迫使企业不是为了利润，至少是为了生存，就必须不断开发新产品以迎合市场需求的快速变化，产品创新已成为企业经营的常态。

一、新产品的界定

市场营销意义上的新产品涵义很广，除包含因科学技术在某一领域的重大发现所产生的新产品外，还包括：在生产销售方面，只要产品在功能或形态上发生改变，与原来的产品产生差异，甚至只是产品从原有市场进入新的市场，都可视为新产品；在消费者方面，则是指能进入市场给消费者提供新的利益或新的效用而被消费者认可的产品。按产品研究开发过程，新产品可分为全新产品、模仿型新产品、改进型新产品、形成系列型新产品、降低成本型新产品和重新定位型新产品。

全新产品是指应用新原理、新技术、新材料，具有新结构、新功能的产品。该新产品在全世界首先开发，能开创全新的市场。它占新产品的比例为10%左右。

改进型新产品是指在原有老产品的基础上进行改进，使产品在结构、功能、品质、花色、款式及包装上具有新的特点和新的突破，改进后的新产品，其结构更加合理，功能更加齐全，品质更加优越，能更多地满足消费者不断变化的需要。它占新产品的26%左右。

模仿型新产品是企业对国内外市场上已有的产品进行模仿生产，称为本企业的新产品。模仿型新产品约占新产品的20%左右。

形成系列型新产品是指在原有的产品大类中开发出新的品种、花色、规格等，从而与企业原有产品形成系列，扩大产品的目标市场。该类型新产品占新产品的26%左右。

降低成本型新产品是以较低的成本提供同样性能的新产品，主要是指企业利用新科技，改进生产工艺或提高生产效率，削减原产品的成本，但保持原有功能不变的新产品。这种新产品的比重为11%左右。

重新定位型新产品指企业的老产品进入新的市场而被称为该市场的新产品。这类新产品约占全部新产品的7%左右。

二、新产品开发战略

新产品开发战略的类型是根据新产品战略的维度组合而成，产品的竞争领域、新产品开发的目标及实现目标的措施三维构成了新产品战略。对各维度及维度的诸要素组合便形成各种新产品开发战略。几种典型的新产品开发战略如下：

1. 冒险或创新战略

是具有高风险性的新产品战略，通常是在企业面临巨大的市场压力时为之，企业常常会孤注一掷地调动其所有资源投入新产品开发，期望风险越大，回报越大。该战略的产品竞争领域是产品最终用途和技术的结合，企业希望在技术上有较大的发展甚至是一种技术突破；新产品开发的目标是迅速提高市场占有率，成为该新产品市场的领先者；创新度希望是首创，甚至是首创中的艺术性突破；以率先进入市场为投放契机；创新的技术来源采用自主开发、联合开发或技术引进的方式。实施该新产品战略的企业须具备领先的技术、巨大的资金实力、强有力的营销运作能力。中小企业显然不适合运用此新产品开发战略。

2. 进取战略

是由以下要素组合而成：竞争领域在于产品的最终用途和技术方面，新产品开发的目标是通过新产品市场占有率的提高使企业获得较快的发展；创新程度较高，频率较快；大多数新产品选择率先进入市场；开发方式通常是自主开发；以一定的企业资源进行新产品开发，不会因此而影响企业现有的生产状况。新产品创意可来源于对现有产品用途、功能、工艺、营销策略等的改进，改进型新产品、降低成本型新产品、形成系列型新产品、重新定位型新产品都可成为其选择。也不排除具有较大技术创新的新产品开发。该新产品战略的风险相对要小。

3. 紧跟战略

是指企业紧跟本行业实力强大的竞争者，迅速仿制竞争者已成功上市的新产品，来维持企业的生存和发展。许多中小企业在发展之初常采用该新产品开发战略。该战略的特点是：产品的战略竞争领域是由竞争对手所选定的产品或产品的最终用途，本企业无法也无须选定；企业新产品开发的目标是维持或提高市场占有率；仿制新产品的创新程度不高；产品进入市场的时机选择具有灵

活性；开发方式多为自主开发或委托开发；紧跟战略的研究开发费用小，但市场营销风险相对要大。实施该新产品战略的关键是紧跟要及时，全面、快速和准确地获得竞争者有关新产品开发的信息是仿制新产品开发战略成功的前提；对竞争者的新产品进行模仿式改进会使其新产品更具竞争力；强有力的市场营销运作是该战略的保障。

4. 保持地位或防御战略

即保持或维持企业现有的市场地位，有这种战略目标的企业会选择新产品开发的防御战略。该战略的产品竞争领域是市场上的新产品；新产品开发的目标是维持或适当扩大市场占有率，以维持企业的生存；多采用模仿型新产品开发模式；以自主开发为主，也可采用技术引进方式；产品进入市场的时机通常要滞后；新产品开发的频率不高；成熟产业或夕阳产业中的中小企业常采用此战略。

三、新产品开发程序

一个完整的新产品开发过程要经历八个阶段：构思产生、构思筛选、概念发展和测试、营销计划、商业分析、产品实体开发、试销、商品化。

1. 新产品构思的产生

进行新产品构思是新产品开发的首要阶段。构思是创造性思维，即对新产品进行设想或创意的过程。缺乏好的新产品构思已成为许多行业新产品开发的瓶颈。一个好的新产品构思是新产品开发成功关键。企业通常可从企业内部和企业外部寻找新产品构思的来源。公司内部人员包括：研究开发人员、市场营销人员、高层管理者及其他部门人员。这些人员与产品的直接接触程度各不相同，但他们总的共同点便是都熟悉公司业务的某一或某几方面。对公司提供的产品较外人有更多的了解与关注，因而往往能针对产品的优缺点提出改进或创新产品的构思。企业可寻找的外部构思来源有：旅游者、中间商、竞争对手、咨询公司、营销调研公司等。

2. 构思筛选

新产品构思筛选是采用适当的评价系统及科学的评价方法对各种构思进行分析比较，从中把最有希望的设想挑选出来的一个过滤过程。在这个过程中，力争做到除去亏损最大和必定亏损的新产品构思，选出潜在盈利大的新产品构思。构思筛选的主要方法是建立一系列评价模型。评价模型一般包括：评价因素、评价等级、权重和评价人员。其中确定合理的评价因素和给每个因素确定适当的权重是评价模型是否科学的关键。

3. 新产品概念的发展和测试

新产品构思是企业创新者希望提供给市场的一些可能新产品的设想，新产品设想只是为新产品开发指明了方向，必须把新产品构思转化为新产品概念才能真正指导新产品的开发。新产品概念是企业从消费者的角度对产品构思进行的详尽描述，即将新产品构思具体化，描述出产品的性能、具体用途、形状、优点、外形、价格、名称、提供给消费者的利益等，让消费者能一目了然地识别出新产品的特征。因为消费者不是购买新产品构思，而是购买新产品概念。新产品概念形成的过程亦即把粗略的产品构思转化为详细的产品概念。任何一种产品构思都可转化为几种产品概念。新产品概念的形成来源于针对新产品构思提出问题的回答，一般通过对以下三个问题的回答，可形成不同的新产品概念：谁使用该产品？该产品提供的主要利益是什么？该产品适用于什么场合？

4. 制定营销战略计划

对已经形成的新产品概念制定营销战略计划是新产品开发过程的一个重要阶段。该计划将在以后的开发阶段中不断完善。营销战略计划包括三个部分：第一部分是描述目标市场的规模、结构和消费者行为，新产品在目标市场上的定位，市场占有率及前几年的销售额和利润目标等；第二部分是对新产品的价格策略、分销策略和第一年的营销预算进行规划；第三部分则描述预期的长期销售量和利润目标以及不同时期的营销组合。

5. 商业分析

商业分析的主要内容是对新产品概念进行财务方面的分析，即估计销售量、成本和利润，判断它是否满足企业开发新产品的目标。

6. 产品实体开发

新产品实体开发主要解决产品构思能否转化为在技术上和商业上可行的产品这一问题。它是通过对新产品实体的设计、试制、测试和鉴定来完成的。根据美国科学基金会调查，新产品开发过程中的产品实体开发阶段所需的投资和时间分别占总开发总费用的30%、总时间的40%，且技术要求很高，是最具挑战性的一个阶段。

7. 新产品试销

新产品市场试销的目的是在新产品正式上市前做最后一次测试，且该次测试的评价者是消费者的货币选票。通过市场试销将新产品投放到有代表性地区的小范围的目标市场进行测试，企业才能真正了解该新产品的市场前景。市场试销是对新产品的全面检验，可为新产品是否全面上市提供全面、系统的决策依据，也为新产品的改进和市场营销策略的完善提供启示，有许多新产品是通过试销改进后才取得成功的。新产品市场试销的首要问题是决定是否试销，并非所有的新产品都要经过试销，可根据新产品的特点及试销对新产品的利弊分析来决定。如果决定试销，接下来是对试销市场的选择，所选择的试销市场在广告、分销、竞争和产品使用等方面要尽可能地接近新产品最终要进入的目标市场。第三步是对试销技术的选择，常用的消费品试销技术有：销售波测试、模拟测试、控制性试销及试验市场试销。工业品常用的试销方法是产品使用测试，或通过商业展览会介绍新产品。对新产品试销过程进行控制是第四步，对促销宣传效果、试销成本、试销计划的目标和试销时间的控制是试销人员必须把握的重点。最后是对试销信息资料的收集和分析，如消费者的试用率与重购率，竞争者对新产品的反应，消费者对新产品性能、包装、价格、分销渠道、促销发生等的反应。

8. 商业化

新产品的商业化阶段的营销运作，企业应在以下几方面慎重决策：何时推出新产品，针对竞争者的产品而言，有三种时机选择，即首先进入、平行进入和后期进入；何地推出新产品；如何推出新产品，企业必须制定详细的新产品上市的营销计划，包括营销组合策略、营销预算、营销活动的组织和控制等。

四、新产品的采用与推广

新产品的采用过程是潜在消费者如何认识、试用和采用或拒绝新产品的过程。从潜在消费者发展到采用者要经历五个阶段：知晓、兴趣、评价、试用、正式采用。营销人员应仔细研究各个阶段的不同特点，采取相应的营销策略，引导消费者尽快完成采用过程的中间阶段。新产品的采用者分为五种类型：创新者、早期采用者、早期多数、晚期多数和落伍者。新产品推广速度快慢的主要原因取决于目标市场消费者和新产品特征。五种类型采用者价值导向的不同，导致他们对新产品采用不同的态度，对新产品的采用和推广速度快慢起着重要作用。新产品的相对优势、相容性、复杂性、可试用性及可传播性将会在很大程度上影响新产品的采用和推广。

尽管以上系统地提出了旅游企业新产品开发的程序，但当今的旅游市场竞争激烈，变幻莫测。在此条件下，仍需坚持推行新产品策略，正确的态度应该是：大胆谨慎地开发新产品，不怕失败，允许失败，从失败中吸取教训，坚持以新产品来创高效益的企业经营方针。

第四节　旅游产品组合策略

一、产品组合的概念

产品组合是指销售者售予购买者的一组产品，它包括所有产品线和产品项目。旅游产品是一个复杂的、多维的概念。旅游企业提供给目标市场的不是单一的产品，而是产品组合，即由多条旅游产品线组成，每条产品线包含若干旅游产品项目，而每一项产品又有若干品牌和服务。因此，每个旅游企业不但要在品牌和服务等方面做出决策，而且要在产品组合、产品线和产品项目上做出决策。

产品组合，也叫产品搭配，指一个企业提供给市场的全部产品线和产品项目的组合或搭配，即经营范围和结构。

产品线，指互相关连或相似的一组产品，即我国通常所谓的产品大类。产品线的划分可依据：产品功能上相似、消费上具有连带性、供给相同的顾客群、有相同的分销渠道、或属于同一价格范围。比如，化妆品、炊具、家用电器、妇女儿童用品、廉价品等都可形成产品线。比如旅行社经营观光旅游，这就是一条产品线。若该旅行社同时经营观光旅游产品、度假旅游产品、修学旅游产品等不同旅游线路，以满足旅游者不同的旅游需要，我们称这家旅行社经营多种产品线。通常每条产品线都设专人管理，称为产品线经理。每条产品线内又包含若干产品项目。

产品项目，即产品大类中各种不同品种、规格、质量的特定产品，企业产品目录中列出的每一个具体的品种就是一个产品项目。例如，某旅行社经营观光旅游、度假旅游、修学旅游等不同类产品线，每大类中又有若干具体品种，如观光旅游线有西湖观光、东湖观光、庐山观光等产品项目，所有这些产品大类和项目按一定比例搭配，就形成该旅行社的产品组合。

二、产品组合策略

旅游企业进行产品组合的基本方法是产品组合的四个维度，即增减产品线的宽度、长度、深度或产品线的关联度。而要使得企业产品组合达到最佳状态，即各种产品项目之间质的组合和量的比例既能适应市场需要，又能使企业盈利最大，需采用一定的评价方法进行选择。

产品组合广度，是指一个企业生产经营的产品大类的多少，即拥有产品线多少，多则宽，少则窄。例如，前例中旅行社经营观光旅游产品、度假旅游产品和修学旅游产品，那么该社产品线广度就是3。

产品组合长度，是指企业所有产品线中产品项目的总和。例如，旅行社经营的观光旅游产品线中有以山水旅游为主的产品，山水旅游又有去桂林、苏杭、西安等几条不同的旅游线路。每一条旅游线就是一个产品项目，该产品线有三个产品项目。同时该旅行社还经营度假旅游产品线，游客可在两个风景区度假即两个产品项目。因此，该旅行社产品组合的总长度等于5。

产品组合深度，是指每种产品线中不同等级、不同规格的产品的多少。比如，旅行社经营的观光旅游产品线中，组团方式有豪华型、普通型、经济型等各种规格。

产品组合相关性，是指各个产品线在最终使用、生产条件、分销渠道或其他方面的相关联程度。相关性高低同观察的角度不同有关，有时在生产上相关性很高，但从消费者的使用上来看则相关性很低。

产品组合的这四个方面对于营销策略很有意义。增加产品组合广度，扩大经营范围，可充分发挥企业各项资源的潜力，提高效益，减少风险；增加产品线长度，可使产品线丰富多样，同时给每种产品增加更多的变化因素；增加产品组合深度，可适应不同顾客的需要，吸引更多的买主；最后，产品组合相关性高低，可决定企业在多大领域内加强竞争地位和获得声誉。所谓产品组合决策，也就是企业对产品组合的广度、长度、深度和相关性等方面的决策。

市场是一个动态系统，需求情况经常变化，原有竞争者不断翻新花样，新的竞争者又不断进入，这一切必然会对一个企业产品的营销发生不同影响。因此，企业要经常对产品组合进行分析。常用的方法有 ABC 分析法、波士顿咨询集团法、通用电器公司法、产品获利能力评价法及临界收益评价法。

三、产品组合类型

市场专业型即向某一特定的市场提供所需的产品。此类型便于旅游企业集中力量对特定的目标市场进行调研，充分了解其需求。如某旅行社专门为日本市场提供观光、修学、考古、购物等旅游产品。

产品专业型即旅游产品只经营某一类型的产品，而满足多个不同的目标市场的同类需要。此类型由于产品线单一，旅游企业便于管理，经营成本少；但产品类型单一，旅游企业经营风险加大。如：某旅行社只经营宗教旅游产品，将其推向欧美、日本和东南亚市场。

特殊产品专业型即针对不同目标市场的需求提供不同的旅游产品。此类型能使旅游企业有针对性地满足不同市场，使产品适销对路；但投资较多，成本较高。如：对日本市场提供修学旅游产品，对东南亚市场提供探亲访友旅游产品，对欧美市场提供观光度假旅游产品；或者经营探险旅游满足青年市场的需要，经营休养度假旅游满足老年市场的需要，等等。

全线全面型即旅游企业经营多种产品线，推向各个不同的市场。此类型可以满足不同市场的不同需要，有利于扩大市场份额，但经营成本较高。这个策略有两个层次的含义：一是旅游经营者尽可能向整个旅游市场提供多领域或行业的产品或服务，如某饭店既经营饭店产品、餐饮产品，又经营旅行社业务；另一层含义是指旅游经营者在某领域或行业向市场提供多种产品，如某国际旅行社经营观光旅游、度假旅游、购物旅游等多种产品，并以日本市场、欧美市场、东南亚市场等多个旅游市场作为目标市场。

四、产品线决策

产品线经理面临的首要问题，就是要决定产品线的长度。如果增加产品项目可增加利润，那就表示产品线太短；如果减少项目可增加利润，那就表示产品线太长。产品线究竟多长为好，取决于企业的目标。如果企业的目标是要在某个行业中占据主导地位，并要求较高的市场占有率和市场增长率，产品线就应长些，即使有些项目缺乏获利能力也在所不惜。如果企业的目标是取得较高的利润率，产品线就应短些，只挑选那些利润率高的产品项目即可。

一般说来，现代企业的产品线往往有加长的趋势，其原因是：①生产能力

的压力迫使产品线经理开发新项目；②新项目只是原有产品的改良，容易设计；③推销人员和经销商要求增加产品项目，以适应顾客的需要；④产品线经理为了扩大销售和提高利润而增加产品项目。但是，随着产品线的加长，一些成本也随之上升。于是，就会受有关方面市场研究，然后剔除得不偿失的项目，使产品线又缩短。产品线的这种波动现象，往往会反复出现。

企业有计划地增加产品线的长度有两个途径：一是产品线的延伸；一是产品线的扩充。

（一）产品线延伸

产品线延伸是指突破原有经营档次或范围使产品线加长。可供选择的延伸策略有三种：向下延伸、向上延伸和双向延伸。

1. 向下延伸

有些生产经营高档产品的企业渐次增加一些较低档的产品，称为向下延伸。

如高档饭店餐饮部增加低价位的家常菜。向下延伸通常适合于下列几种情况：①高档产品在市场上受到竞争者的威胁；②高档产品的销售增长速度下降；③原来发展高档产品只是为了给人以质优的印象，树立高级企业形象，早就准备在条件成熟时大量发展较低档产品；④以较低档的产品填补产品线的空缺，以防止新的竞争者涉足，或以较低档和低价的产品来吸引顾客。

但是，向下延伸会使企业面临一些风险：①推出较低档的产品可能会使原来高档产品的市场更加缩小；②推出较低档产品可能迫使竞争者转向高档产品的开发；③经销商可能不愿经营低档货。

2. 向上延伸

有些企业原本生产经营低档产品，渐次增加高档产品，称为向上延伸。

例如，经营中等消费水平的旅行社开始经营高档豪华型的旅游服务。它适于下述几种情况：①高档产品有较高的销售增长率和毛利率；②为了追求高中低档齐备的完整的产品线；③以较高档的产品来提高整条产品线的档次。

向上延伸也同样使企业面临风险：①发展高档产品可能促使原来生产高档产品者采取向下延伸策略，从而增加了自己的竞争压力；②顾客可能对企业生产高档产品的能力缺乏信任；③原有的销售人员和经销商可能没有推销高档产品的足够技能和经验。

3. 双向延伸

有些生产经营中档产品的企业，在一定条件下，逐渐向高档和低档两个方向延伸，称为双向延伸。这种策略在一定条件下有助于加强企业的市场地位。

（二）产品线扩充

增加产品线长度的另一途径是，在现有产品档次的范围内增加产品项目，即扩充产品线。这种做法的目的主要有以下五个：①增加利润；②满足经销商的要求，因为项目太少会使经销商营业额减少；③试图利用过剩的生产经营能力；④试图在本行业的整条产品线中取得主导地位；⑤阻止竞争者进入。

但是，产品线中的项目也不可过多，否则会造成产品项目之间的自相冲突，顾客选购时也难以做出决策。因此，产品项目之间应保持一定的差异，差异程度以能引起顾客的注意为限。例如，某旅游食品的包装已有500克、250克、100克三种规格，就没有必要再增加一种200克的。

【案例】

营销峨眉（二）：营销峨眉，到底营销什么样的产品

中国营销传播网，2007-05-24，作者：何足奇、王值君

“峨眉天下秀”，她以优美的自然风光、悠久的佛教文化、丰富的动植物资源、独特的地质地貌著称于世。人们誉之为“仙山佛国”、“植物王国”、“动物乐园”、“地质博物馆”等动人的称号。

从旅游产品上分析，“峨眉”作为产品，具有独特的产品力。峨眉山自然、人文景观的产品，主要体现为以下特色：

1. 绚丽的自然风光

峨眉的自然风光，以“秀”著称。“峨眉十景”天下无双，新开发的景观，又为峨眉增添了秀丽的意味。在峨眉的低山区、中山区、高山区，自然风光、景观特点鲜明，产品特色丰富而鲜明，在国内名山中，也独具魅力。

2. 悠久的佛教文化

峨眉山有仙山佛国之称，是我国四大佛教圣地之一。近两千年的佛教发展历程，为峨眉山留下了丰富的佛教文化遗产，让峨眉成为对我国乃至世界影响甚深的佛教圣地。众多的名寺、峨眉佛教音乐、峨眉武术等都是佛教文化的产物，也是中华民族文化的瑰宝。

3. 丰富的动植物资源

峨眉山终年常绿，素有“古老的植物王国”美称。特殊的地形、充沛的雨量、多样的气候和复杂的土壤结构，为各类生物物种的生长繁衍创造了绝好的生态环境。峨眉山2300多种野生动物，宛如一个天然的动物乐园，成为国内景区中的标榜。

4. 神奇的地质博物馆

峨眉山的地形地质结构，历经多次造山运动，保留了大量的沉积标志和生物化石，成为全球地质研究的“活标本”和重要史料库。

峨眉山旅游产品内涵丰富，成为区别于国内任何一座名山的“差异化”特征、特色。因而，“峨眉山”旅游品牌因产品的独具特色而成型。“峨眉天下秀”，以“秀”成为这个旅游品牌的核心价值，无疑是十分恰当的。

在国内以“山”为产品的旅游景区、景点中，“峨眉山”的品牌影响力在旅游市场、旅游消费者的心智认知中都可谓首屈一指。因而，峨眉山旅游品牌也成为一个“金字招牌”，游客纷至沓来。峨眉山市以旅游为支柱产业，短短几十年间，获得了巨大的发展。

但是，从旅游资源、旅游营销的开发、经营上，峨眉山旅游品牌的商业化传播都存在着巨大的问题。

峨眉山的品牌早已驰名中外，但峨眉山的旅游产业发展，却仅仅停留在“卖产品”的阶段——

自然景观的产品，赚的是门票收益；佛教文化的产品，仅停留在香火施舍、景观点缀的初级阶段；动植物的“大观园”，似因产品过于庞大而开发无门，除了“猴子”为峨眉旅游增色、峨眉山的蝴蝶成为旅游纪念品之外，动植物产品的开发无法带来更多的收益；地质博物馆的意义，似乎停留在专业研究阶段，很难成为可消费的产品。这是硬件产品的营销现状。

而峨眉山的“软件产品”，例如旅游服务设施、配套设施正处于日益完善中。宾馆云集、餐饮林立、旅游纪念品、商店、旅游配套产业兴盛——这样的产品和国内任何一个旅游景区、景点没有任何两样。在旅游服务方面，峨眉山的“产品”也没有更优越的、或者“独具特色”的服务特色。相比于地处经济发达地区的黄山、武夷山等景区，峨眉山的“软件产品”可能在服务上还有差距。

峨眉山的景区、景点是“大产品”，服务配套、旅游服务是“软产品”，而具有景区特色、具有峨眉地方特色的纪念品、土特产，能让消费者（游客）动心的“小产品”的市场状况、营销状况，又是怎样的呢？

“特产”是旅游景区、景点的品牌缩影。但是，峨眉山的旅游纪念产品、土特产产品，既缺乏产品独具特色的销售力，又无法成为峨眉旅游的代表性产品，给游客留下了深刻的印象和带来独特的产品利益。例如：

“峨眉山珍”的系列产品，确实是“绿色产品”，如雪笋、雪磨芋、灵芝以及其他山区特产。但由于“山珍”作为土特产品，其市场范围极其狭窄——很多游客不知道这些特产如何食用，自然无法对特产形成清晰的认知。

“峨眉蝴蝶”以大量的标本做为旅游纪念品，尤以“枯叶蝶”为珍品。然而，作为大自然的昆虫珍品，把栩栩如生的、珍贵的“枯叶蝶”做成了并不具备更多消费价值的“标本”纪念品，既是暴殄天物，又在珍稀动植物、生物物种保护方面给世人以“口实”。因而，“标本”作为旅游产品，是极不可取的。假如“标本”成为旅游纪念品大行其道的话，那么“卧龙”自然保护区内的旅游纪念品，岂非得销售“熊猫标本”？当然，这是笑话，但卖“标本”确为旅游产品“杀鸡取卵”之策略，极不可取。

峨眉名茶“竹叶青”是峨眉代表性的产品。“竹叶青”乃绿茶中的精品、珍品。但在产品推广和旅游产品、品牌的结合上，“竹叶青”与峨眉旅游似乎毫无关联。台湾阿里山的高山冻顶乌龙，福建武夷山的“大红袍”铁观音，安徽黄山的茶中珍品“云雾茶”，皆成为这些旅游景区的代表性、标志性的产品，品牌的力量和旅游“大产品”的品牌力量合二为一。再如云南大理、丽江的“普洱茶”，杭州的“碧螺春”，其营销的功力和产品、品牌的市场影响力，均远远超过竹叶青。

旅游“小产品”不具备旅游产品的代表性，无法成为峨眉山旅游品牌的代表性标识，是“峨眉营销”的最大软肋。相比之下，国内其他旅游景区的特色、代表性产品的开发，却卓有成效，富有旅游品牌、旅游文化的全面体现的特征：

北京，富有老北京特色的产品不胜枚举。“全聚德烤鸭”、“东来顺涮羊肉”、瑞蚨祥绸锻庄、琉璃厂的古玩、北京的景泰蓝，每一样都带着京韵十足的文化，让人珍藏，引人深思；

海南，除阳光、沙滩、蓝色的海水和纯净的天空之外，还有贝壳、珊瑚、热带鱼、椰子、热带水果，消费者可以把海南的风光带回家。

九寨沟，带着藏羌文化、藏羌风情的首饰、藏刀、青稞酒、藏袍以及众多的藏羌少数民族特色产品，成为九寨游让消费者“欲罢不能”的购物诱惑。

大景区、大景点的特色产品，富有地方特色，满载着民族、地域的文化风情。而一些小景点的旅游“小产品”，也极富文化意韵，让消费者为之入迷：

周庄的水乡风情，富有特色。而其代表性的旅游“小产品”则是周庄的“万山蹄”。沈万山的“沈厅”为周庄的核心景点，“万山蹄”也成为周庄“独此一家，别无分号”的特产，吸引着众多的游客。“万山蹄”也成为“周庄水乡游”的一张名片。

山西名镇杏花村，以“汾酒”闻名于世。因而，汾酒也成为山西旅游文化的代表性产品。而“汾酒”，本身就是一个具有强大品牌力量的民族产品，和旅游产品、旅游品牌的传播互相融合，地域文化、景观文化、酒文化水乳交融。

峨眉山的旅游产品只有景观、只有佛国仙山、只有旅游服务，而没有能融合文化的代表峨眉的品牌的实质性的旅游小产品！本来，这个产品可以成为峨眉山的名片、可以浓缩峨眉山的景观、可以包容峨眉山的文化……

【思考题】

1. 旅游产品可分为哪几个层次？有哪些特点？主要包括哪些内容？

2. 一个旅游产品从开发到淘汰要经过哪几个阶段？各阶段有什么基本特征？

3. 针对不同的旅游产品生命周期，应该采取什么样的营销策略？

4. 旅游地和旅游产品的生命周期有什么不同？为什么会出现这种不同？

第五章　旅游产品价格策略

对旅游业而言，旅游产品价格策略是旅游市场营销组合策略中不可缺少的重要内容。价格是营销组合中最明显的变量，也是可以由旅游企业控制的最灵活的变量，所以旅游产品价格制定得好与不好及其策略运用得恰当与否，直接关系到旅游企业市场营销的成功与否。

第一节　影响旅游产品定价的因素

在商品经济条件下，价格是实现商品流通的重要因素，是商品价值的货币表现。价值是价格的基础，是由商品中所包含的社会必要劳动时间决定的。旅游产品价格是由旅游产品所包含的社会必要劳动时间决定的，是旅游者为满足其旅游活动的需要所购买的旅游产品的价格。旅游产品价格一方面直接影响旅游者的需求及购买行为，另一方面对旅游产品的销售和利润也产生直接影响，所以，在考虑其定价问题时要慎之又慎。在此，首先分析一下影响旅游产品定价的因素，这些因素可分为企业内部因素和企业外部因素两方面。

一、旅游企业内部因素

旅游企业内部影响产品定价的因素主要有成本、企业战略、营销目标、产品特点、非价格竞争策略等诸多因素。

（一）成本因素

旅游产品成本是旅游产品价格的最低限度。旅游产品价格必须能够补偿旅游产品生产、分销和促销的所有支出，并补偿旅游企业为旅游产品承担风险所付出的代价。因此，成本是影响旅游产品定价决策的一个重要因素。如果旅游产品的定价低于成本，那么企业不仅无盈利可言，甚至亏损，企业其他的一切

营销和发展目标也均无法实现。旅游产品成本有两大类，即固定成本和变动成本。固定成本指折旧费、房租费、办公费用、上层管理人员报酬等相对固定的开支，一般不随产量和销量的变动而变动。变动成本指原材料、工资等随产量的变动而变动的成本，二者之和即产品的总成本。旅游产品的价格要能够弥补其总成本。另外，旅游企业的成本结构也是影响旅游产品定价及价格调整的因素。成本结构是指固定成本和变动成本之间的比例关系。不同成本结构的旅游企业应根据自身的特点制定不同的定价策略。如整体旅游产品的成本会因众多单项产品成本的变化而不断发生频繁的波动，从而影响到总的定价。

（二）企业战略

旅游企业在市场经营中采取的经营发展战略主要有三种形式，即密集型发展战略、一体化发展战略和多元化发展战略。不同的经营发展战略，对定价策略的要求也不一样。其中对旅游产品定价直接影响最大的是密集型发展战略。密集型发展战略一般通过市场渗透、市场开发和产品开发来实现。市场渗透应采用渗透价格；产品开发则通过新产品开发相应地提高产品价格，以增加销售额。所以旅游企业必须随时调整或确立新的价格以适应企业战略发展的需要。另外，产品定位策略也是旅游企业经营发展战略的一个重要组成部分。产品定位的目的在于向目标市场宣传灌输一种产品形象，而价格则是产品形象的一个重要代表。因此，产品定位战略也深刻地影响着旅游产品的定价决策。

（三）营销目标

旅游企业在市场营销中总是根据不断变化的市场形势和自身实际情况来确定自己的营销目标。具体表现为营业额指标、接待人次或逗留夜次指标、利润指标、市场占有率指标、投资收益指标等。营销目标不同就会有不同的价格策略。为了达到长期或短期的营销目标，旅游企业应在一定范围内经常调整价格来影响不断变化的市场需求和应付不同的竞争情况。

（四）产品特点

不同的旅游企业经营不同的产品，各具特点，它们对企业定价也有不同的影响。主要是：

1. 替代性。旅游企业经营的餐饮、住宿、交通、购物等方面的产品，都有替代消费的特点。例如旅游者到某地旅游，可以乘飞机，也可以乘火车、汽车。若飞机票价很高，火车、汽车票价相对较低，乘飞机的旅游者就会减少，航空公司不得不适当降价。可见替代品的价格对企业定价有一定影响。替代性强的产品，价格应稳定、适中；反之，替代性不明显的产品，可以制定较高的价格。

2. 象征性。旅游产品具有极强的象征意义，对企业定价有很大影响。产品价格必须符合产品的象征性。例如豪华宾馆、名胜古迹、一流娱乐场所是高、精、特、稀、宝贵的象征，就应有代表其象征的高价，否则，低价就会“自贬”形象，使旅游者产生怀疑，或不能满足其需求的心理反应。

3. 差异性。旅游产品有单项和包价的差异，在定价上有很大区别。单项产品比较单纯，价格容易控制，包价产品比较复杂，其价格是由各单项产品价格综合构成的。单项产品的供求状况及其价格影响着总包价的形成，包价产品的组合程度越高，定价的难度就越大。因此，旅游企业定价时，要考虑单项产品价格的竞争性，才能使包价产品价格保持优势。

（五）非价格竞争策略

在现代旅游市场中，竞争无处不在。旅游企业为了应付或避免激烈的市场竞争，不得不采取很多策略，其中价格竞争就是一种常用的竞争策略。但价格竞争容易使企业卷入恶性削价之争的泥潭，这对旅游企业，乃至整个旅游市场都是相当不利的。因此，许多非价格竞争策略越来越得到企业的重视。比如，通过提高服务质量使企业制定相对高价而仍可在竞争中保持优势的服务质量竞争；又如，旅游企业可以在维持原价的前提下为旅游者提供更多的服务项目，使客人在付出不变价格的情况下获得更多的超值享受，从而提高旅游者对此产品的忠诚度；其他如加强促销，精简销售环节，疏通销售渠道等策略都是很有价值的非价格竞争策略。这些非价格竞争策略可使旅游企业避免采取价格竞争的单一形式，从而对旅游产品定价决策产生很大影响。

二、旅游企业外部因素

影响旅游企业定价决策的外部因素主要有市场需求、市场竞争和市场环境等。

（一）市场需求

市场需求对旅游产品定价的影响比较复杂。首先，旅游产品的最高价格取决于旅游者的需求程度和支付能力，因而旅游企业对产品的定价不能超过旅游者的支付能力，并应随需求程度的变化而调整。比如，旅游需求有很强的季节性，这就要求绝大多数旅游产品价格必须有明显的季节差异，尤其是住宿、餐

饮、交通等旅游活动的辅助产品。其次，不同的旅游产品需求价格弹性不同，对价格弹性大的产品如用低价来刺激需求可取得良好的销售业绩；而对价格弹性小的产品则可维持相对高价水平或保持价格稳定。再次，旅游者的消费观念和对旅游产品价值的理解也对旅游产品定价有较大的影响。旅游者对产品价值的理解较高，则可制定高价；反之，则应制定低价。

（二）市场竞争

由于旅游产品还不是一般意义上的生活必需品，需求弹性较大，对大多数旅游者而言，旅游产品相互之间的替代也比较容易，这就导致了旅游市场的竞争比起一般商品市场的竞争要激烈很多。所以，竞争因素也是影响旅游产品定价的重要因素之一，竞争越激烈，对定价的影响就越大。在旅游企业经营过程中，短期的价格调整大多是由于竞争因素引起的。因为竞争导致了供大于求的局面，而供求关系的变化必定引起价格的波动。旅游产品的价格在成本因素所规定的最低限价和旅游者支付能力所规定的最高限价之间如何波动，很大程度上是由于竞争状况决定的。

市场竞争状况大体有四种类型，不同类型的竞争状况对企业定价的影响是不同的。

1. 完全竞争。旅游市场上没有任何限制竞争的因素，旅游产品同质，有很多卖主、买主，生产要素可以自由流动。在这种状况下，旅游产品价格是在多次市场交换中自然形成的，旅游企业没有定价的主动权，只能被动地接受市场形成的价格，随行就市。

2. 不完全竞争。这是现代旅游市场中普遍存在的典型竞争状况，即介于完全竞争和纯粹垄断之间的状况，既有垄断倾向又有竞争成分。在旅游市场上，各个企业提供的产品有差异，或虽无差异，但旅游者受广告、宣传的影响，主观上或心理上认为有差别，因而各个企业对其产品拥有相当的垄断性，在这种情况下，旅游企业已不是消极的价格接受者，而是价格决定者，它们可以根据其产品的“差异”优势，通过部分变动价格的方法，获取较高的利润。

3. 寡头竞争。这是竞争和垄断的混合状态，实际上也是一种不完全竞争。在旅游市场上，少数几家大企业所生产、销售的产品占整个市场的生产、销售总量的较大比重，它们之间的竞争就是寡头竞争。在这种状况下，只有这少数几家寡头企业控制着产品价格。任何一个寡头企业调整价格都会影响其他竞争对手的价格优势，因而任何一个寡头企业定价时，都必须密切注意其他寡头企业的价格动态及对策。至于其他企业由于寡头企业的垄断、控制，很难改变它们的垄断价格，定价时要十分谨慎，以防它们的价格报复。

4. 纯粹垄断。在旅游市场上，某种产品的生产和销售完全由一个企业独家经营和控制，没有竞争对手，在这种状况下，独家企业成为了其他企业进入市场的障碍，也就完全控制垄断了市场价格。这种情况在风景名胜旅游区较为明显。

（三）市场环境因素

在市场环境因素中，政府及法律、汇率变动和通货膨胀等对旅游产品价格有很大影响。

1. 政府及法律

政府对旅游市场中旅游产品的价格管理，主要是通过行政、法律以及货币供给、物资和物价政策等手段来调控和体现的。政府对旅游产品价格干预和管理的原因一方面是为了保护旅游者的利益，通过行政手段、法律手段限制不正当竞争中牟取暴利的现象，这时政府有可能制定最高限价；另一方面是为了保护旅游企业的利益，当全行业出现削价竞争乃至损害本企业的正常利润和行业利益时，政府就会制定最低保护价，约束不良的市场行为。在市场机制较成熟的国家中，最高限价和最低保护价多由行业协会制定，随着我国行政管理体制改革的日益深化及旅游行业管理制度的建立和逐步完善，对旅游市场中旅游产品的最高限价和最低限价，也将逐步过渡到由政府直接规定转向行业协会制定。

2. 汇率变动

汇率是指两国货币之间的比价，就是用一国货币单位来表示对另一国货币单位的价格。汇率变动对入境旅游和出境旅游影响较大。一般说来汇率变动的影响主要是通过旅游产品或服务的报价形式反映出来的。外国货币升值、汇率上升对海外旅游者有利，有益于促进入境旅游者人数的增加。但影响本国旅游者出境；反之，若旅游目的地国家的货币升值、汇率上升，就有可能造成入境旅游者人数的减少，尤其当旅游目的地的产品或服务的需求弹性较大时。入境旅游者就有可能转向其他旅游目的地购买、消费同类的替代产品；同时，因本国货币升值、汇率上升导致海外旅游产品价格降低，本国旅游者出国旅游增加。

3. 通货膨胀

通货膨胀是指在流通领域内的货币供应量超过了货币需求量而引发的货币贬值、物价上涨等现象。旅游目的地的通货膨胀会造成单位货币购买力下降，使旅游企业的产品生产、经营成本费用增加，从而迫使企业相应地提高旅游产品价格，并且往往价格提高的幅度大于通货膨胀上升的幅度，这样才能保证旅游企业不致亏损。但旅游产品价格的大幅度上升，客观上会破坏旅游目的地的形象、损害旅游消费者的利益，导致旅游者人数减少、旅游收入下降。拉美国家为当今世界上高通货膨胀地区之一，虽有独特、诱人的旅游产品，但旅游业饱受通货膨胀之害而难以快速发展。

第二节　旅游产品定价方法

一般地，产品成本构成了价格的底限，消费者对产品价值的认知构成了价格的上限，而企业必须考虑的竞争者价格以及其他一些外部和内部因素，构成了产品价格的参照点，企业就在这两极之间寻找到最适当的价格水平（如图 5－1）。因此企业定价有三种导向：成本导向、需求导向和竞争导向。

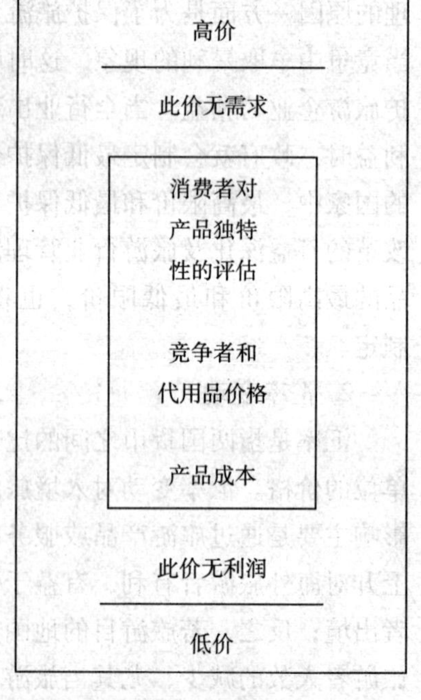

图 5－1　影响定价的三要素

一、成本导向定价法

成本导向定价是企业常用的定价方法，具体应用又有四种方法。

1. 成本加成定价法

成本加成定价是以成本为中心的传统定价方法，其做法是首先按总成本计算出一个单位产品的平均成本，然后加上一定比率的预期利润。预期利润应根据企业定价目标，采用不同的比率计算，可按平均成本利润率或资金利润率或投资收益率来确定。

以成本加成法制定的价格，并不是最合理的。这种方法仅考虑了成本因素，而没有分析市场需求弹性和顾客的心理，因此，无论是在短期还是长期，都无法使企业获得最高利润。由于市场需求弹性呈现季节性和周期性变化，在产品寿命周期的各个阶段，需求弹性也有显著的不同，因此，企业需根据具体情况调整加成比例。

然而，成本加成定价法目前仍很盛行。首先，因为计算成本比估计需求更有把握，根据单位成本制定价格，就可简化定价过程，不必根据市场需求的变化经常调整价格。其次，如果各个企业都采用这种定价法，如果各家的成本和加成比例相似，定出的价格就会差不多，企业之间的竞争就不会像采用需求差异的定价法时那样激烈。再次，根据成本加成定价，似乎对买卖都比较公平，卖主并没有因买者需求迫切而提价，同时，卖主仍能获取一定利润。

2. 目标收益定价法

这种方法根据企业的总成本和估计的总销售量，确定一个目标收益率，作为定价的标准。计算产品单价的公式为：

$$\text{单价} = \frac{\text{固定成本总额} + \text{变动成本总额} + \text{目标利润}}{\text{产品数量}}$$

目标收益定价法在旅馆业中有较广泛的应用，制定菜单价格时使用的计划利润法，制定房价时使用赫伯特公式法，都是这种定价法的形式。

旅馆制定房价时，经常使用的一种方法，称作赫伯特公式计价法。使用这种定价法，管理人员必须：

①估计各部门营业费用、筹资费用、不动产费用和折旧费，然后加上所需达到的投资收益，确定旅馆需实现的全部营业收入。

②决定需达到的投资收益率。

③从需达到的总营业收入中，扣减其他营业部门所能获得的利润数额，求出客房部需达到的年营业收入总额。

④估计计划期能够出租的客房间/天数。

⑤用这个客房出租间/天数除以客房部需实现的年营业收入数额，得出平均房价。

使用赫伯特法时，企业是根据计划的销售量、固定费用和需达到的合理的投资收益率来决定每天每间客房的平均房价。因此，由这个公式决定的房价是否合理，是由计算过程中所使用的各种假设是否有效和正确决定的。这种方法的缺点是客房部必须承担实现计划投资收益率的最终责任。但是，其他营业部门经济效率低，不应当由高昂的、缺乏竞争力的房价来弥补；同样，其他部门的高额利润也不应当成为制定过低房价的理由。此外，这个公式还有一个概念性错误：企业是根据预计的营业额来确定房价的，而价格又是影响营业额的一个重要因素。可见，这个公式是从企业盈利的需要出发的，而没有考虑旅客需求这个变动因素。

3. 边际成本定价法

边际成本定价法，是一种仅计算产品变动成本，而暂不计算固定成本的定价方法。

按边际成本定价，就旅游产品而言一般可在下列情况下采用：一是当某产品的单位总成本高于市场价格，而企业又无法在短期内寻找到有效出路时，如果边际成本低于市价，则可采用边际成本定价法；二是在开拓新的市场时为了取得一定的市场占有率，即使单位产品成本比市场价格高，也可以人为地主动采取边际成本定价法，以实现短期内占领市场的目标。当然，边际成本（变动成本）是定价的最低下限（就短期而言），如果边际成本高于市场价格，生意则不能做了，做得越多亏得越多。具体来讲，边际成本定价法依据其出发点的不同，即以边际贡献为出发点和以边际成本为出发点，有两种计价方法：

①边际贡献定价法。边际贡献定价法是一种用产品变动成本加上预期边际贡献制定价格的方法。边际贡献是只计算变动成本而不计算固定成本时所得的收益，即销售收入减去变动成本所得的差额。这种定价法是出于这样的考虑：按总成本定价产品无法卖出去，只好减产甚至停产；即使如此，其固定成本照常支出，因而亏损更大，这时定价可以主要考虑边际贡献。

②边际成本定价法。边际成本定价法是在一定经营水平上再增加产（销）量时，将用原售价计算的销售收入加上边际成本作为依据来制定价格的一种方法。这一方法是出于这样的考虑：只要多生产（销售）的一单位产品销售收入超过此一单位的边际成本（即价格大于边际成本），就不会造成亏损，就值得经营。

4. 盈亏平衡定价法

盈亏平衡定价法，是一种按盈亏平衡点的产品成本来制定其价格的方法。当产品供过于求、销路不畅时，可采用盈亏平衡点定价以实现保本经营。这一方法是以成本为依据的，因此将其归纳在成本导向定价法之中。

二、需求导向定价法

（一）撇脂定价法

也称为厚利限销策略。撇脂，其寓意为从鲜奶中撇取乳脂，提取精华。是指企业在定价时有目的地将价格定得较高，在尽可能短的时期内，获取高额利润的一种定价策略。由于价格较高，市场需求受到限制，产品销售量被限制在一定的范围内。当旅游产品处于市场生命周期的投入期或成长期时，企业利用旅游者求新、求奇的心理，以高价在短期内获取丰厚利润，尽快收回投资，同时会收到提高产品身价、提高产品声望的功效，为以后广泛占领市场打下基础。当市场竞争趋于激烈时，旅游企业也就有了下调价格的余地，掌握着价格竞争中的主动权；但是，如果价格定得过高，有可能会使销售量大幅度减少，总利润反而下降。因此，限销并非销售量越少越好。为保证企业所需的一定的销售量，在采用撇脂定价策略时应具备以下一些条件。

1. 旅游产品独具特色

当旅游产品特色鲜明时，即使价格较高，也能吸引相当一部分旅游者购买，从而保证产品的销售量。

2. 旅游企业接待能力有限

由于企业接待能力有限，企业的销售压力不大，即使市场需求因价格较高而受到限制，但市场规模也足以让企业把产品销售出去；如果价格过低，市场需求量会大大超过企业的接待能力，而企业的供给能力却无法满足市场需求，反而因价格的降低而导致利润的下降。

3. 产品需求弹性小

当需求弹性系数小于1时，需求变动的百分比小于价格变动的百分比，说明需求变动对价格变动所反映的灵敏度小。如果旅游产品价格有较大幅度的提高，所引起的需求减少幅度却不大。这时，采用撇脂定价策略，单位产品的利润较高，不仅可以弥补销售量下降所带来的损失，而且有可能使总利润更高。

4. 市场竞争压力小

市场竞争的激烈程度将影响到产品的销售。由于竞争压力不大，产品销售难度较小，企业较容易把产品销售出去。

应该注意的是，企业的高价厚利策略必然吸引众多的竞争者，因此，它只能作为一种短期性的定价策略。

（二）渗透定价法

也称为薄利多销策略。是指企业在制定旅游产品价格时，有计划地制定较低的价格，使产品以价廉物美的形象刺激市场需求，吸引游客，挤占市场，提高市场占有率，谋取长期的稳定利润的一种定价策略。

企业的总利润受到单位利润和销售量的影响，即：

总利润 = 单位利润 × 销售量 = （价格 - 单位成本） × 销售量

因此，当销售量提高时，即使由于价格的下降导致单位利润有所下降，企业也有可能实现较高的总利润。同时，由于销售量的提高，单位产品所分摊的固定成本随之降低，单位成本也相应下降，这在固定成本高的情况下下降的幅度尤其明显。如果单位成本下降的幅度大于价格下降的幅度，则此时单位产品的利润不但没有下降，反而会有所提高。旅游企业特别是旅游饭店一般具有高固定成本的特点，努力提高销售量是企业实现最大利润的有效途径。

为保证实现最佳的经济效益，旅游企业在采用渗透定价策略时应具备以下一些条件。

1. 产品的潜在市场较大

产品潜在市场大，企业才有可能以低价刺激市场需求，促使大量的潜在旅游者尽快购买产品，从而提高产品销售量。

2. 产品的需求弹性大

当需求弹性系数大于1时，需求量变动的百分比大于价格变动的百分比，说明需求变动对价格变动所反应的灵敏度大。如果旅游产品价格有较小幅度的降低，则可能引起需求量较大幅度的增加。这时即使单位利润下降，也可以通过大量销售而弥补其损失，企业因此有可能实现理想的总利润。

3. 旅游企业的接待能力强

旅游企业的接待能力决定了其能够向市场提供产品的数量。当旅游企业接待能力强，其固定资产折旧多，企业固定成本较高时，大幅提高销售量，会使单位产品所分摊的固定成本减少，单位成本下降，单位产品的利润得以保证。但是，企业以低价刺激市场，激发了更多旅游者对产品的需求，如果没有足够的生产接待能力作保证，不能向市场提供足够数量的产品，这些被激发起的需求将会失去，企业无法实现其所需要的足够的销售量。

4. 市场竞争压力大

激烈的市场竞争使产品销售难度加大，企业只有制定较低的价格，才有可能实现较高的销售量。

由于现代旅游业竞争激烈，旅游产品具有不可贮存性、固定成本较高等方面的特点，旅游企业的销售压力很大。实行渗透定价策略，能使旅游企业充分合理地利用现有的接待能力（如设备设施、人力资源等），大大提高产品的销售量，实现较理想的经济效益。

（三）满意定价法

满意定价策略是一种介于撇脂和渗透之间的策略。即将新产品价格定得不高不低，既能对顾客产生一定吸引力，又能使旅游企业弥补成本后有较大盈利，以达到顾客和企业都满意的一种策略。这种定价策略适用性较强，适合于各种产品或服务采用。尤其是目前我国旅游者存在既要求旅游，提高生活质量，又受购买力、消费水平限制的情况，因而更适合采用该策略。当然要想找到一个双方都满意的价格点即满意价格点，也并非易事，必须对市场需求及本企业和同行业的产品进行周密的分析和研究才有可能做到。

（四）感受价值定价法

旅游企业根据旅游购买者对旅游产品的感受价值来制定价格的一种方法。其实质是旅游企业利用产品的质量、广告宣传、额外利益等来影响、诱导旅游消费者，使其在心里对旅游产品有一个大致的"定位"，并考虑是否接受该旅游产品的价格。所以旅游企业必须善于识别本企业所能给予游客的独特利益，区别于竞争对手，赢得旅游消费者对旅游商品的理解和认可。旅游产品越是独特，顾客对价格越不敏感。感受价值定价法常应用于高档旅馆、饭店、历史古迹以及独特的自然景观等。

三、竞争导向定价法

竞争导向定价是指依据竞争者的价格来定价，或与主要竞争者价格相同，或高于、低于竞争者价格，这要视产品和需求情况而定。其特点是，只要竞争者价格不动，即使成本或需求发生变动，价格也不动；反之亦然，这类定价法有三种。

（一）通行价格定价法

通行价格定价是指本企业只与同行业竞争产品的平均价格即现行市场价格水平保持一致，这是一种最简单、最常见的方法。这样做，易为旅游者接受；能与竞争产品"和平共处"，也能带来合理、适度的利润。这种方法主要用于与竞争产品差异性小的产品。如果产品具有差异优势，定价水平可略高于市场价。

由于竞争限定了旅游价格浮动的范围，当地同类旅游产品的价格可能会成为某一旅游企业定价时的限制因素，因此，旅游业广泛地使用通行价格定价。但不同的旅游企业会有不同的做法。

第一种做法是率先定价。有些管理人员认为应有率先定价的魄力，为当地其他旅游企业树立榜样，而不应当跟在别人的后面。如果企业所制定的价格能符合市场的实际需要，率先定价的旅游企业在竞争剧烈的市场环境中，也可获得较大的收益。

第二种做法是追随领头人。这种方法假定市场中有个领头人，或者有个起主导地位的旅游企业，其他旅游企业只需制定与领头人大致相仿的价格，并随领头人的价格变化而调整本企业的旅游产品的价格。

通行价格定价忽视了旅游者的价值观念。如果旅游者认为某一旅游产品的质量和服务较好，这个旅游产品的价格理应较高，而且制定较高的价格也不会使销量受到多少影响。此外，各旅游产品的成本也不会完全相同，盲目地以竞争对手的价格作为本企业产品的定价依据，而不重视营销调研，就不可能制定出合理的价格。

（二）竞争价格定价法

竞争价格定价是一种主动竞争的定价方法，一般为实力雄厚或产品独具特色的旅游企业所采用。这种定价法的关键在于知己知彼，勤于分析，随时调整。

（三）密封投标定价法

密封投标定价法，是指产品经营者事先不对产品规定价格，而是采取拍卖方式宣传产品的价值和特点，然后规定时间让顾客到指定场所出价竞购，经营者以最有利的价格拍板成交的一种定价方法。因此，用这种方法确定的产品价格到底是高是低，取决于顾客竞购的激烈程度。一般地说，旅游营销中，对旅游工程的承包，以及经营的文物、艺术品等，可采用此方法定价。此外，旅游企业在选择团队顾客时也可采用竞争投标的方法定价。实际工作中与该方法相关联的一种做法是旅游企业让旅游者自行定价，也可以说是对该方法的灵活运用。

第三节 价格调整策略

一、折扣价格策略

这种策略是指旅游企业在既定的产品价格基础上打折优惠购买者，购买者包括旅游者、中间旅游商以及相关配套的旅游企业，目的是吸引、鼓励购买者积极购买。这是一种以实惠争夺顾客、适应需求、灵活经营的策略，对提高企业的竞争能力、扩大销售、增加利润都有很大作用，为企业普遍采用。常用的折扣价格策略有：

（一）数量折扣

这是旅游企业根据旅游者购买产品的多少给予不同的折扣优惠，目的是鼓励顾客多买。数量折扣有两种形式：

1. 一次批量折扣。即顾客一次购买数量达到企业所规定的数量，就可得到一定的折扣优惠，或者超过的数量越多，折扣就越大。这既能刺激顾客多买，增加利润，又能减少交易次数、时间，节约开支。

2. 累计批量折扣。即顾客在一定时间内购买的累计总数量达到企业所规定的数量，就可得到一定的折扣优惠，或者超过的数量越多，折扣就越大。这种形式还有利于巩固、加强企业与顾客之间的业务关系。

（二）现金折扣

这是旅游企业对现金交易或提前付款的购买者给予折扣优惠，目的是鼓励购买者迅速付款，以便尽快收回货款，加速现金周转，避免债务风险。由于饭店常有顾客记账赊销，为鼓励顾客现金结账，故普遍采用这种策略。

（三）季节折扣

这是旅游企业在旅游淡季对旅游者的折扣优惠，目的是调节淡季和旺季需求矛盾，使旅游销售保持相对平衡，保证企业的正常收入。旅游企业在旅游淡季时普遍出现客源不足，资源、设备、设施、人员利用率不高，收益下降，为刺激旅游者在淡季旅游，保证旅游企业正常收入，故对此时旅游的顾客打折优惠，这对旅游者、旅游企业都是很有利的。当然，这个折扣优惠价不能低于产品成本或变动成本，否则就不能保证企业正常收入或导致企业亏损过多。

（四）同业折扣

这是旅游企业对旅游中间商、相关配套的旅游企业的折扣优惠，目的是利用同行的有利条件扩大自身的业务经营，由于旅游是一种综合性行业，饭店、交通、旅游景点、娱乐场所、旅游商店、旅行社的经营都有不同程度的相关性、相连性、配套性，它们之间往往本着互利互惠的原则签订一些协议发展各自的业务，同业折扣就是其中一个重要项目。例如饭店为了扩大客房、餐饮销售，对旅行社、旅游批发商除了给予优先定房权利以外，还给予一定的折扣优惠，这种策略国外旅游业很盛行。当然，这种策略会使平均价格下降，因此折扣率不宜过大，折扣价格必须保证增销带来的利益大于折扣引起的损失，平均价格不低于生产成本。

（五）回扣

这是旅游企业按既定的价格提出一定比例的金额给业务介绍人、中间人，作为酬谢或劳务费，其目的是鼓励他们为企业招揽顾客，扩大销售。如出租汽车司机为饭店带来顾客，饭店则给予一定的回扣作为酬谢，鼓励他们继续为饭店招揽客人。

二、差别价格策略

在激烈的旅游市场竞争中，旅游企业经营的产品或服务往往是一组产品、服务或系列产品、服务组合，为了适应旅游消费者多种多样的需要，旅游企业可以同时提供不同价格、不同内容、不同方式的旅游产品或服务，即便同一产品、服务也可能形成不同价格的系列产品或服务。例如，在同一饭店中，可能有总统套房、豪华套房、公务套房、标准间等不同标准、规格和价格的客房；有的时候，饭店同样标准的客房，由于朝向的不同，室外景色较佳的客房价格会高一些，反之则低一些；旅行社经营的产品服务也是如此，同一旅行路线，由于旅游消费者的需求不同，乘坐的交通工具、参观的景点、食宿的标准等有一定的差异，因而会形成不同的价格。

（一）地理差价策略

这是旅游企业以不同的价格策略在不同地区营销同一旅游产品或服务，以形成同一产品或服务在不同空间的横向价格策略组合。这种差价的最主要原因是由于不同地区的旅游消费者具有不同的爱好和习惯，因而各地旅游市场就具有不同的需求曲线和需求弹性，如国内旅游者与海外旅游者对行、宿产品的要求就明显不同，对同样的旅游工艺品，当地旅游市场和异地旅游市场的需求强度不一，前者弱于后者，甚至有可能前者的价格低于后者。

（二）时间差价策略

旅游企业对相同的旅游产品或服务，按旅游者需求的时间不同而制定不同的价格。例如，经营保龄球的场馆，在早晨5：00～11：00每局价格为5元；下午2：00～5：00每局价格为10元；晚上6：00～12：00每局价格为25元。采用这种定价策略，有利于鼓励旅游中间商和消费者在淡季时增加购买的频率和力度，同时可减少旅游企业仓储费用和加速资金周转，保证企业最佳的竞争位置。通常这种定价策略在不同时间需求不一致时使用，如旅游产品的旺季价格与淡季价格不同等。

（三）顾客差价策略

是指对不同的旅游者制定不同的价格，如儿童与成人、回头客与新旅游者、国内游客与国际游客、学生与一般游客、散客和团体的旅游费用差别。许多国际航空公司竞相推出30多种特殊票价，以吸引游客，如教师票、学生票、朝圣者票、校友票、亲属团体票等，它们都有不同程度的折扣差价。饭店往往也会给客人以不同比例的优惠价格，以稳定客源。

（四）产品差价策略

旅游企业生产经营的旅游产品形式不同、成本不同。所以，旅游企业并不是按照各种旅游产品的形式或成本差异比例来制定产品的价格。由于旅游者的需求是多种多样的，旅游消费者对旅游产品或服务价格的认可并不完全依据其生产经营成本，而是与对不同旅游产品或服务的偏好和需要程度联系在一起的。由于不同消费者对价格的敏感性不同，旅游企业可区分出不同的市场需求，采取不同的定价策略。针对那些对旅游产品或服务的价格较为敏感的旅游者，旅游企业提供的产品质量、性能等方面特征要与产品的价格相符，否则旅游消费者就会感到价格不实，甚至产生被欺骗的感觉；而对价格敏感度较低的旅游消费者，他们往往所关心的是旅游产品或服务的质量、性能、消费方式等，只要产品或服务符合他们的需要，这些旅游消费者就会忽略价格因素，即使价格偏高，他们也有可能接受。所以，运用区分需求定价策略时，可按对价格的敏感程度对消费者市场细分，继而形成相应的价格体系。

三、促销价格策略

在许多情况下，为旅游产品制定价格时应考虑到企业促销活动的需要，从而使价格的确定与促销活动相互协调，这便是促销价格策略。该策略并不十分在意价格本身的实现与否，而是以特殊价格来吸引消费者，从整体上提高企业的销售收入和盈利。

（一）亏损领导价格

这是指企业管理者制定接近成本甚至低于成本的价格来吸引消费者，以价格低廉来迎合部分消费者追求价格便宜的心理，借此扩大企业其他产品的销售。很多旅游企业都将自己产品组合中某些产品的价格定得很低，如饭店依靠免费酒水扩大菜肴的销售、旅行社依靠低价的包价旅游产品来增加客源等，都是此种策略运用的体现。

（二）特殊事件价格

这是指企业利用某些特定节假日、特殊活动的举行、特殊事件的发生，给旅游产品适度降价来刺激消费，扩大销售的一种做法。旅游企业运用这种策略一般会事先借助于各种媒体做广告、宣传等配合活动，将这样的“特价”信息传递给消费者，以引起他们的注意。

（三）产品捆绑价格

这是指企业将两项和多项产品捆绑组合在一起，以低于单项产品价格之和的整体价格出售。在旅游业中，由于固定成本较高，产品又不可储存，捆绑销售就会成为旅游企业的重要收入来源。比如酒店推出的包售客房和早餐的周末度假服务，旅行社推出的双飞度假全套服务等，由于可变成本并不高，如果目标市场认为价格合理，捆绑价格会刺激对捆绑产品的需求，通过这样的捆绑销售就能弥补企业的固定成本，并产生一定利润。

（四）产品分别价格

有些顾客可能不喜欢捆绑销售，比如当某位游客在游览某个主题公园时，他可能并不准备游览所有的景点，享用所有的服务设施，对于这些顾客而言，往往希望得到每项产品的单独定价，而不是几项产品的捆绑定价。

四、价格变动和企业的对策

旅游企业处在一个不断变化的环境中，为了生存发展，有时必须主动降价和提价，有时候又必须对竞争者的变价作出适当的反应。

（一）主动调低价格

市场环境的变化，常常要求企业调低价格。当然，调低价格可能会影响整个企业的协调，也可能导致同行业内的竞争加剧。旅游企业降价的原因主要有以下几种。

（1）供大于求。在这种情况下，企业往往会加强推销活动，改进产品和服务质量，如果仍然无法增加营业额，就只好考虑降低价格。

（2）竞争对手制定低价。在激烈的价格竞争中，为保持本企业的市场份额不致减少，而采取的对应措施。

（3）企业希望通过降价增加市场份额，扩大销量，以便在市场确立牢固的地位。

但是，调低价格也可能会引起以下问题：

（1）调低价格，不见得能增加旅游企业的总营业额；

（2）可能会引起同行之间的价格战；

（3）降低价格之后，成本在营业收入中所占比例就会增大；

（4）即使在调低价格之后，旅游企业的营业额会有所提高，但往往仍然无法获得足够的销量和营业收入，无法抵消降价的影响。

由于上述原因，不少旅游营销学家认为：在营业额下降时，采用调低价格的做法是一种目光短浅的行为。所以，旅游企业在决定降价之前，必须采取极为慎重的态度，进行周密的研究和分析。只有在调低价格之后，旅游企业能实现所需的销量，使利润数额能够有所提高，降低价格才有意义。

（二）主动提高价格

提高价格，往往会引起旅客和中间商的不满，也会使本企业的推销人员不高兴。但是，如果搞得成功，就能极大地增加企业的利润。

企业调高价格的原因很多，但通货膨胀是价格提高的主要原因。由于通货膨胀，企业的成本不断增加，售价必然要相应提高，有时售价的上涨超过成本的上升。在通货膨胀条件下，企业为了减少交易中的风险，可采取下列应变措施：限时报价；在合同中载明随时调价的条款；减少使用现金折扣和数量折扣；提高累计折扣的数量要求；重视高利市场；建造高利旅游产品；等等。

旅游企业提价时，应该通过各种传播媒介沟通信息，向顾客说明提价原因。提价之后，企业的推销人员应该经常访问顾客听取反应，并帮助他们解决因提价而带来的各种问题。

（三）企业对竞争者变价的对策

在同质产品市场上，如果竞争者降价，企业也必须随之降价，否则顾客就会购买竞争者的产品而不购买本企业的产品；如果某一个企业提价，其他企业也可能随之提价。但是如果有一个企业不随之提价，那最先发动提价的企业也不得不取消提价。

在异质产品市场上，企业对竞争者的价格变动的反应有更多的自由。在这种市场上，购买者选择卖主时不仅考虑产品价格高低，而且考虑产品质量、服务、可靠性等因素，因而在这种产品市场上，购买者对于较少的价格差额无反应或不敏感。

为了保证对竞争者变价作出及时反应，企业应在以下几方面展开对竞争者的调查：竞争者为什么要变价？变价是暂时的还是长期的？企业如对竞争者的变价置之不理，市场占有率将会作何改变？本企业对竞争者变价作出反应后，竞争者和其他企业又会作出何种反应？

对于竞争者的削价进攻，企业的对策有：

1. 维持价格，以维持一定的利润。因为保持价格不变，市场占有率不会下降太多，以后能恢复市场阵地。

2. 保持价格不变，但同时改进产品、服务、促销等，运用非价格手段进行反攻。采取这种战略比削价和低利经营更合算。

3. 降价。企业采取这种战略是基于以下认识：降价可以使销售量和产量增加，从而使成本费用下降；市场对价格很敏感，不降价就会使市场占有率下降；市场占有率下降，以后就难以恢复。但企业降价以后，应当尽力保持产品质量和服务水平，而不应降低产品质量和服务水平。

4. 提价，同时推出某些新的品牌，以围攻竞争对手的品牌。

【案例】

“涨”声四起，黄金周去哪里呢？

继去年北京六大旅游景区门票集体涨价后，国内众多旅游景区便纷纷酝酿将门票价格上调，于是景区一时间“涨”声四起。这股“涨价风”对旅游业有什么影响？国家有关部门将如何规范景区涨价行为？

目前现状：国内旅游景区门票“涨”声四起

除了湖南的张家界、桃花源外，从去年开始，一股景区门票“涨价风”吹遍了祖国大地。去年底，首都北京的故宫、天坛、颐和园、八达岭长城等六大景点门票价格全面上调，淡季门票总价格从105元涨至230元，旺季将涨至310元；井冈山门票从100元涨到156元；厦门鼓浪屿将开始收取80元的上岛费；山西乔家大院门票将从35元涨至40元；苏州拙政园门票从80元涨至100元；苏州周庄水乡门票对旅行社的价格，将从原来的42元提高至60元。

与此同时，还有部分著名景区也在酝酿涨价：四川九寨沟、黄龙两大景区管理局已举行了价格听证会，这两大景区旺季门票价格将从过去的145元和110元，分别调至200元以上和180元以上；接着黄山又有消息传来，黄山管委会申请将淡季门票从85元调整到130元，旺季门票从130元调整到200元，并已举行了价格听证会。

涨价理由：都是“为了保护世界文化遗产”

这股景区门票涨价之风始于去年底，北京的故宫博物院等六个“世界文化遗产”同时要求提价，理由是——体现世界文化遗产的价值，弥补保护资金缺口，限制超负荷的参观客流。

黄山管委会提出的涨价理由主要为，现行门票价格过低，不能体现世界文化遗产包含的历史、文化和社会价值；黄山风景区面临着长年积累下来的损坏严重、缺乏修缮的困境，抢救性修复工作任务繁重，运营成本缺口巨大。而现行门票价格偏低，其收入很难实现文物保护与可持续发展。

在神农架林区物价局相关文件中，神农顶等景区门票上涨的理由是：“切实解决神农顶等旅游景点景区门票价格标准过低与其建设投入和应体现的价值明显不符等问题。”

记者从张家界市旅游局了解到，本次武陵源核心景区门票价格上调，主要是为了加大对世界文化遗产保护的需要，同时也是景区大拆迁后居民安置遗留问题解决所需。另外，景区运营成本上升也需要上调门票。

旅游专家：涨价未必是景区发展的最好办法

对于近期国内众多旅游景区纷纷涨价的现象，湖南师范大学旅游学院徐飞雄教授认为，旅游景区门票涨价要遵循“涨有所值、适合市场”的规律。

徐飞雄说，很多景区涨价的理由都是“更好地保护世界遗产”，但是，世界遗产的保护主要是政府的责任，单靠门票涨价解决资金来源问题，不符合公

共财政原则。景区拆迁居民安置遗留问题的解决，也主要是政府的责任。至于景区运营成本上升，更不是上调价格的正当理由，因为这是个经营状况问题，岂能将增加的成本随便转嫁给消费者？

随着人民生活水平的提高，为了反映供给能力和居民的消费水平，减轻国家的财政压力，对旅游资源进行适当的价格调节，这本来是合情合理的。可是，在很多景区的调价方案中，我们看到的是成倍，甚至两倍、三倍地上涨。这种价格考虑到市民的承受力了吗？

徐教授认为，靠提高门票来保护世界文化遗产，理由显得有点牵强，提高门票价格限制客流，也未必明智。美国的大峡谷也是世界自然遗产，人家也保护，也限制参观者数量，但不靠门票涨价；法国罗浮宫门票仅 8 欧元，但每天的门票限量发售，这就很有效地控制了客流。这比单纯靠提高门票价格限制客流，显然要科学一些。

（《湖南广播电视报》，第 1364 期　实习记者　康炜）

【思考题】

1. 影响旅游产品定价的因素主要有哪些？
2. 简述一般旅游产品定价的方法。
3. 旅游产品价格折扣有哪几种情况？
4. 旅游企业怎样面对竞争者的价格变化？

第六章　旅游产品销售渠道策略

旅游产品销售的实现，不仅需要产品本身适合旅游者的需求，产品的价格为旅游者所接受，还需要各种理想的销售渠道。在客源市场相对复杂的情况下，旅游企业除了发挥自己的营销优势外，还必须依靠旅游中间商的力量，与之形成较为稳定的营销利益联盟，从而使旅游产品为广大的旅游者所知晓、了解、认可和购买。本章就旅游产品销售渠道的类型和选择策略，旅游中间商的选择，旅游销售渠道的发展趋势等问题进行探讨。

第一节　旅游产品销售渠道的概念与功能

一、旅游产品销售渠道的概念

旅游产品需要通过各种途径和方式，即通过销售渠道将其从旅游企业转移到旅游消费者手中，才能实现销售。在旅游营销实践中，人们经常交替使用“销售渠道”和“分销渠道”两个术语，并被广泛地理解为同义词。但是严格地讲，这两者之间是有区别的。所谓市场销售渠道，是指配合起来生产、分销、消费某一生产者的商品和服务的所有企业和个人；也就是说，市场销售渠道包括某种产品供产销过程中的所有有关企业和个人。如供应商、生产者、商人中间商、代理中间商、辅助商以及最终消费者或用户等。所谓分销渠道，是指某种商品和服务从生产者向消费者转移过程中，取得这种商品和服务的所有权或帮助所有权转移的所有企业和个人。因此，分销渠道包括商人中间商（因为他们取得所有权）和代理中间商（因为他们帮助转移所有权），此外，它还包括处于渠道起点和终点的生产者和最终消费者或用户。但是，它不包括供应商、辅助商（如图6－1）。

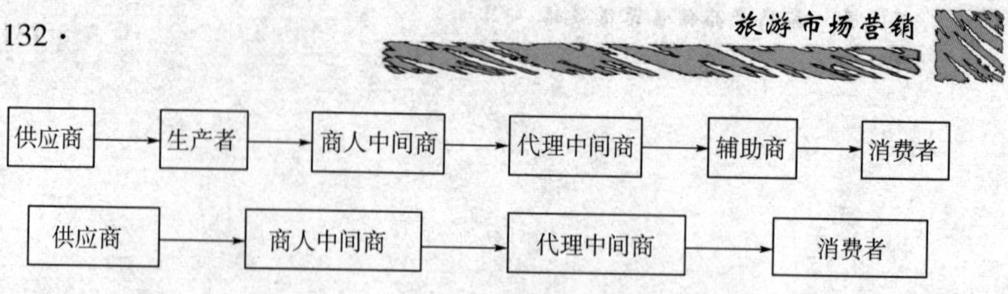

图 6－1　销售渠道和分销渠道

所以准确地说，旅游产品分销渠道是指旅游产品生产者或供给者借助中间商，实现旅游产品销售的过程。而旅游业经营实践表明，尽管目前旅游产品销售领域越来越广泛，但是直接销售作为传统的重要销售手段，至今仍被广大旅游企业和旅游者接受和使用。根据某地一家三星级酒店的统计，在 2001 年接待的住宿客人中 26% 以上是散客，有 35% 以上是酒店通过向当地大的机关、企事业单位签订协议输送的客人，两项直接销售量占总销售量的 60% 以上。由此可见，离开直接销售来谈销售渠道有着很大的局限性。

从上面分析可以看出，旅游产品销售渠道是一个内涵更宽的概念，它包括以下三个方面的内容：首先，它包括旅游企业在生产现场直接向旅游者销售其产品和服务；其次，包括旅游企业依靠自身的力量在生产地点以外的其他地方销售其旅游产品的直接销售方式；最后，还包括旅游企业借助中间商向旅游者出售其产品和服务的间接销售方式。

因此，“分销渠道”应该是“销售渠道”这一总体概念的一个组成部分。我们可以这样给旅游产品销售渠道下个定义，旅游产品销售渠道是指旅游产品的生产者或供给者，通过各种直接和间接的方式，实现旅游产品销售的有组织、多层次的营销系统。

二、旅游产品销售渠道的功能

旅游产品销售渠道是由旅游产品生产者、中介组织（或个人）和旅游消费者等若干组织机构和个人所构成的一个较为完整的体系，因此对旅游产品的流通起着极大的促进或制约作用，具体表现为：

1. 旅游产品销售渠道影响着旅游企业再生产过程

旅游企业是旅游产品生产和经营的基本单位，畅通、高效的销售渠道是旅游企业再生产的前提条件。旅游企业所生产的旅游产品不仅与社会需要相适应，而且还必须及时地转移到旅游消费者手中，从而实现资金的回笼，为生产更多的旅游产品提供保证。通过旅游销售渠道可以加速旅游产品向更多的旅游消费者转移，满足顾客的需要。这样才能保证旅游企业的扩大再生产，实现旅游企业的战略目标。如果旅游销售渠道不畅或中间商所吸取的佣金过高，即使旅游企业生产的旅游产品符合社会大众的需求，也会因价格过高或不能及时转移到旅游消费者手中，而使旅游企业的再生产过程受到阻碍。

2. 旅游产品销售渠道影响着旅游企业的经济效益

合理、畅通的旅游产品销售渠道是提高旅游企业经济效益的重要手段。旅游产品销售渠道的宽、窄、长、短、层级等，都直接影响着旅游企业的经济效益。针对旅游企业及其产品自身的特点，选择适当的渠道，并对销售渠道的各个层级、环节进行科学的管理，能有效地加速旅游产品向旅游消费者转移，降低旅游产品的成本，加速资金的周转，提高经济效益。反之，如果选择营销渠道不当，要么中间环节过多，成本增加；要么不能向所能涉及的消费者充分转移旅游产品，造成旅游产品的积压和闲置。这些都会影响旅游企业的经济效益。

3. 旅游产品销售渠道策略直接影响其他市场营销策略的实施

旅游产品销售渠道策略与其他策略密切相关。建立旅游产品销售渠道需要一定的时间和资金，需要销售渠道各成员的长期友好合作和彼此信任，旅游产品销售渠道一经建立，一般不轻易变更。旅游产品销售渠道确立以后，一般都会确定相对固定的价格策略和促销策略，等等。旅游产品销售渠道策略是其他相关策略规范的基础，要通过实施旅游产品销售渠道策略来推动相关其他策略的实施。

第二节　旅游产品销售渠道的类型和选择

菲利浦·科特勒在他的《营销管理》一书中，将产品的销售渠道分为四大类，即零层次渠道、单层次渠道、双层次渠道和多层次渠道。所谓零层次销售渠道是指产品生产者向消费者（或使用者）转移其产品的过程中不涉及中间环节或中间商的销售途径。单层次销售渠道是指产品在向消费者（或使用者）转移过程中要通过一个中间环节或中间商的销售途径。双层次销售渠道是指产品在向消费者（或使用者）转移过程中要通过两个中间环节或中间商的销售途径。多层次销售渠道是指产品在向消费者（或使用者）转移过程中要通过三个或更多个中间环节或中间商的销售途径。这种划分显然也适用于旅游产品的销售渠道（图 6－2）。

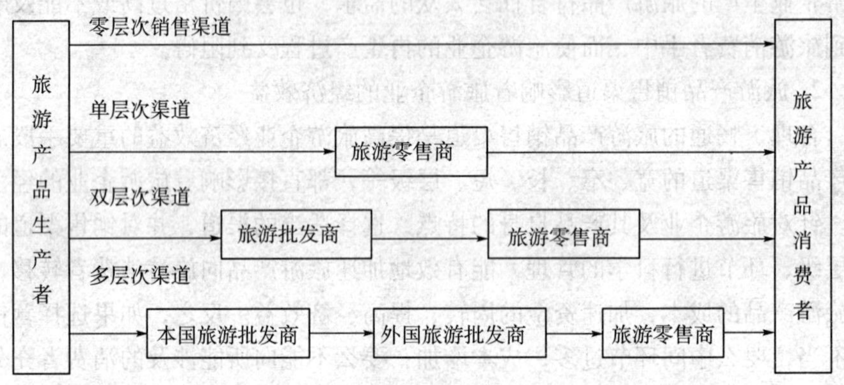

图 6－2　旅游产品的销售渠道类型

只是这里需要注意的是，旅游产品通过销售转移与普通的实物产品通过销售转移不同，旅游者购买旅游产品在绝大多数情况下购买的是一种契约，是一种有时间、地点限制，甚至是有资格限制的预期的旅游经历和体验，只有有限使用权而不拥有所有权。无论是旅游景点、饭店，还是旅游线路，旅游者都必须在指定的时间到指定产品的所在地消费。根据旅游产品销售过程中是否涉及中间环节来划分，旅游产品的销售渠道可以分为两大类：一是直接销售渠道，二是间接销售渠道。

一、直接销售渠道

旅游产品直接销售渠道是指旅游产品的生产者或供给者直接向旅游者销售其产品，而不通过任何中间环节的销售途径。这相当于科特勒销售渠道分类中的零层次销售渠道。旅游企业选择直接销售渠道，可以省去支付给中间商的费用，从而降低成本，使旅游企业有可能以较低的价格向旅游者销售其产品，在价格上赢得竞争优势。同时，采用直接销售的方式，有利于旅游企业及时了解和掌握旅游者对其产品的购买态度和其他相关市场需求信息，及时根据市场需求改进产品，有利于企业控制旅游产品的质量和信誉。

从旅游产品的销售实践看，直接销售渠道一般有三种模式：

1. 旅游产品生产者或供给者→旅游者（在旅游目的地）

在这一模式中，旅游产品的生产者或供给者向前来购买产品的旅游者直接销售其产品，它在产品的生产地扮演了旅游零售商的角色。这种销售渠道至今仍被很多旅游企业所采用。例如旅游景点、旅游饭店、博物馆和一些小餐馆等客上门购买其产品的销售方式即属于这种模式。

2. 旅游产品生产者或供给者→旅游者（在旅游客源地）

在这一模式中，旅游者通过网络、电话等通讯方式向旅游产品的生产者或供给者购买或预订旅游产品，旅游产品的生产者仍然扮演的是旅游零售商的角色。随着现代信息技术的迅猛发展及其在旅游中的广泛应用，近年来，这种模式有了新的发展和突破，很多旅游企业都已开始借助计算机预订系统直接向目标旅游者出售其产品，为传统的直接销售渠道注入新的活力。例如旅游饭店通过因特网向旅游者销售其产品。

3. 旅游产品的生产者或供给者→自营的销售网点→旅游者（在产品销售地点）

在这一模式中，旅游产品生产者通过自己在目标市场设立的销售网点，直接面向旅游者销售其产品。由于这些销售网点是旅游企业在一定市场区域拥有的自设的零售系统，所以仍然归属于直接销售渠道。这一模式在许多旅游企业中都可以发现。例如，一些规模较大的旅行社在很多目标市场区域设立门市部或销售点，向旅游者直接销售产品；航空公司在目标市场所在区域设立自己的分公司或售票处；旅游饭店在机场设立销售点，直接向游客销售产品；连锁饭店通过其成员饭店之间的相互代理预订来方便旅游者的购买；旅游汽车租赁公司在其经营区域内设立自己的租车服务点等。

二、间接销售渠道

由于企业规模的扩大和市场竞争的加剧，绝大多数旅游企业都在想方设法增强自身的销售能力，扩大自己的市场份额。但作为一般的旅游企业，不可能、也没有必要在所有的市场区域中发展其直接销售渠道。因为，这不但受到旅游企业自身资金和技术实力的制约，而且受到投入产出的经济可行性制约，所以旅游企业更多的会选择间接销售渠道。

旅游产品的间接销售渠道是指旅游产品生产者或供给者通过中间环节将其产品转移到旅游者手中的销售途径。采用间接销售渠道，旅游企业可以充分借

助中间商的专业性和其他优势，不断扩大自己产品的市场占有率，在一定程度上有助于消除单纯采用直接销售渠道的局限性。

旅游产品的间接销售渠道根据所经中间环节的多少，可划分为以下几种销售模式。

1. 旅游产品生产者或供给者→旅游零售商→旅游者

这种模式也可称为单层次销售渠道，即旅游产品的销售只经过了一个中间环节，而且所经过的中间环节主要是从事旅游零售业务的旅游代理商或其他代理机构，旅游产品的生产者需要向旅游零售商支付佣金或手续费。例如出国游组团社的某一代办点在为组团社销售某出国游产品之后，该组团社必须按代理协议向代办点支付佣金。

2. 旅游产品生产者或供给者→旅游批发商→旅游零售商→旅游者

根据旅游产品从生产者或供给者到旅游者手中所经过的批发商和零售商层次的多少，这种模式又可以分为双层次销售渠道（经过一个批发商和一个零售商）和多层次销售渠道（经过两个以上的批发商和零售商）。在这种模式中旅游产品的生产者只与旅游批发商发生直接业务关系，将其产品批量销售给旅游批发商，然后再由旅游批发商委托旅游零售商或通过自行设立的销售网点将产品销售给旅游者。这种模式在建立垂直分工体系的国外旅行社业中尤其普遍。旅游批发商通过大批量地购买航空公司、饭店、景点等单项旅游产品，并将其组合、编排成适应市场需求的包价旅游产品，但他们并不直接面向旅游者出售其产品，而是通过旅游零售商进行销售，有时也通过自行设立的销售点进行销售。

以上介绍的是目前旅游业中较为常见的销售渠道类型，在实际中还存在很多其他模式，而且旅游产品的生产者或供给者往往同时选用多种销售渠道，特别是规模较大的旅游企业。例如一家旅游汽车租赁公司既可以在机场、车站、港口等地设立柜台，直接向旅游者销售其产品；也可以向代理本企业进行销售的旅游中间商支付佣金；还可以向旅行社提供车辆，纳入旅游包价之中。

三、销售渠道的长度和宽度

根据旅游产品销售过程中所经过中间环节的多少，可以划分出不同类型的销售渠道。在不同的销售渠道中，由于中间环节数量的不同，旅游产品从生产者或供给者到达旅游者的渠道长短也不同。旅游产品销售渠道的长度就是指旅游产品从生产者或供给者向旅游者转移过程中所经过的中间环节的多少。所经过的中间环节越多，销售渠道就越长；反之，则越短。不经过任何中间环节，直接面对旅游者出售产品的销售渠道最短，这也就是人们常说的直接销售渠道，简称直销。

旅游产品销售渠道的宽度是指销售渠道中销售产品的中间商的数目及销售网点的数目和分布格局：其中既涉及经销或代理旅游产品的中间商的数目，也涉及本企业和中间商面向市场所设立的销售网点的数目及其分布的合理程度。平常所说的增加销售网点，实际上就是指加宽旅游产品的销售渠道。在一个旅游产品的销售渠道中，如果经销或代理该产品的中间商越多，而且本企业和中间商在各自的目标市场区域内为方便旅游者购买而设立的销售点也越多，则该销售渠道就越宽；反之，该销售渠道就属于较窄的销售渠道。

旅游产品销售渠道长、短、宽、窄的适宜度应根据不同旅游企业、不同旅游产品、不同目标市场而有所不同。例如，对于大众型旅游产品主要是通过宽渠道进行销售，即采用多个销售网点以广泛、大量地接触旅游者，近年来在国内发展得较为成熟的“新、马、泰、港、澳”游产品多采用宽渠道进行销售，而对于诸如驾车穿越沙漠之旅和太空旅游等专业性强、费用高的产品则应该多采用较窄的销售渠道进行销售，以便于旅游产品的生产者对产品的控制，同时也适应此类产品市场销售面窄的特点。

四、销售渠道的选择

（一）销售渠道选择的基本原则

1. 旅游者导向原则

在市场经济的条件下，企业进行市场营销的最基本原则是消费者导向，而对旅游产品的生产者或供给者来说，坚持旅游消费者导向的原则同样适用。也就是说旅游产品的生产者或供给者首先必须设计和生产出符合市场需求的旅游产品，制定出能够且乐于为旅游者（市场）所接受的价格，并进行有针对性的旅游市场促销活动。同时选择便于旅游者购买的销售渠道。作为旅游市场营销的具体体现，旅游产品的生产者或供给者在对旅游产品销售渠道进行选择时，也应该坚持这一基本原则。不仅如此，旅游市场营销的四大要素也都需要在这一基本原则下相互协调和有机组合，如果在销售渠道的选择方面忽视旅游者的需求，会对最终的营销效果产生影响。

当今的旅游业已经是一个竞争十分激烈的行业。新的旅游企业不断涌现，旅游产品甚至同类旅游产品的数量也在不断增加；旅游产品又具有替代性强的特点，旅游者的选择余地大。在其他条件相同的情况下，选择合适的时间和地点使旅游者能够便利地购买到本企业的旅游产品，能够使旅游企业在竞争中赢得更多优势。

2. 经济效益原则

旅游产品销售渠道并非自然形成的，它需要旅游产品生产者的认真规划、组建和开拓，并且需要营销人员采用各种方式加以维持，这种开拓和维持需要交付一定的费用。这些费用需要从建立后的销售渠道所带来的营业收入中得到补偿。如果旅游企业自身的经济实力不足以支付开拓和维持某一销售渠道所需的费用，这一渠道显然不具有选择的意义。如果某一销售渠道所带来的销售收入不能补偿其维持费用或不能带来足够的利润，这一渠道也是不经济的。所以在销售渠道的选择中应比较各种渠道所带来的销售收入、利润和成本，只有那些不但能够带来一定的销售收入，而且在扣除其维持费用之后还能够使本企业的利润得以增加的销售渠道才是值得选取的销售渠道。这就是选择旅游产品销售渠道时应遵循的经济效益原则。

事实上，旅游者导向原则和经济效益原则是市场营销观念在旅游产品销售渠道选择中的具体体现。前者表明在旅游市场竞争形势下的必要性，后者则体现了选择该销售渠道的可行性。

（二）旅游销售渠道选择的依据

选择销售渠道的依据很多，主要有产品因素、市场因素、企业本身因素和国家政策因素等，旅游生产者在选择销售渠道时，要对这些因素进行综合考虑。

1. 以产品为依据

旅游产品的性质、种类、档次、等级以及其所处的生命周期阶段在某些条件下都会影响销售渠道的选择。季节性较强的旅游产品，一般由中间商销售而非生产商。这是利用中间商接触的旅游消费者较广，从而可以在有限的时间内售出更多的季节性产品。易腐败和易损性的旅游产品如酒店的菜肴和各类旅游工艺品等应尽量采用短的渠道或直接销售，以减少中间环节，避免中转运输造成损失。专项旅游产品，如攀岩旅游、滑雪旅游、考古旅游等一般都需要有特殊的设施和特别服务，因此，一般情况也宜直接销售或用短渠道销售。通常情况下，旅游产品价格越低，越宜采用较长的渠道；单价越高，渠道则越短。刚刚问世的旅游新产品宜通过直接销售渠道，它是结合人员推销来进行，当旅游新产品为市场所接受，进入成熟期或成长期，则可通过建立广泛的销售渠道来销售产品。

2. 以目标市场为依据

市场的性质决定着销售的策略。消费者的人数、购买量及购买频率、地理分布、市场竞争等会对销售渠道选择产生不同程度的影响。在市场容量较大的情况下，如在人口聚集的城市则适宜使用短渠道。在潜在顾客数量多，市场容量又大的情况下，直接的市场销售最能成功。比如，在人口密集城市中的高校集中区域进行修学旅游的销售。如果市场的分布太广，顾客购买形式并不一定时，中间商就需要在销售方面发挥更加重要的作用。另外，面对市场竞争，旅游生产者要根据不同情况选择销售渠道形式。本企业产品的质量、价格具有明显的优势，可以和竞争对手采用相同的销售渠道，相反如果企业在这些方面没有优势，就不如另辟销售渠道，避免与竞争对手正面争夺市场。

3. 以企业自身条件和发展目标为依据

旅游企业在选择销售渠道类型时，还应充分考虑企业的发展目标、规模实力、产品组合及营销能力等因素。企业自身如果具有很强的人力物力和财力，再加上市场营销人员经验非常丰富，企业信誉度高，产品质量可靠，那么它们往往采用短渠道销售。另外，各旅游产品生产者控制销售渠道的愿望也不同，有些知名企业，为了维护产品的声誉、控制售价，愿意花费较高的直接销售费用而采取短渠道策略。例如，在 19 世纪 80 年代中期，托马斯 · 库克旅游公司决定在英国市场取消约 2000 家旅游代理商对该公司旅游产品的销售代理权，而完全由该公司在英国各地自设的 414 个销售点进行销售，这样使该公司排除了中间商的某些不良行为的干扰，使其产品价格和服务质量方向的控制更为可靠和有效。而有的企业只想卖出产品不想控制销售渠道，那么他们则多采用中间商销售的方式。

4. 以国家政策为依据

旅游企业制定销售渠道策略必须符合国家有关的政策法规。例如，我国的旅行社中，国内旅行社就没有权利与国外旅游中间商建立关系。因此，它们在选择销售渠道时就不可能使用国外中间商向国外销售产品这种渠道。有时候旅游企业在进行国际业务过程中，甚至还要考虑到客源的原因、国家法律和有关

政策。比如，客源市场所在国是否允许国外旅游企业在该国设立和经营自己的销售网点或者对各类国外企业有何限制要求等，这些问题都会影响旅游企业对旅游销售渠道的选择。

上述四种只是诸多因素中相对比较重要的几个，销售渠道选择的依据还有分销商的实力、环境的变化等因素。企业在实际工作中需要进行更细致的考虑。

（三）旅游产品销售渠道选择策略

旅游产品销售渠道的选择策略有很多，以下简要归纳和介绍其中常见的策略。

1. 旅游产品销售渠道的长度选择策略

所谓旅游产品销售渠道长度选择策略，就是对选择何种长度的销售渠道进行决策，即考虑选用直接销售渠道还是间接销售渠道；如果选用间接销售渠道，选用有几个中间层次的间接销售渠道等等。

一般地说，短渠道优于长渠道。这主要有几方面的原因：首先，旅游产品直接销售渠道意味着直销，直接以“出厂价”销售，给人以价格较为便宜的感觉，符合人们的消费心理；其次，在相同的产品售价下，长度较长的间接销售渠道中佣金和批发价格的存在无疑会减少旅游企业的收入，而且批发商常常从自身利益考虑进行加价销售，如果加价过高还会影响到旅游产品的市场占有率；最后，较长的产品销售渠道所经过的中间环节较多，中间层次的增多，会影响到旅游产品生产者与旅游者之间信息沟通的速度和质量，有的甚至因此产生信息传导失误。另外，选择直接销售渠道还有利于旅游企业对市场的控制，企业能够迅速掌握市场供求关系和竞争状况的变化，及时调整市场营销策略。

2. 旅游产品销售渠道宽度选择策略

所谓旅游产品销售渠道宽度选择策略，就是对选择何种宽度的销售渠道进行决策，根据销售渠道宽度的双重意义，这种决策也包括两个方面，一是销售网点数目和分布的选择，二是中间商数目的选择。旅游产品销售渠道宽度选择策略有以下几种：

(1) 无限制选择策略

旅游产品销售渠道宽度无限制选择策略，是指旅游企业在自身实力有限的情况下，为扩大产品的销售而广泛采用中间商的经营策略。这一策略的主要特点是在使用中间商时不经过多选择，只要中间商愿意且能够销售其产品，并且双方能在利益分配上达成协议，就能够成为合作者，这种策略尤其经常为旅游汽车租赁企业所采用。虽然采用这种策略的企业广泛选用中间商，但旅游企业也会根据具体情况给予中间商不同程度的重视：一种情况是支付不同中间商的佣金水平不同；另一种情况是对不同中间商采用不同的报价。例如旅游饭店在不同的全球销售网络系统中可能有不同的报价。对不同的旅行社的报价也有所不同；还有一种情况是旅游企业在销售其特价优惠产品或某些特殊产品时，对中间商会有所选择。

（2）限制性选择策略

旅游产品销售渠道限制性选择策略，是指旅游企业根据自己的销售实力和目标市场的分布格局，在一定市场区域范围内挑选数量有限的信誉好、服务水平高的中间商销售其产品的策略。这种策略尤其适用于销售价格较高或数量有限的旅游产品。例如我国各国际旅行社对境外旅游市场销售包价旅游产品时通常采用这一策略，这有利于旅游产品生产者或供给者对销售渠道进行有效的控制，也有利于保持产品的形象和信誉。

（3）独家销售策略

旅游产品的销售渠道独家营销策略，是指企业在销售其产品时仅仅选用一家信誉卓著、销售能力强的中间商。比如一些游船公司往往就采用在某一区域指定独家代理商的方式进行销售，实际上，这是一种极端的限制性选择策略，也是最窄的一种销售渠道。该策略最大的优点是可以密切与中间商的协作关系，提高其销售积极性；同时这一策略也有利于旅游企业对营销渠道的控制，特别适用于特殊高价旅游产品。当然，这种策略也存在灵活性小、不利于旅游者的选择购买等问题，而且一旦中间商发生变故，该产品的销售会产生极大的消极影响。

第三节 旅游中间商

旅游中间商所承担的职能和工作使得旅游产品生产企业的市场营销活动变得更有效率。旅游中间商一般有旅游批发商、旅游零售商及近来在西方国家较为流行的奖励旅游计划人和会议计划人。

一、旅游中间商的类型

旅游中间商是指处于旅游产品生产者或供应者与旅游者之间中介组织和个人。由于旅游产品流通过程的中间环节具有不同的性质和行为方式，与此相应，旅游中间商的类型也呈多样化形态。旅游中间商的类型可以从两个角度划分：按其业务方式可分为旅游批发商和旅游零售商；按其是否拥有旅游产品的“所有权”而分为旅游经销商和旅游代理商。

（一）旅游批发商

旅游批发商通常是指从事团体包价旅游批发业务的旅游公司或旅行社。他们从旅游产品生产者或供应者那里大批量预订或购买单项旅游产品，然后将其组合成整体旅游产品，再通过旅游零售商出售给旅游者。从这个意义上讲，旅游批发商具有旅游经销商的性质。旅游批发商的经营范围可宽可窄，经营业务可专可泛。比如，有的旅游批发商不仅在国内设立分公司，而且在国外也设立分公司或建立合资企业，从事大众化旅游产品转售业务。有的旅游批发商则在特定的目标市场经营特定的旅游产品，如专项节日活动，专项庆典活动，探险旅游等。有的旅游批发商专门经营到特定旅游目的地的旅游产品；有的则广泛经营热点地区的旅游产品；有的旅游批发商专门借助某一交通运输工具组织包价旅游，如豪华游船包价旅游、火车专列包价旅游等。

（二）旅游零售商

旅游零售商是指从事零售旅游产品业务的旅游中间商，他们的直接服务对象是广大旅游者。如果旅游零售商所进行的是旅游产品“使用权”的买卖，该零售商便属于旅游经销商，其收入主要来自买卖产品之间的差额；如果旅游零售商只是代理销售旅游产品的使用权，该零售商扮演的是旅游代理商的角色，其收入主要来自于被代理企业所支付的佣金。一般情况下，后者构成旅游零售商的主要部分。

（三）旅游经销商

旅游经销商是指从事旅游产品流通业务并拥有旅游产品“使用权”的旅游中间商，也就是说，旅游经销商是指买进旅游产品，再将旅游产品卖出的旅游中间商。旅游批发商大多属于此类。旅游经销商的收入来自于旅游产品购进与卖出之间的差价，一次业务收入的高低也主要取决于差价的大小。由于旅游经销商进行的是旅游产品“所有权”的买卖业务，因此，他们同旅游产品生产者或供应者共同承担旅游市场的风险，他们的成功和失败对旅游产品生产者或供应者有着直接的影响。

（四）旅游代理商

旅游代理商是指接受旅游产品生产者或供应者的委托，在一定区域范围和一定时期内销售其产品的旅游中间商。旅游代理商的收入来自被代理企业支付的佣金。旅游代理商代理销售的主要是零售业务，因而，它们往往是旅游零售商，尽管有些旅游代理商也会经营一些少量的旅游产品批发业务。

二、旅游中间商的作用

从整体而言，不同类型的旅游中间商在旅游产品流通过程中具有一些性质相同的作用，这主要体现在三个方面：①加快旅游产品的流通，提高旅游产品的销售，从而可提升旅游产品生产者和供应者的经济效益；②有利于旅游者购买旅游产品；③有利于旅游产品供求双方之间的信息交流，促使供求关系尽可能趋于平衡。当然，不同类型的旅游中间商在旅游产品流通过程中扮演着不同的角色，故而他们发挥的作用也有着明显的不同。以下简要介绍旅游批发商和旅游零售商的具体作用。

1. 旅游批发商的作用

旅游批发商的作用是由其业务性质决定的，即其作用主要体现在组合包价旅游方面。组合包价旅游的基本过程如下：①旅游批发商按照预定计划大批量地预订或购买航空、铁路、汽车等交通运输企业的服务产品，旅游目的地区域的旅游主题产品以及饭店、娱乐等旅游服务企业的辅助旅游产品；②根据旅游市场的具体要求，将预订或购买来的所有单项旅游产品组合成多种类型和各种项目的一个个整体旅游产品；③通过签有合约的旅游零售商把组合的旅游产品出售给旅游者；④因旅游活动具有生产和消费同一性的特点，所以，旅游批发商还要负责（或委托各旅游目的地的旅行社负责）整个旅游活动过程中的组织和管理工作。

（1）促使旅游产品生产者或供应者生产和提供能满足旅游市场需求的旅游产品和服务

旅游批发商从事的是旅游产品和服务“使用权”的买卖，买卖成功与否，直接关系到自己的生存和发展，而买卖能否成功的首要条件是经营的旅游产品和服务是否适销对路。因此，为了保证旅游产品和服务符合旅游市场的需求，保证买卖获得成功，首先，旅游批发商要对旅游市场需求进行认真的调研，通过调研，确切地掌握旅游市场需求的特征，并将此信息准确无误、及时地传递给旅游产品生产者或供应者。这种传递可以是对旅游产品生产者或供应者的建议或劝说，但更多的是以自己的购买行为严肃地告知旅游产品生产者或供应者。如果旅游产品生产者或供应者以发展为己任，以社会营销观念为指导，就必然对旅游批发商传递的这种信息予以足够的重视，并作为旅游产品生产和供应的重要依据之一。

（2）组合旅游产品，方便旅游者购买和旅游，促进旅游市场的繁荣

如前所述，将单项旅游产品组合成整体旅游产品是旅游批发商的主要功能之一。旅游活动是综合性的，单项旅游产品一般不足以支持一项旅游活动的顺利完成。因此，单项旅游产品单独出售，对大多数旅游产品而言，尤其是大众化旅游产品很不方便，而在实际旅游活动中，仅仅购买单项旅游产品的旅游者也可能碰到更多的麻烦和困难。这种现象使组合单项旅游产品为整体旅游产品成为必然，旅游批发商就担负起这一组合任务。整体旅游产品方便旅游者的购买和旅游，从而促使旅游市场日趋繁荣。

（3）分组促销活动，加快旅游产品销售

旅游批发商的经营性质主要是经销，业务行为是“买”和“卖”，目的是赚取“买”和“卖”之间的差价。一般情况下，对旅游批发商而言，能够买进合适的旅游产品并不困难，关键是能否顺利地将买进的旅游产品销售给旅游者。如果不能及时而顺利地销售出去，不仅赚不到差价，由此而引起的损失必然还得自己承担。因此，为了及时顺利地销售旅游产品，除了买进合适的旅游产品并加以恰当的组合外，旅游批发商势必还要对这些产品进行强有力的促销活动。旅游批发商的这一作用，因其有着丰富的经历和经验以及迫切的心态，不仅有利于旅游产品生产者或供应者节省营销资金和人力，而且取得的效果可能更佳。

（4）组织销售渠道之间的合作，促使销售渠道的畅通

旅游批发商的销售渠道实际上是旅游产品生产者或供应者销售渠道的重要组成部分。在二级和多级销售渠道中，旅游产品生产者或供应者一般只与旅游批发商打交道，而选择合适的旅游零售商则是旅游批发商所关注的工作。可见，旅游批发商一头连着旅游产品生产者或供应者，一头连着旅游零售商，起到了组织销售渠道之间合作、促使销售渠道畅通的重要作用。

2. 旅游零售商的作用

旅游零售商是以从事零售业务直接为广大旅游者服务的旅游中间商。一般情况下，旅游零售商的主要功能是在其所在区域代理销售旅游产品生产者或供应者以及旅游批发商提供的旅游产品和服务。具体业务主要包括有：为旅游者提供旅游咨询服务、代理预订购旅游产品、代办旅行票据和证件，向有关旅游企业反映旅游者的意见等。旅游零售商的特殊作用主要体现在以下三方面：

（1）对旅游者购买决策可起到积极的影响作用

对大多数旅游者来说，消费某项旅游目的地产品是第一次消费，甚至是一次性消费。尽管他们不太可能，似乎也不必要花太多的时间和精力对这次消费了解得那么透彻，但他们总是希望通过旅游零售商的介绍加深对该产品的了解，并最终做出购买决策。旅游零售商与其代售的旅游产品和服务“终日相伴”，他们熟悉、了解这些旅游产品和服务，因而，他们有义务、有责任、有能力向旅游者提供咨询服务，积极影响旅游者的购买决策。这种积极影响可以反映在旅游者的主题内容安排、行程安排、时间安排、价格问题等诸多方面。

（2）对旅游产品的销售能起到“一锤定音”的作用

旅游产品生产者或供应者以及旅游批发商的旅游产品能否完成在销售渠道中的流通，实现其价值，要看该产品最终能否到达旅游者即最终消费者的手中。旅游零售商是直接面向旅游者的中间商。旅游零售商的销售获得成功，即意味着旅游产品的流通过程基本结束，产品的价值基本实现。所以，从这个意义上说，旅游零售商在整个销售渠道中起到了“一锤定音”的作用。

（3）对旅游者购买旅游产品起到便利的作用

这一作用主要体现在零售网点的分布上。旅游零售商地处客源市场所在地，又大都处于交通方便、人口稠密的城镇繁华地段，这就十分便于旅游者咨询和购买。

旅游中间商在旅游销售渠道中的作用是巨大的。尽管世界旅游市场呈多样化发展趋势，全球经济一体化过程加快以及科学技术迅速发展，都会促使旅游中间商的功能和作用发生变化，但旅游中间商在旅游销售渠道中的特殊作用是永远不会消失的。

三、选择旅游中间商的原则

对旅游产品生产者或供应者来说，在多级销售渠道中，旅游批发商是他的

直接中间商；在一级销售渠道中，旅游零售商是他的中间商；对旅游批发商来说，旅游零售商又是他的中间商。旅游中间商的情况对旅游销售渠道的效率有着直接的重要影响，因此，选择旅游中间商便成为选择旅游销售渠道策略中的主要任务之一。这里有三个选择原则应当遵循，即经济效益原则、适应性原则和可控性原则。

（一）经济效益原则

追求经济效益是旅游企业所有营销决策的基本目的之一，选择旅游中间商亦是如此。单从销售收入和销售费用的角度考虑，使用旅游中间商既能增加销售收入，又可减少直接销售费用，何乐而不为。不过，旅游产品供应给旅游批发商，产品供应者只能以"供应价"获得销售额，相对于直接销售，价格上有较大的损失；如果旅游产品由旅游零售商代理销售，产品供应者则要向旅游零售商支付佣金。这样，使用旅游中间商就有一个经济效益比较的问题：由旅游中间商产生的销售收入的实际增长是否大于直接销售的收入？是否足以补偿和超过有关维持费用？这个旅游中间商能否比其他可供选择的旅游中间商带来更大的经济效益？根据经济效益原则，对上述回答必须是肯定的。否则，经济效益就要打折扣。

（二）适应性原则

旅游中间商是一个独立的经济实体，并非是受雇于旅游产品生产者或供应者而被迫成为其销售渠道中的一个环节，因而，对旅游产品生产者或供应者而言，旅游中间商是不完全可控因素。这就要求旅游产品生产者或供应者在选择旅游中间商时必须注意适应性原则。

适应性原则主要表现在以下几个方面：（1）表现为地区的适应性。即要考虑旅游中间商的所在区域、该区域的消费水平、购买习惯、市场环境等诸多方面的状况是否符合该产品的销售和消费。（2）表现为时间的适应性。即旅游中间商政策是否与旅游产品不同时期的销售情况相适应。（3）表现为旅游中间商的服务对象的适应性。即旅游中间商的服务对象是否同旅游产品生产者或供应者的目标市场相一致。（4）旅游中间商销售能力的适应性。即旅游中间商是否具备相应的规模、资源和技术服务力量等。（5）旅游产品生产者或供应者对旅游中间商的适应性。即如果有必要的话，旅游产品生产者或供应者可以根据各个市场中旅游中间商的不同情况而采取相应的销售渠道策略，以尽可能充分发挥旅游中间商的能力，为我所用。

（三）可控性原则

尽管旅游中间商属于不完全可控因素，但由于其在旅游产品销售渠道中的重要性，以及对产品生产者或供应者实现长远目标的特殊影响，旅游产品生产者或供应者在选择旅游中间商时，有必要考虑利用有关协议或合约，如旅游产品的价格限度、销售量的约束等，对他们实施不同程度的控制。

四、旅游中间商的管理

旅游中间商选定后，还需要对其进行日常的监督和不断的激励，使之不断提高经营水平，和旅游产品生产者一起成长壮大。

1. 旅游中间商的评估

旅游中间商选定后，并不是一成不变的。旅游企业要采取切实可行的办法对旅游中间商的工作绩效进行检查与评价，对旅游企业作出重大贡献的旅游中间商予以奖励。对于绩效一般或低于企业要求的旅游中间商，要找出原因予以补救，对绩效特别差的旅游中间商要予以剔除，以保证渠道的效能。对旅游中间商的评价主要有以下几方面内容：

（1）旅游中间商的销售情况，完成的销售量占旅游企业旅游产品销售量的比重，实现的利润额和费用结算情况。

（2）旅游中间商为旅游企业推销旅游产品的积极性，对旅游企业产品的宣传推广情况。

（3）旅游中间商为竞争对手销售的情况。

（4）旅游中间商对旅游者的服务水平。

（5）与其他旅游中间商的关系及配合程度。

2. 旅游中间商的激励

只要存在共同利益，中间商都会为了共同的利益而努力工作。但是，中间商又都是独立的经济实体，有自己独立的利益追求。因此，为了尽可能地调动旅游中间商的积极性，还要用行之有效的手段对其进行激励，以求销售渠道的畅通、高效。一般说来，可对旅游中间商提供的激励手段有：

（1）向旅游中间商提供物美价廉、适销对路的旅游产品

这是激励旅游中间商的主要手段。旅游中间商的收入来源主要是旅游企业支付的佣金或价格折扣。向旅游中间商提供的旅游产品越适销对路，销售得越好，旅游中间商通过销售所能得到的佣金或价格折扣就越多，经济效益就越

好。旅游中间商首先是旅游者的采购代理，然后才是旅游企业的销售代理，只有旅游者乐意购买的旅游产品，旅游中间商才会有兴趣销售。为此，旅游企业应根据市场需要和旅游中间商的要求，不断地提高旅游产品质量，降低成本，更好地满足旅游中间商的要求。

（2）合理分配利润

旅游企业要充分运用定价策略，考察各旅游中间商的销售数量、信誉、财力、管理等因素，以及考察竞争者的定价策略，视不同情况，分别给予旅游中间商不同的折扣和让利。还可采用其他形式，如组织奖励旅游、领队优惠，颁发各种物质和精神奖励，使旅游中间商获得满意的利润。有时为了竞争，不愿失去优秀的旅游中间商，旅游企业可以使该中间商销售自己的旅游产品的利润率高于其销售竞争对手产品时的利润率。

（3）授予旅游中间商独家经营权

虽然独家经营相对多家经营会影响市场的覆盖面，但可获得旅游中间商的积极合作。获得独家经营权的旅游中间商更乐于在广告、促销等方面投入资金，以独享所增加的利益。这种做法对市场覆盖面要求不高的旅游产品特别有效。只要旅游中间商选择得当，实际销售量就不会很差，而且，独家销售有利于信息反馈，从而有利于提高旅游产品质量，给旅游企业和旅游中间商都带来声誉上的好处。

（4）开展各项促销活动

旅游企业可协助旅游中间商进行广告宣传、销售促进、公共关系等促销手段推销其旅游产品，对采用广泛销售策略的旅游企业来言，促销费用应全部由自己支付；对采用选择性销售策略和独家销售策略的旅游企业而言，促销费用可由其与旅游中间商分担。

（5）资金资助

这对于资金不充裕的旅游中间商有激励作用。售后付款或售前部分付款的方式能促使旅游中间商大批量地购买和推销旅游产品。

第四节　旅游产品销售渠道的发展趋势

随着旅游市场的日趋发展和完善，旅游市场的竞争也越来越激烈，旅游产品生产企业依靠单一的营销力量和手段进行市场营销，已经显得越来越不适应形势的发展变化。由于受新技术革命的影响，互联网等高新技术手段的适用，旅游销售渠道呈现出多样化、复杂化和联合化的特点，其中以联合化趋势最为显著。

旅游产品销售渠道的联合化趋势就其具体情况而言，大致呈现出以下几种趋向。

一、产销纵向联合趋向

旅游企业的产销纵向联合是指用一定的方式将销售渠道中各个环节的产销成员联合在一起，采取共同目标下的协调行动，以促使旅游产品或服务的市场营销整体经济效益提高。这种纵向联合大致又可分为两种形式：

（一）契约化产销联合

是指旅游生产企业同其所选定的各个环节的中间商以契约的形式来确立各自在实现同一营销基础上的责权利关系和相互协调行动。其主要特征为：①销售渠道中的各个环节成员为营销目标的实现承担着各自的相应义务，有着统一的行动；②尽管各成员保持着某种形式的长期合作关系，但基本上仍是相互独立的经济实体。

（二）一体化产销联合

是指旅游企业以延伸或兼并的方式建立起统一的产销联合体，使其具有生产、批发、销售的全部功能，以实现对旅游市场营销活动的全面控制。其具体形式主要有以下几种：

1. 自营营销。即由拥有庞大资本的旅游产品生产企业自行投资建立自己的营销网络和销售公司，直接面向目标市场销售自己的旅游产品。

2. 联营营销。即旅游生产企业和旅游中间商共同投资或相互合并、兼并建立起统一的产销联合体，共同协调旅游产品的产销活动。其主要特点为：①关系紧密；②经济利益一体化，一荣俱荣，一损俱损。

旅游产品销售渠道产销纵向联合在一定程度上可缓解和避免销售渠道中各成员间由于追求各自利益而造成的相互冲突和不良竞争，以及由此而对整个营销系统造成的损失。此外，由于整体协调功能的增强以及经济利益的互动，可以提高市场营销活动的效率，从而使整体效益得以提高。

二、横向联合趋向

旅游产品销售渠道的横向联合，是指由一个以上的旅游产品生产企业联合开发共同的市场的营销渠道。这种横向的联合又可分为松散型联合和紧密型联合两种类型。松散型联合常常是为了共同开发某一市场而由各有关旅游企业联合起来，共同策划和实施有助于实现这一市场机会的营销渠道，如旅游包机公司和旅游目的地的旅游生产企业联合起来共同开发某一客源市场。紧密型联合则往往以建立同时为各有关企业开展市场营销活动的销售公司为主要形式，如旅游目的地的有关旅游产品生产企业联合起来成立旅游公司。

旅游产品销售渠道的这种横向联合能较好地集中各有关旅游企业在市场营销方面的相对优势，各旅游企业在各自都拥有自己的营销网络的基础上，如果联合起来就可能同时扩大各旅游企业的市场覆盖面。

三、集团联合趋向

旅游集团联合就是以旅游企业集团的形式，结合旅游企业组织形式的总体改造来促使旅游企业营销渠道发展和改造。旅游企业集团是由多个旅游企业联合而成的经济联合体，具有生产、销售、信息、服务等多种功能，往往能够通过集团内的营销机构为集团内各生产企业承担市场营销业务。

旅游企业集团化联合是一种更高级的联合方式，集团的市场营销功能齐全，系统控制能力和综合协调能力强，对市场营销活动能够进行较为周密、系统的策划，并能够建立起较为健全高效的运行机制，从而能促使旅游市场营销活动整体经济效益的大幅度提高。

【案例】

组建“集团军”——上海11家旅行社组成“快乐之旅”

陶　健

上海强生国旅、东方、新世界等11家旅行社日前组成“快乐之旅”联合体，以“集团军”的形式重新杀入沪上旅游市场，引同行注目。放眼全国，在最近的两个月中，“联合体”，已成为旅行社业界最热的词汇：浙江27家旅行社成立“大拇指”、“走遍之旅”两大联合体，贵州8家旅行社组建专列旅游“联合舰队”，广东6家旅行社联合在网上构筑“旅游名店城”，重庆7家旅行社歃血结盟，四川13家旅行社手拉手……

联合，究竟是迫于形势的权宜之计，还是审时度势的战略远见？“合纵连横”，能否拯救小、散、弱的中国旅行社业？

利益共享？

旅游联合体，究其本质，是一种以产品为纽带的联合营销模式，通过互售产品、共享客源，短期内能够迅速降低成本、扩大市场。联合体对于上海旅游业而言，并不是新事物。在当前新形势下出现的联合体是否会重蹈覆辙？

“快乐之旅”联合体将“利益共享”认作其优势所在。“快乐之旅”的思路是，11家旅行社每家交付1万元质量保证金和风险抵押金，每一条线路由一家最有市场优势的成员单位领衔主推，其他10家旅行社通过各自门店接待散客，统一价格，避免“一条游线10个价”的恶性竞争。“快乐之旅”的成员乐观预计，利益共享模式将11个成员捆绑在一起，就像铁索连舟一般，使小舢板也能抗击大风浪。

新大锅饭？

旅行社联合的热潮中，有专家泼出冷水。一位不愿公开姓名的资深旅游业人士告诉记者，联合体存在“松散”的弱点，每个成员既给联合体提供产品共同销售，又销售自己的品牌产品。在市场经济条件下，不同的独立法人追求个体利益最大化，往往无暇顾及联合体整体利益。他假设了两种极端例子。

假设一：A旅行社设计能力较强，新品叠出。当A的一条游线在市场上供不应求时，A断然不会将此线提供给联合体其他成员“利益均沾”；相反，当A旅行社的另一条游线在市场上少人问津时，A势必会要求联合体内成员共同消化这一“鸡肋”。

假设二：B旅行社设计能力有限，产品陈旧。参加联合体后，B旅行社尽可能将设计成本减到最低，依靠联合体成员的销售网络销售陈旧产品，拖住整个联合体发展的后腿。

不可否认，联合体的发展中，两种极端假设都可能出现。专家认为，“利益共享”只是一个美妙的愿望，它会助长企业的惰性，难免造成新的“大锅饭”。

诞生巨人？

联合体，到底能不能拯救中国旅行社业？

其实，在一些旅游发达国家的幼稚阶段也曾出现过类似旅游联合体的形

式，最终都走向了解散。但令人关注的是，伴随联合体的解散，往往有一些大企业脱颖而出。在日本，JTB的LOOK旅游品牌可谓家喻户晓。但是鲜为人知的是，LOOK品牌是当年JTB与通运公司共同开发的联合体品牌。当JTB与通运的联合体解散后，JTB注册了“JTBLOOK”商标，通运注册了“LOOK-WORLD”商标。如今JTB做成了全球最大的观光旅游企业，通运只能望其项背。

专家分析，旅游联合体的合作成员中，或依靠联合体谋发展，或依赖联合体求生存，不同的轨迹将导致联合体合作伙伴之间的实力日渐悬殊，“控制”与“被控制”的内部竞争就会出现。联合体解散后，一部分弱小企业可能被强大企业所吞并，使强者越强。

联合体是一张诞生巨人的温床，从这个意义上讲，它确能拯救中国旅行社业。但究竟谁能成为从联合体中脱颖而出的巨人，仍取决于各企业不同的发展观。

（《解放日报》2003-09-04）

【思考题】

1. 什么是旅游产品销售渠道？它有哪些作用？

2. 试举例说明旅游产品销售渠道的类型，并指出它们各自的优缺点。

3. 旅游企业在选择销售渠道时应考虑哪些因素？

4. 旅游中间商在销售渠道中起着什么样的作用？旅游企业如何成功地选择中间商？

5. 旅游产品销售渠道有哪些发展趋势？这些发展趋势会给旅游业的发展带来怎样的发展机遇？

第七章　旅游促销组合策略

现代旅游市场营销活动的开展是以广阔的地域、复杂的人际关系和多种层次的生产方式作为基本条件的，在旅游市场中存在着一些不透明性因素，因而旅游企业只凭优质的产品和服务、合理的价格和适当的销售渠道，在生产与消费分离的旅游市场上不能保证旅游产品和服务供需双方在时间、空间上得以圆满地结合。现代旅游市场营销活动要求在旅游产品生产者与旅游最终消费者之间用一些有效手段，使得双方的联系更加紧密，不但旅游目的地国家、地区或旅游企业了解旅游者的需求，根据市场需求生产适销对路的产品，并挖掘潜在的消费者，开发有很大潜力的旅游产品，而且旅游目的地国家、地区或旅游企业应采取有效方法，把旅游产品、服务以及旅游企业等有关信息传递给目标营销市场，引起旅游消费者的注意，激发其潜在的需求欲望并购买旅游产品，实现其价值。这些连接旅游产品生产者与旅游消费者之间的创造性做法，就是旅游市场促销策略。

第一节　旅游促销组合概述

一、旅游促销的概念与作用

（一）旅游促销的概念

促销是指企业通过人员推销或非人员促销的方式，向目标顾客传递商品或劳务的存在及其性能、特征等信息，帮助消费者认识商品或劳务所带给购买者的利益，从而引起消费者的兴趣，激发消费者的购买行为的活动。

旅游促销，就是旅游企业向目标旅游者传递和沟通旅游产品的存在及其性能、特征等信息，通过信息沟通来赢得旅游者的注意、了解和兴趣，树立旅游

企业或旅游产品的良好形象，从而促进销售的活动。从狭义而言，是指支援销售的各种活动。从广义而言，是指旅游企业以创造旅游者需要或欲望为目的所从事的所有活动。简言之，旅游企业促使旅游者对旅游产品产生消费愿望的行动，就是旅游促销。

促销本质上是一种通知、说服和沟通活动，是谁通过什么渠道对谁说什么内容，沟通者有意识地安排信息、选择渠道媒介，以便对特定沟通对象的行为与态度进行有效的影响。旅游促销主要依据两方面的原理：①旅游者如何接受和处理信息，以及信息如何影响旅游者的心理及行为；②如何与旅游者进行沟通。这就需要研究旅游消费心理和旅游消费行为。

（二）旅游促销的作用

对于旅游营销主体而言，旅游促销的主要任务就是通过各种不同的促销手段向旅游者传递旅游产品所能带来的利益的信息，从而达到诱发购买行为的目的。一般来看，旅游促销的作用有如下几个方面：

1. 刺激旅游需求，扩大旅游产品销售。旅游产品属于富有弹性需求的商品，灵活地运用各种促销手段，可唤起潜在消费者内心的旅游消费需求，甚至可以诱发需求，从而增加旅游企业的市场销售量，获取更多利润。

2. 突出特点，强化竞争优势。世界旅游市场竞争越来越激烈，要增加旅游产品对旅游消费者的吸引力，就要通过促销手段，突出自己的产品与其他同类产品的差异及优势所在，增强其竞争优势。

3. 提供信息，沟通供需关系。旅游促销的直接作用是进行信息传递，实现旅游产品生产者与旅游最终消费者之间的沟通。通过各种促销手段，将旅游产品、旅游企业和旅游地的信息传送到消费者那里，并将消费者的反馈意见又送回去，使得旅游企业根据市场需求调整供求关系，不断改进自己的旅游产品，生产出适销对路的产品来，找到合适的市场定位。

4. 冲淡淡季、旺季差异，稳定销售。旅游产品的脆弱性决定了旅游产品较易受到各种因素的影响，诸如政治因素、自然条件等。旅游产品在淡季和旺季的需求差别较大。如果旅游营销主体经营多种旅游产品，而这些产品又分布在不同的季节，就可以在不同的季节都有适时的旅游产品供应，并对其进行大规模的宣传、促销，使淡季与旺季需求差别缩小，稳定销售，并且促进自身经营活动发展。例如：北京的龙庆峡风景区是北京旅游观光的好去处，但龙庆峡的旅游过去受季节变化影响很大，天气温暖时人满为患，天气寒冷时游人寥寥。针对这一情况，龙庆峡旅游区开发了冬季旅游产品——龙庆峡冰灯展，并进行了大量的宣传促销，结果在稳定了旺季客源的同时增加了淡季的销售量，旅游业得到迅猛发展。

5. 树立良好形象，提高抗风险能力。旅游是一种高层次的消费与审美活动，通过适当的旅游促销活动，塑造一个良好的旅游服务形象，博得消费者的信赖和品牌忠诚，一旦出现有碍旅游目的地或旅游企业自身发展的因素时，就可通过一定的宣传促销手段，改变对自己的消极印象，重塑自身有利的形象，避免大幅波动，在市场中站稳脚跟，达到恢复、稳定甚至扩大其市场份额的作用。例如："千岛湖事件"后，政府采取了一系列善后处理和宣传措施，使得千岛湖的形象更加美好、安宁，游人倍增。

二、旅游促销组合策略的制定

旅游促销组合是指旅游企业为了达到最佳的促销效果，而对各种促销进行不同的组合和选择，根据市场的具体特点，制定出有效的促销组合策略。一般需要以下步骤：确认目标受众、制定促销目标、确定促销费用、选择促销组合、评估和控制促销活动。

（一）确认目标受众

目标受众是指接受促销信息的人群。在制定促销组合策略时，首先应该考虑促销组合主要针对的人群，以便选择需要传递的信息、确定信息传递的方式以及传递信息量的大小，保证目标受众能及时、准确地收到信息，做出相应的购买决策。

（二）制定促销目标

促销目标包括通过促销要解决的问题以及预期的旅游者的反应。促销的实质是信息的沟通，但是旅游企业和旅游购买者的沟通过程并不总能顺利地进行，如派不懂业务的推销员进行推销会导致沟通的失败，因此必须明确通过促销要解决的关键问题，才能选择合适的促销组合以达到最终的营销目标。促销要解决的问题归纳起来分为认识、感觉和行动三个方面。

认识上的问题是指由于顾客对旅游产品不了解或接受了错误的信息而产生误解，使双方信息沟通失败。如对旅游产品的价格、名称等不了解，或者一些负面的报道影响了顾客对旅游产品的正确认识，旅游企业应通过合适的促销手段解决这些问题。

感觉上的问题是指由于顾客对旅游产品的市场形象、价格等不感兴趣或不喜欢所引起的反感。同样的信息由于接受的人不一样，可能使顾客的判断不同从而产生不同的感觉；同样的信息也会由于促销的方式不同，使顾客产生不同的感觉。如300元的标准间对于商务客人来说很正常，而工薪阶层的客人可能会有价格太高的感觉；企业为树立形象而发布一些公益广告，有的顾客认为企业关注公众事业，值得肯定，也可能有的顾客会认为企业是哗众取宠。因此在进行促销时应关注不同客人的感觉，尽量使产品的市场形象、价格等方面的信息客观、真实。

行动上的问题是指顾客对旅游产品已经了解，也不反感，但却没有采取任何购买行为。由于造成不购买行为的因素很多，因此在解决此类问题时应该首先分析原因，再根据不同的原因采取不同的促销策略。

（三）确定促销预算

要达到最佳的促销目标需要进行促销预算。促销由于方式多、运作复杂，较难做出准确的预算，一般采取量入为出法、竞争对抗法和目标达成法。

量入为出法主要是旅游企业根据特定时期内的收入进行促销预算。一般是根据销售额或者利润的百分比来确定；这种方法能够保证促销资金的到位，但是在资金的运用上缺乏针对性，如在资金较少时造成促销效果不好，资金充裕时造成资源的浪费。

竞争对抗法主要是参照竞争者的促销费用来决定自己的促销预算。这种方法运用起来很简单，但是没有考虑本企业的具体情况，具有很大的盲目性，而且也很难判断竞争者的预算是否科学、合理。

目标达成法是根据旅游企业具体的促销目标和促销方式确定所需的预算。这种方法效果最好，但是制定难度较大。

（四）选择促销组合

促销的方式很多，在具体选择促销组合时应对各种促销方式进行分析，选择最有效的促销方式

1. 旅游广告。广告是一种高度大众化的信息传播方式。其优点是：辐射面广，信息传递速度快；可多次重复宣传，提高产品的知名度；形式多样，艺术表现力强，可树立旅游产品的整体形象。缺点是：信息停留时间短，说服力较弱；传递信息量有限，购买行为具有滞后性；某些广告媒体成本高、因此，广告策略主要适用于一般消费者。

2. 公共关系。公共关系的主要目的是为了和公众达成良好的关系。其优点是：借助于第三者传递信息，可信度较高，容易赢得公众信任；信息传递方式多样，影响力大，有利于建立旅游企业形象；缺点是：着重于与公众建立良好的关系，所以不能直接达到销售效果；活动设计有难度，组织工作量较大。公共关系策略主要适用于一般公众。

3. 人员推销。人员推销是最直接的促销方式。其优点是：能与顾客面对面，有利于沟通；针对性强，可直接促成交易；易培养与顾客的感情，建立长期稳定的联系。缺点是：覆盖面小，传播效率低，平均销售成本较高；对推销人员的要求较高，需要经过专业培训。人员推销策略主要适用于目标市场和旅游中间商。

4. 销售促进。销售促进是一种短期内刺激销售的促销方式。其优点是：对顾客的吸引力大，刺激性强，迅速激发顾客需求，能在短期内改变顾客的购买习惯。缺点是：注重短期销售利益；使用不当可能导致顾客的不信任。销售促进策略主要适用于现实及潜在的旅游者。

（五）评估和控制促销活动

促销活动策划经具体实施调整，预设目标是否实现要通过科学、客观的评估予以确定。

促销活动策划实施结果评估的目的：（1）确定取得的成果；（2）确定取得的进展；（3）避免日后的失误；（4）以利日后的促销活动策划；（5）积累总结促销实践经验。

促销活动策划实施结果评估的内容包括：（1）传播媒介报道情况：与策划实施相关报道出现的频度、占据版面、反映的观点、媒介的态度等；（2）言论：有关人士发表的言论和演说的频度、收听对象的构成、言论发表者情况等；（3）受众人数：哪些人、在哪个层面、接收相关信息的频度；（4）反应：信函、电话、问询等；（5）结果分析：公众对产品/服务/品牌/的知晓情况、程度，他们是否仍记得促销活动的内容与问题，产生的消费/预约等；（6）态度分析：目标公众对企业实施促销活动策划前后的态度变化。

三、影响促销组合的因素

旅游企业在制定旅游促销组合策略时，不仅要考虑各种促销手段的特点，而且要考虑以下影响促销组合的因素。

（一）促销目标

旅游企业的促销目标不同，促销组合策略也应不同。例如，某旅游企业的促销目标是扩大销售量，获得最大的销售利润，而另一个旅游企业的促销目标是树立企业形象，为其旅游产品今后占领市场赢得有利的竞争地位奠定基础。前者在促销组合中将更多地使用广告和销售促进以实现短期效益；而后者在促销组合中将更多地使用营销公关，以实现长期目标。

（二）市场特点

旅游目标市场的大小。一般而言，如果目标市场地域范围大，旅游者分散，应多采用广告进行促销；反之，则可以以人员推销为主。市场营销的对象不同，促销组合策略也不同，如果旅游企业销售的对象是旅游者，各种促销方式的重要性依次为广告、销售促进、人员推销和营销公关；如果销售的对象是旅游中间商，则各种促销方式的重要性依次为人员推销、销售促进、广告和营销公关。

（三）产品特点

影响促销组合的产品因素包括旅游产品性质和旅游产品生命周期两个方面。

在旅游产品性质方面，不同性质的旅游产品，旅游者购买的需求也不同，因此需要不同的促销组合。一般而言，价格昂贵、购买风险较大的旅游产品，旅游者往往不满足于一般广告所提供的信息，而倾向于理智性购买，希望得到更为直接可靠的信息。对这类旅游产品，人员推销、营销公关往往是重要的促销手段。对于购买频繁、价值不高以及季节性较强的旅游产品，旅游者倾向于品牌偏好，对这类旅游产品，广告往往是重要的手段。一些风俗节日旅游，如我国的傣族的泼水节、彝族的火把节等，广告促销的效果十分明显。

在旅游产品生命周期方面，由于旅游产品生命周期不同阶段的促销重点不同，旅游企业所选择的促销方式也应有所不同。当旅游产品处于导入期，促销的重点目标是使潜在旅游者认识、了解产品，因此，促销的主要方式应当是各种广告和营销公关。广告宣传有广泛的覆盖面，有可能在短时期内形成较好的品牌效应。通过营销公关也能提高产品的知名度。同时，辅之以销售促进，鼓励旅游者购买新的旅游产品。当旅游产品处于成长期，促销的重点目标是增进旅游者的兴趣与偏爱，以扩大产品销售量。这时，旅游广告和营销公关仍需加强，但广告的侧重点就在于宣传产品的品牌和特色，销售促进可相应减少。当旅游产品处于成熟期，这时竞争者增多，为了扩大产品销售，以便与竞争产品争夺客户，广告宣传仍需加强，但广告侧重点应在于突出本产品区别于竞争产品的优点。同时要增加销售促进，给旅游者以优惠，配合使用人员推销和营销公关，特别是人员推销应大力加强，加大访问客户的频率，维系与旅游中间商的关系等。当旅游产品进入衰退期，市场上已出现优于本产品的竞争产品，这时广告仅仅起提示作用，力求巩固原有市场，应采取销售促进为主，以吸引偏爱本产品的老顾客继续购买，以便尽可能多地回笼资金，投入新的旅游产品，营销公关则可减少。

（四）旅游者购买准备过程的阶段

旅游者的购买准备过程一般分为 6 个阶段，即知晓、认识、喜欢、偏好、确信和购买。对处于不同阶段的旅游产品，销售促进和营销公关的作用变化不大，而人员推销和广告的作用则变化很大。越是在准备过程的初期，广告的作用越大，人员推销的作用越小；反之，越是在准备过程的后期，广告的作用越小，人员推销的作用越大。旅游企业应根据这一特点采用不同的促销组合方式。

（五）促销策略的类型

旅游企业促销方式的选择，也取决于其已定的策略类型。按照旅游企业促销力量作用的方向，可把旅游促销策略从总体上分为“推式”与“拉式”两类（如图 7－1）。

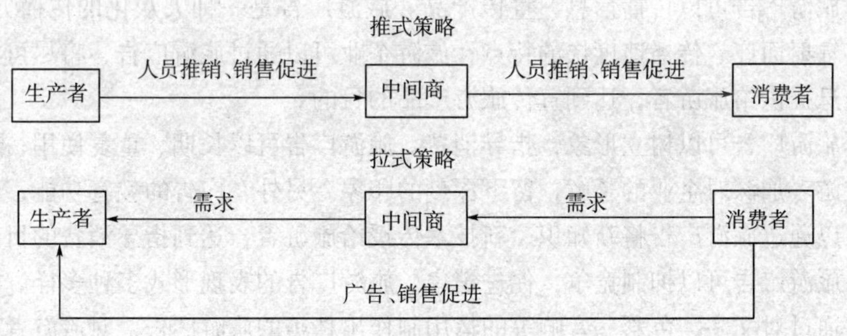

图 7－1　推拉策略

“推式”策略是一种以旅游中间商为促销目标，以人员推销和销售促进方式，把旅游产品推进销售渠道，最终推向旅游市场的策略。这种策略适用于资金短缺、规模较小的旅游企业销售的知名度较低的旅游产品，产品销售地域较集中的旅游产品，处于成熟阶段的旅游产品，购买频率较低及专业性较强的旅游产品等。实行“推式”策略，要求推销队伍力量雄厚、素质较高，能针对不同的旅游产品、不同的旅游中间商采用不同的方式。

“拉式”策略与“推式”策略相反，是以旅游者为主要促销对象，以广告方式为主，设法吸引潜在旅游者对旅游产品产生兴趣和需求，进而对销售渠道施加压力，使旅游中间商感受到该旅游产品现实营销市场的存在，最终促进旅游产品的生产、供给。这种策略运用于潜在旅游者较广泛的旅游产品，这时使用人员推销不合算，而广告的覆盖面广。这种策略也适应处于导入期的旅游产品。

第二节 旅游广告策略

一、旅游广告的作用

旅游广告是指旅游企业为达到影响消费大众、促进本企业旅游产品销售的目的，通过媒体以支付费用的方式向旅游者提供企业及产品相关信息的宣传形式。旅游广告作为促销组合中重要的组成部分，其作用是长期的、潜移默化的。

旅游广告可以传播信息，宣传产品。旅游广告是一种大众化的传播方式，具有辐射面广、传播速度快的特点；旅游企业可以通过旅游广告，将尽可能多的信息提供给旅游者，达到宣传旅游产品的目的。

旅游广告可以树立形象，指导消费。旅游广告可以长期、重复使用，从而使旅游者加深对企业的了解，留下深刻的印象。另外，广告的教育功能，使企业可以通过旅游广告将新知识、新技术传授给旅游者，达到指导消费的目的。

旅游广告可以抑制竞争，促进销售。旅游广告的表现形式多种多样。旅游企业通过对文字、色彩、音响等的运用制作出精美的旅游广告，对旅游者产生多方位的刺激，从而抑制竞争者的广告作用，达到促进销售的目的。

如何有效地发挥旅游广告的作用，取决于旅游企业在统一的市场营销策略指导下，制定与之相适应的旅游广告策略。它主要包括五项决策，即广告目标或广告任务，广告预算决策，广告媒体决策，广告信息决策，衡量广告效果。

二、确定旅游广告目标

广告设计是一门专门的艺术和学问，但广告的最终目标是销售而不是艺术。所以一个品牌的广告不可能一劳永逸，它要针对不同的目标市场、市场定位及其他营销组合因素来设计并加以确定。旅游广告目标可分为三种类型：

1. 告知型

主要用于旅游产品市场开拓的初始阶段。一种新产品刚刚投放市场，消费者对其知之甚少。这时的广告属开拓性和告知性，广告设计要突出产品的形象，充分全面地展示旅游产品的基本内容、价格及可能给旅游消费者带来的利益等，唤起市场潜在需求。告知型旅游广告的主要目标是引起注意，所以必须在增强广告吸引力上下功夫。

2. 说服型

成长期的广告属竞争性广告或说服性广告。这种竞争主要表现为质量和信誉的竞争以及创立名牌的竞争，具体又分为进攻型和防守型。进攻型广告的主要特点是突出本产品优势，建立消费者品牌偏好和信任。防守型广告在于改变旅游者对产品的不良印象，抵消或削弱竞争对手的影响力。

成长期广告对象是早期购买者，该时期是建立商业信誉、树立企业和产品形象的最佳时期，故广告设计的重点在于诱发消费者对旅游产品的爱好和兴趣。成长期广告可采用情景式创意，在企业与旅游者间产生一种共鸣，使旅游者产生一种信仕感，起到塑造品牌和企业形象的作用。

3. 提醒型

主要用于旅游产品的成熟期，目的是提醒消费者保持对本旅游地、旅游产品及旅游企业的记忆，以保持其知名度，或通过强化广告让旅游者减少购买后疑虑，强化消费信心并刺激其再次购买的欲望，如长城、故宫等类似的旅游产品属于此类广告目标。产品进入成熟期后，竞争最为激烈，广告设计在于刺激需求，促进销售。该阶段广告属提示性广告或维持性广告。

三、旅游广告预算决策

旅游广告是一种付费的促销方式，即它需要支付一定的费用，构成旅游企业销售费用的一部分。旅游广告预算包括市场调研费、广告设计费、广告制作费、广告发布费、代理费等等。通常用于制定旅游广告预算的方法有以

下几种。

1. 销售比例法

销售比例法是按照上一年度广告费用占销售额的百分比，根据本年度制定的计划销售额推算本年度的广告预算。这种方法计算简单易行，但忽略了旅游市场可能发生的变化。

2. 竞争对抗法

竞争对抗法是参照竞争对手的广告费来制定本企业的广告预算，目的在于保持在广告宣传中与竞争对手处于平等或优势的地位。这种方法有利于旅游企业展开竞争，但使用时不可盲目追随，必须从企业自身的实力、信誉、规模、产品质量等出发。

3. 能力支付法

能力支付法是完全根据企业的财务能力来决定广告预算的方法。虽然这种方法在一定程度上缺乏前瞻性和开拓性，但不失为一种较为稳妥的方法，特别适用于小型企业和临时性、突发性的旅游广告开支。

4. 目标任务法

目标任务法是根据旅游企业的销售目标和任务确定旅游广告预算的方法。虽然这种方法受经验影响，但仍是一种比较科学的方法。

在制订旅游企业的长期广告预算时，需要根据实际情况，采用不同的方式进行预算的分配。

（1）按时间分配。对某一广告周期中的各个时间段分配经费。

（2）按区域分配。对目标市场中的各个细分市场区域分配经费。

（3）技产品分配。根据各个产品在企业销售中的重要性，有侧重地分配经费。

（4）按媒体分配。根据媒体选择计划，对不同的媒体广告的发行进行费用分配。

四、旅游广告信息决策

旅游广告信息决策的实质，就是要对旅游广告信息的内容和形式进行创造性的设计，以使相应的旅游广告真正发挥尽可能大的功效。它是整个广告活动成败的关键之一，也是最富有创造力的部分。

旅游广告信息决策一般要通过三个步骤：

1. 广告信息的产生

任何产品都有许多侧面可供宣传。但对于广告而言，每个广告只能有一个主题，这就需要选取同一产品（服务）的不同角度的信息题材制作多种广告信息以供选择。广告信息最重要的来源是消费者的看法、态度和反应。广告创意设计人员还可以从专家、竞争对手、中间商那里得到好的主意和有益的启示。

2. 广告信息的选择

在制作出备选的多种广告信息后，广告主应该对其进行评价和筛选。国外营销学家科威塔建议可根据信息的吸引力、独特性和可信度三个方面进行评选和选择。吸引力是指信息必须对潜在旅游消费者有用或有趣，独特性是旅游消费者在所感兴趣的同类旅游产品中做出选择的依据。由于旅游消费的异地性和旅游服务的无形性，使旅游消费者会加倍感受到购买决策的风险，由此更加关注旅游广告的可信度。广告主应就广告信息的这三个方面进行评价打分，然后根据得分的情况进行取舍。

3. 广告信息的表达

如果说创意是广告信息的灵魂，那么表达形式就是广告信息的骨架和血肉。广告信息的表达是指对广告外在形式的组合运用和具体编排，既要达到广告信息“以一种独特方式在喧闹中被发现”的效果，又要避免营销目标、广告目标被新奇的念头所压倒的情势。

广告信息的表达形式是指用词、语气、结构、风格、版式等方面的总和，它由内部因素的不同搭配而显现多样化。广告信息的表达设计必须符合以下六方面的基本要求。

（1）焦点。广告信息要有非常明确的中心和重点，有很强的凝聚力，不仅要用一定的语言来表达，而且要可能做到视觉化和形象化。

（2）简洁。要以尽可能少的题材突出广告的焦点，使广告信息简明，单纯。

（3）魅力。广告信息不仅要对目标受众有一定的吸引力，而且还要有刺激力和感染力，以触动他们的情感。

（4）统一。主要指要以主题为中心，做到内容与形式的统一，信息与艺术的统一，广告设计要素间的统一，不同广告形式主题的统一，以及风格的统一等。

（5）平衡。指对不同广告表现形式和具体信息编排的合理布局。

（6）技巧。指广告设计形式变成真正的广告作品所需要的制作技巧。

中国部分省市广告语

北京　Oriental Capital and Great Wall；东方古都，长城故乡；新北京，新奥运

天津　新世纪、新天津、新景观

上海　上海，精彩每一天；7 Wonders of The World，7 Days in Shanghai；感受新上海

湖北　新世纪、新湖北、新三峡；白云黄鹤的故乡，热情好客的人民；东方的巨龙，中部的湖北

新疆　新疆，世界旅游的新选择

黑龙江　针对国际：冬季——冰雪世界；夏季——清凉世界。
针对国内：黑龙江——中国的"COOL"省

安徽　针对国际：皖南群山秀湖，卧虎藏龙之地；针对国内：黄山旅游区，世界遗产地
2003 年：走进安徽，体验精彩

江西　针对国际；认识 CHINA 从这里开始；针对国内：红色摇篮、绿色家园

山东　走进孔子，扬帆青岛；针对韩日市场：欢迎到孔子家乡来

辽宁　神奇辽宁，多彩关东

陕西　游览陕西——纵观中华文明五千年

山西　华夏古文明，山西好风光

河南　拥抱青山绿水，走进健康天地

湖南　人文湘楚，山水湖南

浙江　诗画江南，山水浙江

云南　彩云之南，万绿之宗

青海　青海并不遥远

广东　活力广东

台湾　台湾触动你的心

四川　大熊猫的故乡

福建	福天福地福建游
贵州	绿色喀斯特王国、文化千岛、亲水之旅；1999 年：中国旅游宝库，世界天然公园；2000 年：民族文化生态旅游大省
西藏	千山之宗，万水之源——西藏旅游；寻梦者的乐园——西藏
海南	椰风海韵醉游人；碧海连天远，琼崖尽是春；寻梦海南岛，作客诗画中；畅游海南，回归自然

五、旅游广告媒体决策

旅游广告可利用的媒体大致分为两大类：一类是付费租用的大众传播媒体，主要包括电视、广播、报纸、杂志四大媒体和室外广告、直邮广告媒体；另一类是广告主自己购买制作的媒体，包括各类自办宣传物、宣传品。

广告策划者在选择媒介类型时，必须考虑以下因素。

(1) 目标视听群众的媒介习惯。因为并非所有的媒介都适合于特定的目标视听群众。

(2) 产品的特点。只有根据产品特点选择媒介才能更有效地传达广告信息。

(3) 广告信息的特点。需要快速反应的信息往往选择以广播和报纸为媒介，反之则以杂志或直接邮寄为媒介。

(4) 费用。一般电视广告费用都较高，而报纸广告相对较低。

(5) 干扰。同一媒介在同一时期发送的不同广告信息之间会相互干扰，导致广告效益下降。这主要是由于视听群众的注意力被分散所致。解决这一问题的办法是综合运用各种媒体，对旅游产品来说，综合运用旅游印刷品和电视广告，效果比单独运用要好很多。

各类媒体都有其适应性和局限性，主要大众传媒在旅游广告制作中的特点如表7－1。

表7－1　各类媒体的特点对比表

媒体	适应性（优点）	局限性（缺点）
报纸	灵活、及时；本地市场覆盖面大，能广泛地被接受，可售性强	保存性差，复制质量低，传阅者少

续表

媒体	适应性（优点）	局限性（缺点）
电视	综合视觉、听觉和动作，富有感染力，能引起高度注意，触及面广	成本高，干扰多，瞬间即逝，观众选择少
直接邮寄	观众有选择性，灵活，在同一媒体内没有广告竞争，人情味较重	相对成本较高，可能造成滥寄“三等邮件”的印象
广播	大众化宣传，地理和人口方面的选择性较强，成本低	只有声音，不如电视那样引人注意，非规范化收费结构，展露瞬间即逝
杂志	地理、人口可选性强；可信并有一定的权威性，复制成本高，保存期长，传阅者多	有些发行数是无用的，版面无保证
户外广告	灵活、醒目、展露时间长	接收对象选择性差，内容局限性大

具体来说：

（1）报纸。报纸是旅游广告利用最多的媒体，报纸是最早使用、最常规、最有效的“有案可查”的信息传递工具，可信度高，可选择性强，本地市场覆盖面大，而费用远较电视为低。报纸读者层稳定，在一定时间内可反复查阅有关信息，尤其是在报纸旅游专栏上刊登旅游广告效果更佳。在美国约50%～60%的旅游商首选报纸作广告媒体。报纸的局限性主要是印刷质量不理想，表现力较弱，一般不利于在上面做旅游景点的展示广告。

（2）电视。播放逼真的纪实性和艺术性连续活动画面，形、声、情并茂，是最富有感染力的广告媒体，且传播面广，传播速度快，传播效率高。既有利于展示旅游地及其景点的特色和魅力，又较适宜旅游航空与旅游线路销售信息及时发布。其弱点主要是费用较高，转瞬即逝，干扰较大，观众选择性差，设计制作有一定难度。

（3）直接邮寄。长处是对目标顾客的针对性很强，非常灵活，受时空条件限制最少，人情味较重；而短处是精力、时间和经济投入相对较高，使用不当还易引起收信人的反感。由此，也需高度注重邮件从内涵到外表的创意设计，以引起收件人的注意。

（4）广播。调频广播的出现和近年经济台、商业台、信息台等的发展，使广播媒体恢复了一定的竞争力，并朝着较强的地区和人口选择性方向发展，广播信息传播最及时、最灵活，广告收费且较低；但缺乏视觉吸引力，一般较适合旅游交通与观光旅游销售信息的辅助广告媒体，尤其是地区性旅游信息发布的媒体。

（5）杂志。突出特点是读者的人口类别可选性很强，使旅游杂志广告容易对准目标市场；同时杂志印刷精美，图文并茂，阅读率高，保存期长，非常适合做旅游地、景点和饭店等的形象广告。专业性、行业性杂志还有利于细分读者群。短处是广告周期长，版面受限制，是非高频率的地区性旅游销售广告所选的读者群。

（6）户外广告。长处在于灵活、醒目、展露时间长，路人可反复接触；短处在于广告信息接受对象选择性差，内容局限性大，路人注目时间短。对于户外旅游广告应加强其图片和简洁文字的创意设计，着重于交通口岸和要道、景区、景点及饭店所在地点的户外广告媒体利用。

六、广告效果评价

旅游企业进行广告投资后必然要逐项考评广告活动的绩效，广告绩效一般从两个方面反映出来：一是视听者对广告的形式、内容、艺术包装直接的印象和评论是喜欢还是反感，是视听后不能忘怀还是无所感受，这些观感和印象是广告宣传效果的科学评判，即自身效果评价。二是视听者接受了广告的宣传鼓动，成为广告所宣传的产品的购买者或潜在消费者，该产品在广告推出后销售量不断增大，尽管有其他因素的推动，我们仍将商品销售量在该商品广告推出后增长的幅度作为衡量广告优劣的标准，即销售效果评价。

（一）自身效果评价

市场营销工作贯穿旅游企业经营的全过程，在任何经营项目实施前、实施过程中和实施后都存在市场营销活动。作为市场营销策略之一的广告本身，其自身效果评价存在于广告活动的全过程中。

1. 广告推出前的评价。任何广告在播出和刊出前都有内容策划方案和媒介选择方案，广告产品的制作者要征求专家和消费者代表的意见，产品广告的委托者旅游企业也会多方面多层次地征求对该广告的意见。因为广告费用一般较大，更重要的是，广告一旦推出，就在消费心目中形成先入为主的印象，一个有缺陷的广告或易产生歧义的广告会造成产品无法扭转的损失；一个没有特

色的广告也等于不做广告。

广告推出前，要向专家和消费者征询几方面的意见：第一，广告的标题、口号是否响亮，如环球旅行社可推出“环球旅游誉满全球”或“环球旅游誉满九州”等标题；第二，广告的内容是否完整，对消费者最关心的安全、价格优惠等重要内容是否遗漏，广告的概念是否清晰、准确；第三，广告的媒介选择与广告性质是否对路，价与质是否匹配，同时还要按广告内容的时间要求选择媒介。广告正式推出前可以用一些选择方法，如让评价者逐项评分，筛选方案的优劣。也可将广告小样向受众代表作短暂展示，判断测试者能否在瞬间记得广告的核心内容。广告推出前的评价可以让广告避免盲目性，克服制作者孤芳自赏的缺点。

2. 广告推出过程中的评价。在报刊上登载的广告尤其是在报纸上推出的广告一般有一定的时间周期。电视广告一般也有数日或数周播出，广告主可采取一定的方法来检测公众的反应，如口头问询或问询表，或用报刊广告问卷抽奖，或用电视广告、广播广告拨打 168 有奖竞猜等形式来检测广告效果。如有可改进之处，在可能情况下，尚可作些调整。

3. 广告推出后的评价。事后评价虽对此项广告活动本身无直接作用，但对今后的广告策划提供有益的经验，同时对广告部门和广告公司的成绩是有效的评判。对广告自身的事后评价主要方法是上述的注意力、知名度和印象深度等测试方法。事后评价绝非“事后诸葛亮”，它与事前评价和过程中的评价结合起来，使广告自身评价形成完整的体系。

（二）销售效果评价

销售效果评价即考察广告推出以后，旅游企业的产品销售量是否增加，其销售量增加度与广告投入的增长幅度相比是否成正比例增长。

第三节　旅游产品人员推销

人员推销是一种最古老的推销方式。它通过销售人员与顾客的直接沟通来达到销售。

一、人员推销在促销策略中的优势

人员推销是指旅游企业派出专门的推销人员，直接与旅游者进行面对面的洽谈、沟通，向旅游者提供产品和服务信息，劝说旅游者购买本企业的旅游产品和服务的过程。人员推销与广告、公共关系、营业推广等促销方式相比具有以下优点：

1. 面对面洽谈灵活性强。推销人员与顾客直接接触，可以向顾客介绍、推荐产品和服务，全面地为顾客解答疑问，这样不仅可以消除顾客的心理疑虑，促使顾客产生购买动机，而且还能在产品的价格、服务等方面灵活处理，从而有利于销售的成功。

2. 人员推销是双向沟通。人员推销不仅能为旅游备传递产品和服务的相关信息，而且顾客在接到信息后会做出及时反应，旅游企业可根据顾客对产品和服务的态度及反应调整策略和改进产品和服务的质量，从而更好地满足市场需要。

3. 人员推销目的明确，易于成交。推销人员对市场状况和顾客情况十分了解，可事先根据营销决策，预先选定推销对象，设计好推销策略，抓住时机促使顾客采取购买行为。

4. 人员推销有助于建立良好的人际关系。人员推销能与顾客直接交流意见，了解并满足顾客需要，能给顾客留卜良好印象，从而增进和联络感情，建立良好的人际关系。

另外，人员推销除了具有广告、公关和营业推广所不可替代的优点外，还有利于在顾客中树立企业和产品的良好形象，有助于开展售后服务，有利于企业从市场上获得第一手信息资料，等等。

二、人员推销的形式

旅游企业派出专职或兼职人员直接向顾客进行推销，直接为顾客介绍旅游产品和服务，诱导其产生购买行动。人员推销主要分为以下几种形式：

（一）派员推销

旅游推销人员在对各种推销线索进行筛选，确定了推销对象，了解顾客的基本情况和可能产生的需求之后，便可带着有关旅游企业产品和服务的介绍、宣传材料拜访顾客并与之当面洽谈，回答顾客提出的各种问题，处理顾客的异

议和抱怨，最后在双方都能接受的条件下达成交易。这种推销方式是推销人员处于主动出击，顾客处于被动接受地位，因此推销人员不仅需要拥有积极主动性，而且还要想法消除顾客处于被动地位而产生的各种疑虑和“不适”感，想方设法与顾客联络感情，建立良好的人际关系。

（二）营业推销

这是旅游经营人员在顾客消费旅游产品、进店参观或洽谈业务时进行的推销。因此，营业推销应分为两个方面。一方面，顾客在旅游企业中的吃、住、行、游、娱、购过程就是企业经营人员的推销过程。因此，需要树立全员推销观念。另一方面，顾客来店参观或洽谈业务，这部分顾客往往是准备购买该企业旅游产品或服务的人，如果推销人员能做好接待工作，就可能以少量的推销费用而做成一笔大生意。因此，推销人员必须以热情、友好的态度欢迎这部分潜在客人，满足他们的各种合理要求，不失时机地向其推销本企业的产品和服务，设法使其产生购买行为。这种推销方式是推销人员面对外来的顾客进行的推销，顾客有急切获得有关旅游产品和服务的愿望，防御心理较少，这时的推销员应当将本企业最具特色和吸引力的产品和服务信息传达给顾客，满足他们的需求，才会获得良好的推销效果。

（三）电话推销

推销员打电话给顾客进行推销或者推销员接到顾客的咨询电话时进行的推销。推销员的语言和声音对电话推销的效果影响较为明显。这就要求推销员在给顾客打电话前充分地做好准备工作。当推销员主动给顾客打电话时应注意讲话要清晰、语言简洁。当推销员接到顾客的咨询电话时更应慎重对待，因为谁也不知道电话另一端的顾客是谁，有可能只是了解一下本企业的情况而已，也有可能是一个很大的客户的决策者。因此，推销人员不仅仅需要简单的礼貌和客气，而且还应慎重对待电话另一端顾客的各种要求，回答顾客提出的各种问题，从而适时向其推销本企业产品和服务。电话推销与其他推销方式相比所需要时间少、费用低，因此，推销人员应充分利用电话进行推销。

（四）会议推销

旅游企业常常组织或参加各种旅游博览会、旅游交流会、展览会、洽谈会、新产品介绍会、专业技术会议、地区和全国性的销售会议、新闻发布会、旅游年会以及宗教组织会议等会议，向与会者介绍和宣传本企业为顾客提供的主要产品和服务。很显然，这些会议活动的参加人员都有可能成为本企业的潜在顾客，通过此种形式进行推销接触目标顾客较多，且省时省力，不但有机会吸引到更多的顾客，而且有利于扩大企业的影响。

三、旅游产品人员推销过程

程序化人员推销模式是一种已经被大多数旅游推销人员所接受的比较流行的、具有代表性的推销过程模式。它将推销过程分为七个阶段（图7－3）。而且强调各个阶段相互联系、相互影响、相互渗透、相互转化，任何一个环节的失误都会导致整个推销过程的前功尽弃。

图7－3　人员推销七步法

（一）寻找潜在消费者并鉴定他们的资格

旅游推销人员必须利用各种渠道想方设法为所推销的旅游产品寻找消费购买者，包括现有的和潜在的消费购买者。应用现有顾客挖潜法、停购顾客启动法、同类顾客推移法、连锁介绍法、广告开拓法等方法，拟订潜在消费者名单。通过电话、邮件及其他调查方法，了解潜在消费购买者的需求、支付能力和购买权利，做出购买资格评价，筛选出有接近价值和接近可能的目标顾客，以便集中精力进行推销，提高成交比例和工作效率。

（二）准备工作

旅游推销人员在推销之前，必须进行充分的推备，包括尽可能地了解目标顾客的情况和要求，确定具体的工作目标，选择接近的方式，拟定推销时机和线路安排，预测推销中可能产生的一切问题，准备推销材料，如景区、景点及设施的图片、照片、模型、说明材料、价目表、包价旅游产品介绍材料等。在准备就绪后，推销人员需要与顾客进行事先约见，用电话、信函等形式向访问对象讲明访问的事由、时间、地点等约见内容。

（三）接近方法

旅游推销人员经过充分准备和约见，就要与目标顾客进行接洽。正式接近顾客是推销面谈的必要前提，没有接近顾客，就不可能面谈，也就无所谓推销。接近顾客过程往往是短暂的，长的不过十几分钟，短的只有几分钟，在这极短的时间里，推销人员要依靠自己的才智，根据掌握的顾客材料和接近时的实际情况，灵活运用各种接近技巧，如：介绍接近、产品接近、利益接近、好奇接近、问题接近、搭讪接近等方法，引起消费购买者对所推销的旅游产品的注意，引发和维持他们对访问的兴趣，并引导顾客进入面谈，达到接近顾客的最终目的。

（四）讲解和示范表演

面谈需要接近，接近为了面谈。接近与面谈是同顾客接触过程中的不同阶段，两者之间没有明显的绝对界限。讲解和示范表演的第一种方法是按事先背熟的讲话，滔滔不绝地背诵出来，同时运用图片、图像等工具激发顾客的兴趣；第二种方法是争取顾客一起参加讨论，弄清顾客的需要和态度，然后再用一套公式化的语言向顾客介绍。第二种方法要求推销人员善于倾听，鼓励顾客多发言以了解他们的真正需要，并设法解决顾客的实际问题。讲解和示范表演，是为了向消费购买者传递旅游企业及产品信息，展示顾客利益，消除顾客疑虑，强化购买欲望，让顾客认识并喜欢所推销的旅游产品，进而产生强烈的购买欲望。

（五）处理反对意见

面谈过程中，消费购买者往往会提出各种各样的购买异议，诸如：需求异议、价格异议、产品异议、服务异议、购买时间异议、竞争者异议、对推销人员及其代表的企业的异议等等。这些异议都是消费购买者的必然反应，它贯穿于整个推销过程之中，推销人员只有针对不同类型的顾客异议，采取不同的策略、方法和技巧，有效地加以处理和转化，才能最终说服顾客，促成交易。

（六）达成交易

成交是面谈的继续，也是整个推销工作的最终目标。一个优秀的推销员，要密切注意成交信号，善于培养正确的成交态度，消除成交的心理障碍，谨慎对待顾客的否定回答，把握最后的成交机会，灵活机动，采取有效的措施和技术，帮助消费购买者做出最后选择，促成交易并完成成交手续。

（七）后续工作

要让顾客满意，并使他们继续购买，后续工作是必不可少的。达成交易后，推销员就应着手履约的各项具体工作，做好顾客服务，妥善处理可能出现的问题，应着眼于旅游企业的长远利益，与顾客建立和保持良好的关系，树立消费者对旅游产品的安全感和信任感，促使他们连续、重复购买，利用顾客的间接宣传和辐射性传导，争取更多的新顾客。

第四节　旅游销售促进策略

销售促进又称营业推广，它是四大基本促销手段之一，是构成促销组合的一个重要方面。它是指企业运用各种短期诱因，鼓励购买或销售企业产品或服务的促销活动，对旅游产品有形部分的销售非常必要。

一、旅游销售促进的概念及特征

旅游销售促进是指旅游目的地国家、地区、旅游组织或旅游企业在某一特定时期与空间范围内，通过刺激和鼓励交易双方，并促使旅游者尽快购买或大量购买旅游产品及服务而采取的一系列促销措施和手段。它是除了人员推销、广告、公关以外的刺激旅游消费者购买和提高企业效益的各种市场营销活动。例如陈列、演出、展览会、示范表演以及其他推销努力等。

旅游销售促进强调在特定的时间、空间范围内，采用一系列的促销工具和手段，刺激和鼓励供需双方，使旅游者产生立即购买或大量购买的行为。它具有如下基本特征：

1. 非正规性和非周期性

典型的销售促进不是一种常规性的促销活动，而是适用于短期的临时的促销活动。它常作为人员推销和广告的补充，具有暂时而特殊的促进作用。

2. 针对性强，方式灵活多样

旅游地或旅游企业可以根据自身旅游资源和旅游产品的特性、顾客心理及市场状况，通过强有力的宣传或提供特殊的激励条件，使其旅游产品具有强烈的吸引力，引起旅游目标顾客、旅游中间商或推销人员的广泛关注，促成交易行为。例如针对旅游者，可以采用赠送纪念品和旅游地特产、价格折扣、消费信用、特殊服务等促销方式；针对旅游中间商，可采用数量折扣，现金折扣，特许经营，联营促销，提供招贴画、宣传册、录像带等促销手段；对推销人员，可通过红利提成、特别推销金、推销竞赛等方式进行销售促进。

3. 具有强刺激性

销售促进追求的目标是通过短期诱因，达成即时销售。这就要使本企业的旅游产品在特定的时间和地点与其他产品产生差别，增加实质价值，给旅游产品购买者以不同寻常的刺激，诱导旅游消费者购买某一特定旅游产品。

4. 短期效果显著

销售促进是一种战术性营销手段，通过激励、刺激等促销手段，构成旅游消费者购买行为的直接诱因，在限定的时间和空间范围内，实现即时销售，获得短期效果，适用于实现企业的短期具体目标。

销售促进的优势在于能够促进旅游产品的短期销售，激励和刺激更多的旅游消费需求和旅游市场经济的开发。

二、销售促进的作用

（一）促使顾客尝试使用新的旅游产品

在旅游企业推广新的旅游产品时，市场上绝大多数消费者对于该产品还不是十分了解，也就不可能产生积极的反应和强烈的购买兴趣，但是通过销售促进能在较短时间内将旅游新产品推入市场，迅速打开销路。

（二）促使顾客增加消费量

旅游企业的销售促进活动经常以一些赠券、折价或奖品的方式来进行，这些方式对消费者有一定的吸引力。有时候消费者可能并没有购买旅游产品的意图，但是赠券、优惠券等往往会使他们觉得此时购买旅游产品会比较划算。

（三）扩大非高峰期的销量

旅游产品的需求具有季节性波动的特征，在需求的非高峰期会导致大量的旅游产品卖不出去，造成很大的损失和浪费。销售促进能在需求淡季发挥它的短期推动力作用，提高旅游产品的销售量。

（四）激励中间商

针对中间商进行销售促进活动，能使旅游中间商为旅游企业多提供客源。旅游生产企业通常会给旅游中间商提供奖品、免费的旅行机会，追加佣金，激励他们更好地开展业务。

（五）对抗竞争对手

旅游企业正在面临着十分激烈的市场竞争，如何在市场竞争中保持优势、脱颖而出，是许多旅游企业都十分关心的问题。在市场竞争中，精心策划的销售促进活动能有效地帮助企业抵御和反击竞争对手的攻击，赠券、优惠、奖品都能增加产品吸引力，使竞争者失去一部分顾客。

销售促进在旅游业中的作用是明显的，但要认识到销售促进所提供的许多刺激购买的诱因，如赠券等，是价格竞争的一种形式，当价格竞争愈演愈烈之后，最终不会有真正的胜利者，只能使消费者不断期待新折价的出现，而并没有建立起消费者对于企业和产品的忠诚。因此，销售促进能帮助企业达到短期目标而不应被长期使用，最好是周期性推出；在使用销售促进时，还应注意与其他促销要素有机配合。

三、旅游销售促进的类型与方式

根据旅游销售促进的对象的不同，可以将其分为三类，每一类销售促进都有一些不同的方式。

1. 针对旅游者的销售促进

对旅游者进行销售促进，目的在于“吸引新客人，稳住老客人”，即劝诱新的旅游者积极尝试购买，鼓励老的客人经常和重复购买。其方式可以采用价格优惠、免费赠送礼品和旅游纪念品，甚至免费旅游等。

2. 针对旅游中间商的销售促进

对旅游中间商的销售促进，目的在于提高中间商的销售积极性，争取中间商的支持与合作。有三种方式可以使用：

（1）价格折扣

例如旅游饭店给予有业务往来的旅行社一定比例的价格折扣。

（2）提供旅游宣传品和给予推广津贴

目的是激励中间商推广和销售某一产品，如在旅游新产品的宣传推广时中间商提供用于陈列和展示的广告招贴画、宣传小册子、音像资料等。

（3）举办旅游交易会

这是为旅游中间商提供宣传促销的一种常用方法。

3. 针对旅游销售人员的销售促进

对旅游销售人员的销售促进，目的在于激励其销售行为，特别是淡季的销售和寻找潜在购买者。其方式可以采用奖励（包括物质的和精神的）、竞赛（利用人们的好胜、竞争的心理）等。

四、旅游销售促进的谋划步骤

旅游企业在进行销售促进时，应对企业促销活动进行全面的策划，制定销售促进的方案。一般需要对规模、对象、途径、活动期限、时机、预算、活动的具体实施和评价进行策划。

1. 确定规模

由于销售促进是非常规的，在具体实施时应首先考虑促销的规模，规模太大、时间较长会使促销效率降低，但规模太小，又起不到应有的刺激作用，因此要根据促销的费用与效果的最优比例来确定最佳的促销规模。一般来说，最小的促销规模应该足以使促销活动引起销售对象的注意，采取相应的购买行为；最大规模应以销售额还在上升，但是销售效率已经开始呈现递减时为准。通常，旅游企业可以通过考察各种销售促进活动销售与成本增加的相对比例，来确定最佳促销规模。

2. 选择对象

销售促进的对象很多，每次在进行促销活动策划时，是面对个人还是面对团体，是面向旅游者还是面向旅游中间商或者是推销人员，旅游企业需要经过全面的考察来确定。对促销对象范围的控制，可以使旅游企业选择正确的主攻目标，从而使销售促进的目标能够顺利实现。如直邮促销时，应选择可能回函或重复购买的顾客；有奖销售时，最好限定在旅游产品的消费者范围内，旅游企业的家属不允许参加。选择促销对象的范围应该合适，范围太大会使促销的效率下降；范围限定得过小，不利于旅游企业开发新市场。

3. 分析途径

促销途径主要是指向促销对象传递信息的渠道。促销的途径主要有广告、宣传单、邮寄、推销卡、新闻、人员推销、电话推销等。各种促销推广的途径不同，所需的费用也不同，传达信息的范围也不同，旅游企业应在分析促销途径的费用、效率以及促销对象对信息的最佳接受方式的基础上，选择最有效的促销途径。

4. 确定活动期限

促销活动期限的确定，受旅游产品的特点、顾客的购买习惯、促销目标、竞争者的策略等因素的影响。如果销售促进的时间过短，可能使一些潜在的顾客错过机会，无法获得促销所带来的利益，销售目标无法很好地实现，从而使旅游企业失去开拓市场的可能性；销售促进的时间过长，会使顾客丧失短期内购买的欲望，增加不必要的开支，失去促销活动的优势。因此，旅游企业要根据实际情况确定一个合理的促销活动期限。

5. 选择时机

促销时机是指在促销期限内，确定具体的日程安排。一般来说，促销时机的选择应根据顾客需求时间的特点和规律，结合整个市场营销策略来确定。促销活动是旅游企业促销策略的组成部分，也是整个市场营销策略的具体实施的环节。具体的日程进度表要与旅游产品的生产、销售、促销的时机和日程协调一致。在不同地区、不同范围内进行的销售促进活动要和当地营销人员配合，根据整个地区的营销战略来研究确定。如旅游企业想在5月旺季到来时开拓东南亚市场，吸引更多的旅游者前来旅游，就应该在1月到4月对旅游中间商和东南亚地区的旅游者分别进行销售促进活动。

6. 制定预算

销售促进活动的成功需要较大的资金支持，必须进行科学合理的预算。促销预算一般通过两种方法来进行，一是由营销人员根据全年销售促进活动的内容、方式、选择的促销途径及相应的成本费用来确定预算，推广的费用包括管理费用（如印刷、邮寄费用）、奖励费用（如赠品或折扣的费用）；二是根据以往销售促进费用占促销费用的百分比来确定预算总额。

7. 控制和评估

旅游企业为了保证促销活动的实施，应对活动进行有效的控制和评估，以保证销售促进达到预期的效果。可以采取以下三种方法进行：

（1）顾客调查法：首先，通过对促销活动开展期间的旅游者消费行为进行观察、记录，对比促销活动前有关数据，分析促销活动对旅游者消费习惯的改变程度；其次，直接对顾客提出问题，了解、分析旅游者参与促销活动的动机、意见、建议、评价等，从而全面评估销售促进活动对旅游者的影响。

（2）销售额对比法：这种方法比较直接，在其他条件不变的情况下，对比活动前后销售额的变化量，考虑促销成本的支出，可获得销售促进的净收益，以此评价推广活动的效果。由于销售额的变化受多种因素和其他促销手段的影响，因此在进行评估时，应充分考虑其他促销手段和销售促进的综合效果。

（3）实验法：旅游企业在进行全面的销售促进活动之前，可以选择一个有代表性的地区或顾客范围，进行小规模的实施，通过改变促销规模、水平、期限、时机等因素，考察具体效果。当效果良好时，可在大范围内开展。

第五节　旅游公共关系策略

公共关系是社会组织以传播为手段，与公众沟通信息、协调关系、塑造形象，以达到组织目标的活动过程。在市场营销中，旅游公共关系目的不是直接将旅游资源、项目和服务推销给旅游消费者，而是以树立企业形象信誉，提高企业知名度，得到社会公众的理解和支持为目的，为企业生存与发展创造一个良好的外部环境，以此来推动促销。因此，旅游公共关系只是一种间接的促销策略，是通过与旅游业相关各类公众的双向沟通活动，以尽可能形成对本地旅游业或本旅游企业有利的市场经营社会环境，或有利于本旅游企业动态适应市场社会环境的变化。

一、旅游公共关系的定义

作为公共关系的一个分支，旅游公共关系是指旅游组织运用传播沟通手段，有目的地影响相关公众的心理和行为，形成有利于旅游组织生存发展的良好内外环境，为旅游组织树立良好的形象。

在这个定义中，要把握以下几点：

1. 旅游公共关系的行为主体是旅游组织

这里的旅游组织是各类旅游企业的总称。包括旅游饭店、旅行社、旅游交通（航空、车船等）、旅游景点、商店等。旅游公共关系是一种组织的关系，组织的活动和职能，是以具体的旅游企业为主体，与其他各类公众形成的关系；不是以政府为主体形成的政府的关系，也不是以个人为主体形成的个人的关系。

2. 旅游公共关系的对象是相关公众

旅游公共关系是组织与相关公众结成的相互关系，旅游组织公共关系活动的对象自然是公众。公众构成一种特定的环境，组织在这种环境中要生存发展，必须优化这种环境，得到相关群体的认可、信赖与支持。

3. 旅游公共关系的手段是传播媒介

旅游公共关系以建立组织与公众之间的和谐关系为目的，主要运用信息传播手段，达到相互之间的沟通，尽可能地利用各种类型的人际沟通媒介和公众传播媒介，了解和影响公众的意见、态度和行为。

4. 旅游公共关系是一种有目的的活动

旅游公共关系是有计划、有组织地进行的一种活动，旅游组织在了解组织现状的基础上，有目的、有计划地与公众进行沟通，通过交流、沟通使公众的态度、行为朝着有利于组织的方向发展，为旅游组织创造良好的生存发展环境。

5. 旅游公共关系的目的是树立组织的良好形象

它的目的是让公众在了解组织的过程中，对旅游组织产生理解、信任和支持，最终形成一种良好的形象。而这种良好的形象，最终成为旅游组织的巨大无形资产，为旅游组织创造更大的价值。

二、旅游公共关系的作用

（一）优化旅游组织的内部环境

良好的内部环境主要表现在旅游组织对员工的吸引程度和员工对旅游组织的理解、信任、支持程度。良好的公共关系通过建立和完善旅游组织内部的各种沟通渠道和协调机制，促进旅游组织内部人员的信息交流，做到上情下达、下情上报，不仅培养了员工的群体意识、自豪感和归属感，而且提高了旅游组织的向心力、凝聚力，为旅游组织创造一个团结的、和谐的内部环境和“人和”的气氛。

（二）增强旅游组织的竞争力

现代旅游组织之间的竞争已经开始由质量竞争、价格竞争、服务竞争扩展到信誉竞争、形象竞争。谁的信誉高、谁的形象好，谁就拥有更强的竞争力，就能够取得良好的经济效益。公共关系作为一种竞争手段，在买方市场条件下发挥着越来越重要的作用，通过公共关系来赢得公众已成为旅游组织的一种共识，良好的公共关系的确能赢得社会公众的信任，树立良好的形象。所以，公共关系在增强旅游组织的竞争力方面发挥着十分重要的作用。

（三）扩大旅游组织的对外合作

良好的公共关系，意味着良好的组织形象。它所形成的形象力，为旅游组织开展横向经济联合、广交朋友开通渠道，也为旅游组织经营向外扩张发展，向社会四方渗透提供了一张通行证。利用良好的形象，积极开拓国际国内旅游市场，是积极而有效的。新加坡是一个资源缺乏的国家，但却取得了举世公认

的成绩。总部设在洛桑的国际管理发展研究院，自1980年以来，每年都要出版长达五六百页的《世界竞争力年鉴》，在这份举世公认的全球竞争力排行榜中，新加坡多年以来一直处于领先位置，在世界范围内是第九大富国，在亚洲仅次于日本。这些经济成就的取得归根到底是新加坡良好形象的结果，凭借这种形象资源，吸引了世界各地的优秀人才、大批的投资者、众多的商人和旅游者。这种辐射效应的力量是巨大的。

（四）增进旅游组织之间的和谐

旅游公共关系能够协调旅游组织之间的各种关系。处理好各种关系，不仅有益于旅游组织自身的发展，而且优化和净化了旅游组织之间的关系。旅游公共关系能够增进旅游市场经济体系的秩序，各种利益主体的交往是有序的，人们在各种规范的基础上实行交换，大大减少各利益主体之间的非规则化的摩擦，避免了各种不正当竞争的发生，优化了各利益主体之间竞争的环境。

（五）提高社会的整体效益

公共关系的又一大作用是更注重社会整体效益。所谓社会整体效益，既包括旅游组织自身的经济效益，也包括了公共关系活动给社会环境、人际关系、社会物质文明和精神文明带来的影响。旅游公共关系一贯以为旅游组织的经营发展创造一个良好的内外环境作为天职，而这种支持氛围的营造，更多是通过旅游组织对社会的贡献和社会责任感来得到体现，也就是注重整个社会效益的提高来实现的，在注重社会效益的前提下，来协调旅游组织利益和个人利益。因而公共关系对社会的贡献是巨大的。公共关系本身不能直接为旅游组织带来经济效益，但它可以间接地转化成经济效益，成为旅游组织盈利的重要力量。良好的公共关系状态一旦形成，会带来长期的、长远的经济效益。

三、旅游公共关系促销活动的实施

旅游组织的公共关系是通过策划一系列公共关系促销活动而逐渐积累效果的。因此，策划公共关系促销活动是旅游组织公共关系部门经常性的业务工作。通过这些促销活动，旅游组织达到传播旅游信息、与旅游者联络感情、改变旅游者对旅游组织的负面态度、引起旅游行为等目的；通过促销活动，在旅游组织与旅游者等公众之间进行广泛的联系，引导旅游者等公众潜移默化地接受旅游组织的政策、观点及旅游产品，树立旅游组织的形象，吸引新闻媒介的注意，使之主动报道，以提高旅游组织的知名度和美誉度，逐步塑造旅游组织的良好形象。

广义来讲，公共关系促销活动是旅游组织为了某一特定目的，以某种特殊方式开展的公共关系活动。常见的旅游公共关系促销活动主要有参加旅游展览（销）会、策划社会赞助活动、举办记者招待会等。

（一）参加旅游展览（销）会

旅游展览（销）会，是通过展台方式展览旅游资源、旅游路线和旅游设施及服务的一种公关专题活动，并可利用各种宣传手段，包括印刷宣传品、图片、实物、模型、录像、工艺品制作和文艺表演等，同时可进行旅游业务咨询、旅游业务洽谈等。

许多国家和地区每年都要举行各种规模的国际旅游展览会，如世界上规模最大的柏林国际旅游博览会，其次的伦敦世界旅游交易会、巴黎世界旅游展销会、马德里国际旅游交易会、米兰国际旅游交易会、芝加哥国际会议和奖励旅游展销会，等等。在这些旅游展览会上，各国、各地区以至各行业都以独有的民族形式和独特风格布置展台，用富有特色的图片、模型、实物、工艺品以及电影、录像、幻灯等吸引旅游专业人员和观众。在展台上散发各种图文并茂、印制精良的宣传品，赠送多种小纪念品。有的还由艺人当场表演制作技术，并将小工艺品赠送给观众，有的备有本地特产、小吃、饮料等，请观众品尝；有的由演员当场演奏音乐，表演歌舞、杂技。更重要的是，通过展览与新老客户洽谈业务和签订组团合同，并答复观众有关旅游的各种咨询。目前国家旅游局主办的两年一度的上海国际旅游交易会是我国规模最大、档次最高的旅游展览（销）会，许多省市、协作区、重点旅游城市都定期或不定期地举办各类旅游展览（销）会，且有越办越多的趋势。

（二）策划社会赞助活动

旅游组织不仅是一个经济实体，也是社会的一个成员，对社会的公益事业有不可推卸的责任。

旅游组织进行赞助社会的目的，是旅游组织以自己的实际行动体现该组织作为社会一名成员的责任和义务，从而为本组织树立起具有高度社会责任感的形象，提高组织的知名度和影响力，博取社会公众对组织的好感。旅游组织策划赞助社会的种类主要有以下内容：

1. 赞助文化活动

旅游业是一项文化性产业，旅游组织赞助文化活动效果更好。如电视节

目、音乐会、电影、文艺晚会等。例如，广州花园酒店于1985年5月和广州市妇联等单位举办了我国首次“母亲节”活动，为建设广州市精神文明贡献了一份力量。这次活动引起了新闻界和社会各界的普遍关注，成功地提高了花园酒店的社会效益，达到了公共关系目的。

2. 赞助教育事业

旅游业是一项劳动密集型产业，对人才品质要求高。旅游组织赞助教育业，既能获得社会称赞，又为自身补充人才提供了渠道。如为学校提供图书、实验设备，建造教学楼、实验楼，为学生设立奖学金，为教师提供教学科研基金等。如西安国际旅行社支持“希望工程”40万元，为革命老区靖边县修建了3所希望小学，改善了教学设施，同时他们还在全县范围首批选取600名贫困失学儿童，旅行社职工家庭与靖边县农村实施了“一（家）助一”助学计划，与当地学校一起推行教育改革，产生了良好的社会影响。中国旅游报1995年7月8日以《人人都献出爱心》为题，在头版头条予以详细报道。

3. 赞助出版物

赞助旅游地图、交通游览图、旅游年鉴、旅游业报刊、旅游宣传资料、旅游指南、旅游手册等印刷品。例如，大型旅游工具书《中国旅游企业管理大全》，全书达220万字，在书中添加的大量彩色插页上均是赞助单位，其中有钓鱼台国宾馆、北京京广中心、广州中国大酒店、广州东方宾馆、海南南海酒店、北京建国饭店、北京丽都假日饭店等。

4. 赞助旅游展览会和知识竞赛活动

旅游组织赞助并参加各种旅游展览会，赞助全国旅游知识大赛等活动也是常用的公关手段。

5. 赞助体育活动

社会大众普遍对体育运动、体育比赛感兴趣，尤其是高水平的体育比赛更能吸引成千上万人的注意。赞助体育运动在社会上能造成巨大而深远的影响。如旅游饭店为著名运动员提供优惠住店服务、旅行社为著名运动员提供免费旅游，均能成为新闻媒介追逐的焦点。

6. 赞助福利事业、慈善事业

赞助敬老院、孤儿院、康复中心、儿童乐园，为灾区捐款捐物等。这是旅游组织追求社会效益的良好手段，还有利于搞好政府公关。

7. 赞助学术研究

可以设立文物保护基金、儿童福利基金、最佳新闻摄影奖、最佳新闻写作奖等。特别是赞助新闻摄影比赛、新闻写作比赛，对旅游组织更有特殊意义。旅游组织如能赞助旅游科学研究，赞助旅游学会、协会的学术，将对该组织旅游产品的更新换代大有裨益。

8. 赞助节日、庆典活动

主办或协办某个节日活动，为游园会提供经费、设备和奖品等。

9. 赞助社区建设与活动

支援社区的基础设施建设，如修路、水电设施、公共厕所等，举办盛大联欢活动，融洽与社区的关系。

（三）举办记者招待会

记者招待会又称新闻发布会，是旅游组织为公布重大新闻或解释重要方针政策，邀请新闻记者参加的一种特殊会议。

记者招待会是旅游组织广泛传播信息、吸引新闻界客观报道，搞好媒介关系的重要手段。记者招待会“招待”给记者的是“新闻事实”，因此，记者招待会信息发布的形式比较正规，具有规格高、可信度高、内容严肃等特点。在会上先由组织领导人向记者发布有关信息，然后由记者当场发问；与会记者还能互相启发，更好地挖掘新闻题材。这有利于旅游组织与新闻界朋友的充分交流和双向沟通，对建立良好的舆论环境有着重大的促进作用。

【案例】

香港全球旅游推广活动

作为国际性大都市的香港，是亚洲首选旅游目的地和购物天堂。为进一步巩固“亚洲盛事之都”的地位，香港推出全球旅游推广计划，前后包括“动感之都，就是香港”与“香港，乐在此？爱在此！”两项活动，以不同的表现方式带动了香港旅游业的发展，在全球范围内形成持续的冲击力，全面提升了国际性都市的新形象。

“动感之都，就是香港”

“动感之都，就是香港”是香港实施的为期两年的一项大型旅游计划，其目的是使香港在未来继续成为亚洲最受欢迎的旅游热点之一。

“动感之都，就是香港”是由香港旅游发展局联合全港18个区共同举办的香港有史以来最大规模的旅游推广活动。从2001年4月起到2003年3月，香港旅游局向全球着力推介香港18个区的特色节目、节庆、景点，并举办一系列大型以旅游为主题的盛事和活动，推广香港的旅游。此外，主办者还将通过这项推广活动，加强市民对香港的了解，争取全港各界支持旅游业，营造具有香港特色的待客文化。

此推广活动包含香港旅游发展局联同多个机构及团体合办的五项大型活动：

1. "中电"全城动感耀灯辉：展示香港多个地区大厦外美轮美奂之灯饰（2001. 12. 9 ~ 2002. 1. 5，2002. 1. 26 ~ 2002. 2. 26）；

2. "国泰航空"国际汇演贺新禧暨新春嘉年华：融会了全球富有民族特色的演出活动及主题花车（2002. 2. 12）；

3. 花城荟萃大展：以花为主题赏玩活动（2002. 3. 4 ~ 2002. 4. 17）；

4. "汇丰"新世纪劲买：令游客体会香港购物乐趣（2002. 7 ~ 2002. 8）；

5. 动感热舞嘉年华：在周日熙来攘往的大街上举行的包括歌舞、街头艺术表演及香港及世界各地美食推广的一个盛大户外嘉年华会（2003年初）。

其他配合活动包括：举办"每月推介"，介绍18个区的景点，以及推广香港作为美食天堂的"美食之最大赏"。

香港还举办了多项世界瞩目的重要赛事，计有香港国际龙舟邀请赛、香港国际七人榄球赛、香港马拉松和在沙田马场举行的香港国际赛事等，吸引了不少海外和本地劲旅参加。文化方面，一年一度的香港艺术节和香港国际电影节，以及传统节日活动如中秋彩灯会等，均广受欢迎。此外，又在全港各区举行林林总总的地区活动，包括区节、地区文娱体育节目、美食节、节日灯饰，以及传统节庆和巡游。

2002年，香港旅游业得到很大发展，访港旅客达到破纪录的1600多万人次，比2001年增加逾两成。面对市场日趋激烈的竞争，香港2003年2月继续"动感之都，就是香港"为主题的活动，主要开发新兴及有潜力的市场，并开拓高收益的客群，推出迎合旅客口味的推广活动，主要围绕购物、美食、古迹文化、香港的都市和海港及绿色景致组合四个方面进行，使旅客在香港能获得多元化和深刻的旅游体验。

"香港，乐在此？爱在此"

香港的国民收入中有85%来自服务业（据香港《经济日报》统计），而旅游业占了相当大的比例，与香港经济息息相关。2001 年的旅游业收益达 643 亿港元，访港旅客达 1375 万人次。2003 年初“非典”的爆发，对香港旅游业的打击最大。根据香港旅游发展局的资料，2003 年 5 月份，赴港旅客同比下跌 68% 至谷底；香港旅游收入减少了 123 亿港元；美国三大投资银行纷纷下调了对香港 2003 年 GDP 增长率预期；香港的失业率达到了空前的 8%；旅游业受损，波及了地区消费，从而打击了香港的零售业和消费服务业。

为了恢复香港旅游，振兴香港经济，继“动感之都，就是香港”第一阶段为期 2 年的推广之后，香港旅游发展局又开展主题为了“香港，乐在此？爱在此！”的第二阶段全球推广活动。

2003 年 10 月 11 日香港旅游发展局中国内地总监在北京宣布，为使香港旅游业得以全面复苏，该旅游发展局再次投入 1.4 亿港元，将在十月十三日，推出以“香港，乐在此·爱在此”为主题的第二阶段的旅游系列活动。由“香港旅游大使”成龙担纲演出的旅游宣传片也将在中国主要城市电视台同步播出。

“非典”过后，为了旅游业的迅速复苏，香港政府及业界投入了 4 亿多港元，推出了“好客月”活动。为了配合“香港，乐在此？爱在此”为主题的第二阶段的旅游系列活动，香港旅游发展局与内地旅游业界联袂为消费者准备了以下旅游产品：

1. 以家庭为主题的“亲子在此”旅游路线；
2. 以美食为主题的“细味在此”旅游路线；
3. 以购物为主题的“心动在此”旅游路线等；
4. 为自助游的旅客准备的“大屿山一日游”、“直升机环港游”、“璀璨香江夜游”等路线；
5. “香港国际烟花音乐汇演”（2003.10）；
6. “香港缤纷冬日节”（2003.10 ~ 2004.1）；
7. “新春国际汇演之夜”（2004 年初）；
8. “星光大道揭幕前奏”（2004.3）。

据香港旅发局的统计，香港为消除“非典”负面影响所进行的推广活动共花费约 5 亿港币。但是通过这一系列推广活动，截至 2003 年 10 月 10 日，在国际上为香港带来了总值 10.43 亿港元的宣传效益。不仅如此，旅游带动消费，为香港经济注入了一针强心剂，让香港在最短的时间内得以重生。

【思考题】

1. 什么是旅游促销？它有哪些作用？
2. 怎样制定旅游促销组合策略？其步骤有哪些？
3. 如何确定旅游广告目标并根据广告目标进行旅游广告预算决策？
4. 旅游广告可利用的媒体有哪些？其各自的优缺点是什么？
5. 什么是旅游公共关系？怎样策划公共关系促销活动？
6. 旅游企业人员推销主要分为几种形式？
7. 旅游销售促进的类型和方式有哪些？怎样谋划旅游企业销售促进？

第八章　旅游服务营销

第一节　服务与服务营销

一、服务、服务营销的涵义与特征

（一）服务的涵义

世界各国有关服务概念的界定不下几十种，其中有代表性的有如下几种：

1960 年 AMA（American Marketing Association 美国市场营销学会）定义为："用于出售或者是同产品连在一起进行出售的活动、利益或满足感。"

1963 年著名学者雷根（Regan）的定义是："直接提供满足（交通、房租）或者与有形商品或其他服务（信用卡）一起提供满足的不可感知的活动。"

1990 年北欧学者格朗鲁斯（Gronroos）定义为："服务是指或多或少具有无形特征的一种或一系列活动，通常（但并非一定）发生在顾客同服务的提供者及其有形的资源、商品或系统相互作用的过程中，以便解决消费者的有关问题。"

A·佩恩在分析了各国营销组织和学者对服务的界定之后，对服务做出这样的界定："服务是一种涉及某些无形性因素的活动，它包括与顾客或他们拥有财产的相互活动，它不会造成所有权的更换。条件可能发生变化，服务产出可能或不可能与物质产品紧密相连。"

作为服务市场营销学基石的"服务"概念，营销学者一般是从区别于有形的实物产品的角度来进行研究和界定的。如菲利浦·科特勒把服务定义为"一方提供给另一方的不可感知且不导致任何所有权转移的活动或利益"。在综合各种不同服务定义和分析"服务"的真正本质的基础上，我们认为，服

务是一种涉及某些无形因素的活动、过程和结果，它包括与顾客或他们拥有的财产间的互动过程和结果，并且不会造成所有权的转移。

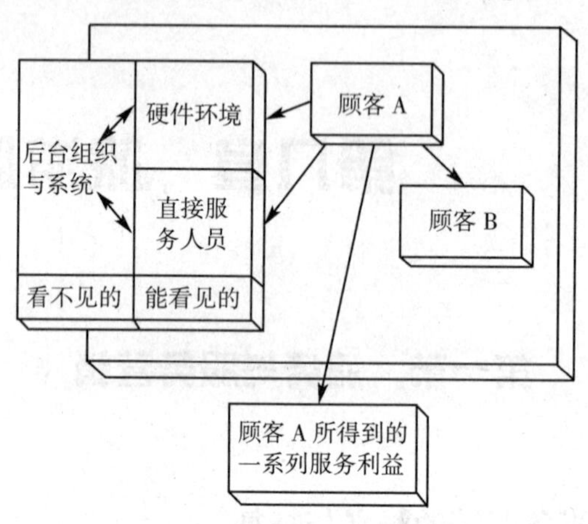

图 8-1　服务生产模型图

摘自（美）菲利浦·科特勒等著，谢彦君译：《旅游市场营销》（第二版）

（二）服务营销的特征

服务营销人员必须关心服务的四个特征：无形性、不可分割性、变动性和易衰败性。

1. 无形性

与有形产品不同，服务在购买之前是看不见、摸不着、听不见、闻不到的。在登上飞机前，航班的乘客除了手里捏着一张机票和被许诺将安全抵达目的地之外，他们什么都没有。饭店的销售员在做推销访问时，是无法将客房随身带着的。实际上，他们并非卖一间客房，而是卖特定时间里使用客房的权利。当客人离店时，他们除了能出示一张收据之外别无他物。

为了减少由于服务的无形性所造成的不确定性，购买者会搜寻能够提供有关服务的信息和能形成对服务的信赖的各种有形证据。到餐馆就餐的客人最先看到的是餐馆的外表，餐馆的地面环境和整洁程度提供了判断餐馆管理状况的线索。各种有形的因素是展示无形服务的质量信号。香港丽晶饭店（Regent Hotel）特别重视饭店的所有着制服和着便装的员工都能给人以高雅而专业的印象。员工的外表是丽晶饭店有形象征的一部分。此外，该饭店还刻意在门前停放一些类似劳斯莱斯的豪华轿车，以便直接传递一种高质量和高档服务的信息。

2. 不可分割性

在大多数接待业服务中，服务者和顾客在交易发生时必须同时在场，顾客与雇员的直接接触构成了产品的一部分。餐馆里的食物可能很精美，但如果服务态度恶劣或服务有疏忽，顾客就会对整个餐馆体验给予不好的评价。他们将不会满意这次体验。

服务的不可分割性还意味着顾客是产品的一部分。一对夫妇选择一家餐馆，可能是因为那里雅静而浪漫，但倘若一个吵吵嚷嚷的会议团队也坐在同一个房间就餐，这对夫妇就会大失所望。管理人员必须对顾客加以管理，这样才能避免他们做出令其他人不满的事情来。

不可分割性的另一个方面是顾客和雇员必须都了解整个服务运作系统。纽瓦克假日旅馆（Holiday Inn Newark）对于从国外来的国际旅游者来说并不陌生。许多顾客在这里用现金或旅行支票付账，因为他们不用信用卡。人们不止一次地发现，前台服务员用电话回答那些抱怨房间电影播放系统不工作的顾客的困惑。服务员必须向客人解释说，那是因为他们没有预付这笔费用。他们只预付了房费，所以，要想让它工作，你得先到前台来付费。显然，听到这样的话顾客一定会很恼火。实际上，饭店若是先问一下顾客是否愿意为一些可能收费的项目（比如室内电影）预付一笔钱，这个问题就避免了，与顾客的关系也就改善了。服务的不可分割性要求接待业的管理人员善于既管雇员又管顾客。

3. 变动性

服务是非常易变的。服务的质量与提供服务的人、时间和地点密切相关。引起服务变动的原因有很多。服务的生产与消费是同时进行的，不像物质产品的生产，在工厂生产和商店销售之间可以加上产品质量检验程序，旅游服务生产与消费的同步性，使管理者和质量检验部门很难介入其中对服务质量进行监控，这使质量控制变得很难操作。

需求的波动使服务高峰时间里的产品质量难以保持一致，一方面旅游业提供的服务不可能完全相同，即使同一位服务者提供的服务也不可能始终如一，因为服务是人提供的，在服务者与顾客之间的密切联系意味着产品质量的均衡离不开服务技巧，也离不开交易时的具体行为。一位客人某一天可能得到了出色的服务，但在另一天从同一个人那里却可能得到极为平庸的服务。为什么服务平庸？原因可能是服务员的感觉不好，或者可能正经历着情感问题。另一方面，不同的旅游者对服务的要求、参与服务的程度都有很大的不同，即使旅游

企业提供相同的服务标准，不同的旅游者对服务质量的评价也不一样。产品质量的易变性在接待业当中是引起顾客不满的最主要因素。

（4）易衰败性

服务是不能被储存起来的。服务生产是典型的时间和空间固定的生产。这就是说，如果服务的能力或产品在某一天未能销售出去，它们所代表的潜在收益也就从此丧失，不可能挽回。因此，服务生产最好是理解为一种生产的能力，而不是理解为一定量的产品。只有当顾客亲临生产现场之时，这种能力才能得到利用。一个有100间客房的饭店，如果在某天晚上只销售60间出去，是不可能把没有销售出去的40间客房储存起来留待次日销售的。因为这些没有销售掉的40间客房所造成的损失永远无法弥补。

然而，易衰败性并不意味着服务企业不能建立自己的库存系统，也不意味着分销过程对服务生产者无关紧要。相反，20世纪80年代服务营销最有意义的一项发展就是营销系统的完善使人们能够将各年生产能力的详细情况用计算机列出清单，记录下来，然后像物质商品生产者那样来处理这个清单。这样，一家饭店可以将其接待会议的生产能力提前2~3年列出清单，记录下来，并通过合同的方式来进行销售，到指定时间再履行合同。有些饭店对保证性预订的客人进行收费，即使他们未能入住该饭店，餐馆也开始对预订而没有露面的顾客收取一些费用。他们意识到，如果预订客人没有到，那个座位就可能没有机会再卖出去了。如果服务是为了使收益最大化，那么，就必须对生产能力和需求进行管理。因为，服务企业无法把没有销售的“存货”留给将来。

表8-1　服务与商品相区别的典型特点

商　品	服　务
制造出来的	表现出来的
生产场地不向顾客开放（可分性）	生产现场有顾客参与（不可分性）
商品被运送到顾客的居住地	顾客前往服务的生产地
购买意味着获得所有权，可随意使用商品	购买赋予买者在指定时间和地点享受服务的暂时使用权
商品在销售点拥有可触摸的形状可以接受检查	服务在销售点是不可触摸的，通常不能接受检查
可实地储存	易折损，不可实地储存

二、服务营销理论的产生与发展

在过去的数十年里，营销学者就有关服务营销的问题进行了广泛的讨论。早在1977年，当时的美国银行副总裁列尼·休斯坦克就撰文指出，泛泛而谈营销观念已经不适应于服务营销，服务营销的成功需要新的理论来支撑；如果只把产品营销理论改头换面地应用于服务领域，服务营销的问题仍会无法解决。从1977年到1980年，营销学者的研究主要是基于服务同有形产品的比较，识别并界定服务的特征。以贝特森、萧斯塔克、贝瑞等为代表，他们较准确地归纳和概括出了服务的特征，包括不可感知性、不可分离性、差异性、不可贮存性和缺乏所有权。

从1981年开始，营销学者开始将服务营销的研究重点转移到服务的特征对消费者购买行为的影响。其中，西斯姆1981年在美国市场营销协会学术会议上发表的《顾客评估服务如何有别于评估有形产品》一文为代表之作。由于研究中肯定了服务特征对消费者购买行的影响，营销学者普遍形成了一个共识，即服务营销不同于传统的市场营销，它需要新的市场营销理论的支持。同时，不少营销学者还探讨了服务的分类问题。例如，萧斯塔克根据产品中所包含的有形商品和无形服务的比重的不同，提出了其著名的“从可感知到不可感知的连续谱系理论”，并且指出在现实经济生活中纯粹的有形商品或无形服务都是很少见的。戚斯则根据顾客参与服务过程的程度把服务区分为“高卷入服务”和“低卷入服务”。尽管有不同的分类，但营销学者一般认为，针对不同类型的服务，营销人员需要采用不同的营销战略和战术。

80年代下半期，营销学者更加集中于研究传统的营销组合是否能够有效地用于推广服务，服务营销需要有哪些营销工具？营销学者逐步认识到了“人”在服务的生产和推广过程中所具有的作用，并由此衍生出了两大领域的研究，即关系市场营销和服务系统设计。杰克逊提出要与不同的顾客建立不同的关系。塞皮尔强调了关系营销是服务营销人员应掌握的技巧。以萧斯塔克等为代表的营销学者则对服务系统设计的研究做出了重要贡献。萧斯塔克于1984、1987和1992年发表多篇论文，阐述了“蓝图技术”对于分析和设计服务以及服务生产过程的作用。包文和钟斯利用交易费用理论研究了顾客在何种情况下愿意参与服务生产过程的问题。但是，这一阶段关于“服务质量”和“服务接触”两个方面的研究也许更富成果。感知质量、技术质量、功能质量

等概念以及服务质量差距理论的提出，都为后来的服务质量问题研究奠定了重要的基础。在“服务接触”方面，服务人员与顾客在沟通过程中的心理与行为变化，服务接触对顾客服务感知的影响，如何利用服务人员和顾客双方的控制欲、“角色”、对服务过程和结果的“期望”等因提高服务质量等课题，都纳入了研究者的视野。

从上世纪80年代后期开始，营销学者在服务营销组合上达成了较为一致的意见，即在传统的4Ps基础上，又增加了“人员”（People）、“有形展示”（Physical Evidence）、“服务过程”（Process）三个变量，从而形成了服务营销的7P组合。随着7Ps的提出和广泛认同，服务营销理论的研究开始扩展到内部市场营销、服务企业文化、员工满意、顾客满意和顾客忠诚、全面质量管理、服务企业核心能力等领域。这些领域的研究正代表了上世纪90年代以来服务市场营销理论发展的新趋势。

第二节　服务营销与旅游服务质量

一、旅游服务的界定

对旅游服务的界定是一个复杂、困难的过程。国内外许多学者都对旅游服务进行了研究，国外的研究主要以服务营销和服务管理的原理为基础，运用定性和定量相结合的方法进行个案的实证研究，主要研究方向集中在：旅行社、酒店和航空公司。目前我国对旅游服务的研究还较为薄弱，基本以参考国外服务营销和服务管理的研究成果为基础，进行小范围的定性研究，探索的方向主要以单一问题的论述为主。这种研究现状必然导致对基本理论研究的薄弱，因此目前还没有对旅游服务研究较为有影响的定义或者研究成果可以借鉴。

旅游服务是一个较为笼统和抽象的概念，这是由服务的复杂性和广义性，以及旅游的综合性和交叉性决定的。旅游服务属于服务的范畴，具有一般服务的特性，但它又不同于一般的服务，有自己独特的内涵，即它是一个概念体系。对旅游服务的定义，我们认为应该从旅游服务的经济属性出发，以旅游服务市场的供需为基础，从两个方面来表述。

1. 从旅游者角度看

旅游服务是指旅游者在旅游准备阶段、旅游过程中、旅游结束延续过程中与相关旅游企业或非旅游企业所发生的互动关系，这种互动作用使旅游者获得了经历和感受，但旅游者并没有得到实体结果。旅游者在旅游服务过程中，一般更注重心理和精神感受。

2. 从旅游服务供给角度看

旅游服务是指旅游企业或非旅游企业向旅游者提供的具有一定品质的无形产品，互动过程需要一定的支持设施，服务可能或不可能与物质产品相连，但服务的结果却不可以储存。而且在服务互动中，不会引起实体要素的转移，发生互动作用的目的是为了实现旅游企业既定的价值目标。

从旅游服务的定义可以看出，旅游服务是涉及旅游企业和旅游者的动态、互动体系，内涵十分丰富，其中既包括人与人的互动关系，也包括人与物的相互作用。这种复杂关系的交织，直接导致对旅游服务的理解不能仅仅停留在表面上，而应从综合性和深层次上进行把握。

二、旅游服务质量的内涵

旅游的综合性和服务的无形性以及服务质量深刻的内涵，决定了旅游服务质量的抽象性和复杂性。对旅游服务质量的内涵进行理解，旅游市场是一个必要的切入口。从旅游者角度看（旅游服务的需方），旅游服务质量是旅游者在旅游准备、旅游过程中、旅游结束后对旅游服务的体验与其期望值所形成的价值反映。从旅游企业角度看（旅游服务的地方），旅游服务质量是旅游企业所提供的服务在旅游市场上的认可程度，是企业对市场规律的把握与其内部资源配置效率综合平衡。市场是检验服务质量的公开场所，以旅游者的需求为标准，只有经过市场检验的服务质量才是合格的。根据旅游服务质量的定义可知旅游服务质量不仅与服务结果、服务过程有关，还与企业过去服务的积累有关。因此它包括三个方面的内容：

1. 品牌性识别

对服务性企业而言，品牌是信誉、质量的象征，是企业在长期的经营过程中积累起来的一种无形资产。它是过去服务质量的积累，是现在服务质量的承诺，更是对未来服务质量的规划。当我们提到运通旅游公司、交通公社、里兹·卡尔顿、希尔顿、马里奥持、香格里拉时马上可以联想到高质量、有特色

的服务。服务品牌具有隐性的效应，它会间接影响旅游者对服务质量的评价和识别。

2. 技术性质量

是旅游服务结果的质量。即旅游企业提供的服务项目、服务时间、设施设备、服务质量标准、环境气氛等满足旅游者需求的程度。旅游企业提供的服务结果会直接影响旅游者感知的服务质量。例如：酒店旅游者提供客房、餐饮、娱乐等服务项目。旅行社网点设置的方便程度。服务结果是旅游者感知服务质量的重要组成部分，对它的评价往往比较客观。

3. 功能性质量

是旅游服务过程的质量。旅游服务具有生产与消费同时性的特征，在服务过程中发生的互动关系，必然会影响旅游者感知的服务质量。功能性质量与服务人员的仪表仪容、服务态度、服务程序、服务方法等有关，还与旅游者的心理特点、知识水平、行为偏好等因素有关，同时受其他外在条件的影响。例如：在同一个旅游团中，旅游者对服务质量的评价会干扰其他旅游者对服务质量的感知。功能性质量的评估往往比较主观。

旅游企业采用现代化的设施设备创造优美的环境空间，运用高新技术提高服务效率固然重要，但技术性的模仿性太强，虽然可以在短期内获得相对的优势，但不利于企业培养核心竞争力，甚至会陷入高投入一定会有高产出的怪圈。功能性质量强调以人为核心的人本主义服务，着眼于与服务过程的互动关系。虽然服务方法、服务程序、服务态度在一定程度上也可以模仿，但这只是服务的表层。真正的区别在于企业不同的服务文化和个性群体，这种深层次的竞争优势的培养有助于在服务过程中形成富有特色的互动关系，以形成差异化的竞争优势。技术性质量和功能性质量相互作用、相互影响，是一个有机的统一体，在二者之间合理地分配资源，使二者达到动态的平衡，有助于服务质量达到最优化，在此基础上的不断积累可以形成服务品牌。旅游企业在战略规划时应以形成服务品牌为中心，以技术性质量和功能性质量为基本点，以市场竞争为目标，以旅游者的需求为导向的综合平衡体系。优化体系的结构和传导机制，形成总投入与总产出的最佳组合，使企业获得可持续的发展。

三、服务过程与旅游服务质量

服务营销学家认为从顾客的角度来看，服务质量不仅与服务结果有关，而且与服务过程有关。顾客实际经历的服务质量是由技术性质量和功能性质量两项内容构成的。前者是指服务结果的质量，即顾客从服务过程中所得到的东西。后者是指服务过程的质量，即顾客在服务过程中是如何得到的这些东西，或者说服务人员是如何提供的这些服务。显然，功能性质量很难被顾客客观地评价，它更多的取决于顾客的主观感受。因此，与技术性质量相比，功能性质量比服务过程的质量更为复杂、更难以控制。

（一）服务过程质量问题分析

在面对面服务过程中，最容易出现服务差错，质量问题最多、最复杂，具有复杂性、随机性、脆弱性以及难于控制等特点。究其原因，导致服务过程质量问题的因素主要有以下方面：

1. 顾客参与服务过程

顾客高度参与服务过程极大地影响着他们对整体服务质量的感知。顾客在服务产品的生产、消费及评价中起到了十分重要作用。一些著名的营销学家通过大量的研究提出："消费者认为质量是什么就是什么。"事实上，在酒店中经营者们常常会发现，一桌美味佳肴很可能会因为纯属顾客个人的原因而被全盘否定。类似的例子在其他服务性企业中也不难找到。从某种程度上说，在面对面服务过程中，服务质量的优劣与否，与顾客的个性特点、知识水平、对服务性企业的期望、当时的心理状态、身体状况、行为方式等高度相关。

2. 其他顾客参与服务过程

在面对面服务过程中，顾客之间的相互影响也是影响服务质量的一个不容忽视的重要因素。我们姑且把面对面服务过程中的顾客分为"中心顾客"与"背景顾客"。在服务过程中某一时刻，相对于其他任何顾客而言，某一顾客既可以是中心顾客也可以是背景顾客。显然，在服务过程中，背景顾客的行为方式以及他们对服务质量评价等，将对中心顾客感觉中的整体服务质量产生很大的影响。反之亦然。

3. 服务人员

服务人员是服务的"生产者"，对服务过程的质量乃至顾客感觉中的整体服务质量影响极大。在面对面服务过程中，由于服务人员与顾客的"接触度"高，使得来自服务人员方面的影响服务质量的因素变得十分复杂。服务过程的质量不仅与服务人员的行业意识、行业知识、行业技术等有关，而且与服务人员当时的仪态仪表、心理状态、身体状况、甚至交际能力等都高度相关。

4. 服务性企业

顾客高度参与服务过程，扩大了他们与服务性企业的接触面，尤其在面对面服务过程中，涉及的服务环节越多、顾客与企业接触的面越广，服务的失败点就越多。因此，在服务性企业中，服务环境、设施设备、服务信息的可靠性、服务体系设计的合理性等因素，都将不可避免地对服务过程的质量乃至顾客感觉中的整体服务质量产生极大的影响。

5. 真实瞬间

在面对面服务过程中，由于顾客、企业、服务人员的相互作用或服务接触，演绎出了一系列的质量问题。服务营销学家把这种客企间的每个“相互作用或服务接触”形象地比作“真实瞬间”。实质上，在服务过程中顾客实际经历的服务质量是由一系列的真实瞬间构成的，显然，真实瞬间极大地影响着服务过程的质量乃至顾客感觉中的整体服务质量。

上述影响服务过程质量的因素中，服务人员、服务性企业是企业可以控制的因素，而顾客参与服务过程、其他顾客参与服务过程、真实瞬间却是服务性企业难于控制的因素。显然，在面对面服务过程中真实瞬间的存在不可避免地会导致质量问题的产生。而深入分析影响服务过程质量的因素不难发现，在面对面服务过程中有相当多的质量问题都是由于顾客参与而引起的。因此，顾客是面对面服务过程中影响服务质量最活跃的因素。

（二）关于服务过程质量管理的思考

上述分析可知，影响服务过程质量的因素十分复杂，优质服务有赖于顾客、企业、服务人员的最佳契合。显然，提高服务过程的质量，并非一件易事，涉及服务性企业必须对与此相关的、方方面面的因素实行行之有效的管理。要获得有效的管理服务过程，提高服务质量，要求服务性企业的管理者，必须在实践中善于识别服务的可能失败点或压力点。目前，在服务过程质量管理中，主要存在着两大难点：一个盲点——对顾客行为的管理；一个压力点——对“真实瞬间”的管理。

1. 加强顾客行为管理

由于服务性企业控制顾客及其他顾客参与服务过程的难度较大，使得服务性企业在服务过程质量管理中，对顾客的管理往往成为一个盲点。而事实上，深入分析导致服务过程质量问题的原因，顾客是面对面服务过程中影响服务质量最活跃的因素。因此，在面对面服务过程中，忽视对顾客的管理是不可能从根本上改进服务质量的，加强服务过程的质量管理，必须围绕着顾客这个中心来展开。

顾客高度参与服务过程，使服务性企业不得不面临工业企业所没有的、较多的、难以控制的随机因素。在服务性企业中，顾客在服务的生产、消费和评价中起到了十分重要的作用。在消费过程中，他们必须为服务人员提供必要的信息，配合服务人员的工作，才能获得优质服务。有时，他们还必须亲自动手，为自己服务。因此，有的服务营销学家认为顾客是服务性企业的“兼职员工”。显然，“兼职员工”在服务过程中的作用是“配合服务员生产服务产品”。但是，在面对面服务过程中，顾客作为“兼职员工”的角色意识往往很模糊，他们渴望享受完美的服务，却根本不了解自己在“生产”完美服务中的职责。于是，在服务过程中就会经常发生这样的情形：由于“兼职员工”的“无知”，不能很好地配合服务人员，而“生产”出很多服务“次品”。例如，第一次吃蟹、虾的顾客误喝了洗手水。而这时，顾客往往责怪的不是自己，而是认为这家酒店的服务质量太差，从而丧失了日后再度与这家酒店打交道的兴趣。因此，顾客高度参与服务过程的事实，迫使服务性企业的管理人员必须正视：服务质量管理应当扩展至包含在服务过程中对顾客行为的管理。

加强顾客行为管理的目的，是帮助顾客正确地享用服务，使他们获得更多的消费利益和更大的消费价值，从而提高顾客感觉中的整体服务质量。在服务过程中，服务性企业对顾客行为管理应从引导、防止、杜绝三个层面入手。首先，服务性企业应引导顾客正确扮演自己的角色。例如，时下流行的 IP 电话，除了 IP 卡上明确印有“电话拨号指南”外，还通过电话语音提示指导顾客正确拨打 IP 电话。在面对面服务过程中，企业完全可以借鉴 IP 电话服务的经验，深入研究服务引导的技巧，通过语言、示范、图片展示、××须知、标识、说明书等服务引导手段，“教育”顾客认识自己在“生产”服务中的职责，鼓励和支持顾客参与服务的生产过程，帮助顾客掌握必要的服务知识，提高他们配合服务人员的能力，促进服务的生产和消费过程的和谐进行，使顾客获得完美的服务体验，进而对企业产生由衷的兴趣和信心；其次，由于顾客对某一服务的满意程度不仅受企业和服务人员的影响，而且受背景顾客的影响。因此，服务性企业加强对顾客的行为管理，还必须防止顾客之间相互的不良影响。例如，在服务过程中，某一顾客的某种行为可能导致其他顾客的反感；第三，像酒店这类服务性企业，对于极个别行为特别恶劣的顾客，酒店应予以坚

决制止，为了酒店的利益更为了大多数顾客的利益，酒店应该学会对这些极个别的顾客说“不”，把这些极个别行为不良的顾客列入“黑客”名单，杜绝类似情形再现。

2. 把握“真实瞬间”

上述可知“真实瞬间”是指客企间的每个“相互作用或服务接触”。我们可以把“真实瞬间”理解为“客企接触”，每一次“客企接触”就是一个“真实瞬间”。“真实瞬间”实质上意味着一种机会或时机的“关键时刻”。也就是说，只有在“客企接触”这一“瞬间”内企业才真正有展示自己的机会。显然，对于服务性企业而言，“真实瞬间”既是成功点，也是失败点。成功与否，关键在于企业如何把握它。把握得好，企业可以利用“真实瞬间”充分展示自己的优质服务，树立自己良好的形象。同时，“真实瞬间”也最容易出服务差错。一旦“真实瞬间”出了质量问题，在这一瞬间内往往存在着无法挽回的后果。如果真的要补救，也只能在下一个“瞬间”。而后果是，企业可能付出了很大的代价却未必能收到好的功效。实质上，在面对面服务过程中，顾客实际经历的服务质量是由一系列的真实瞬间所构成的。研究表明，功能性质量即服务过程的质量是由真实瞬间决定的，技术性质量即服务结果的质量也是在真实瞬间内渐渐体现出来的。因此，提高服务过程的质量，不容忽视对真实瞬间的管理。

对真实瞬间的管理，主要应从对员工、有形证据、服务设计（如服务产品、服务流程等的设计）等三方面的管理入手。

第一，企业管理者应帮助员工树立“真实瞬间”的理念。在面对面服务过程中，顾客眼里的服务人员就是企业的代表，顾客是通过与他们的接触来认识企业的。因此，管理者应努力向员工灌输真实瞬间的意识。在服务过程中的每一个真实瞬间，管理者都必须要求服务人员保证向顾客提供优质可靠的服务。在此特别要强调的是，在实践中，服务性企业应警防陷入两个认识上的误区：一是认为区区小事不足为奇，在实践中忽视对细节的重视；二是认为只有无微不至才是优质服务。服务不能“过头”，“恰到好处”才是服务的最高境界。通过上述分析可知，在实践中，如果服务人员善于把握服务的“火候”与“度”，迎合顾客的需求，不仅可以极大地提高顾客的满意度，而且，有时往往还会超出顾客的期望，培养顾客对企业的忠诚度。

第二，加强有形展示的管理。营销学家萧斯塔克指出：“一种物质产品可以自我展示，但服务却不能。”虽然服务是无形的，但是有关服务的线索（如服务的工具、设备、设施、员工、信息资料、价目表等等）是有形的，这些有形的线索总会传递一些信息，帮助顾客理解、感知、推测服务质量。很显然，如果一家高档餐厅的菜牌或菜谱沾满油污，必然会极大地影响顾客对餐厅服务质量的感知。由于顾客购买服务的风险很大，在购买服务时，顾客往往会对服务线索格外关注。管理者必须充分认识到，在服务过程中顾客所接触到的并非只有员工，还包括服务环境、设施设备、信息资料等等有形证据。在面对面服务过程中，顾客很善于通过这些有形证据来认识企业。因此，在实践中，服务性企业的管理者必须高度重视对有形证据的管理，确保有形证据正确反映本企业的档次和形象，确保有形证据引导顾客对本企业的服务质量形成合理的期望，进而极大地提高顾客对本企业整体服务质量的感知。

第三，在服务设计（如服务产品、服务流程等的设计）时，管理者应善于运用真实瞬间改善服务质量。真实瞬间对服务质量存在着正反两方面的影响。“每个单独的真实瞬间都会增加或减少服务提供者的整体形象。每个真实瞬间不是在加强服务质量就是在降低它”。在实践中，服务性企业的管理者在对服务产品、服务流程等的设计时，可以充分利用这一点，最大限度的发挥真实瞬间的正面作用，限制它的负面影响。在实践中，管理者可以考虑通过增加或减少真实瞬间来改善服务质量。其原则是增加的真实瞬间必须既便于管理，又可以充分地展示企业的优质服务，树立企业的良好形象，提高顾客对整体服务质量的感知。例如，央视曾经报道过，北京有家濒临破产的酒楼，由原酒楼的一位厨师承包后经过努力很快使其起死回生。厨师出身的经理深知顾客对食品卫生的关注，于是他带领员工率先从厨房入手，加大管理清洁卫生的力度，并别出心裁地在厨房安上了摄像机，顾客在进餐过程中对厨房的一切一览无余。显然，这一招无疑是酒楼起死回生的重要举措。这家酒楼在服务过程中，用一个“探头”巧妙地增加了客企接触的真实瞬间，通过“探头”把厨师的技艺和厨房的环境充分地展示在顾客面前，极大提高了顾客对酒楼服务质量的感知；反之，对于企业难于控制的客企接触点，在不影响对客服务和企业形象的情况下，企业可以考虑通过减少真实瞬间来提高服务质量。例如，国外酒店大多数在楼层是不设服务员的，而我国一些酒店是设的。这里撇开安全、劳动力成本这些问题不谈，光就要求楼层服务员必须站立服务来分析，酒店客人出入最忙的是早晨和傍晚，在中间一大段时间里，楼层内客人很少，如果叫服务员在那段时间里目不转睛地一直站立，员工就会产生心理疲劳。站几个小时，却没有与客人打交道，难免就会躲到工作间去，或聊天，或看书刊。而对于顾客而言，酒店不提供这项服务就算了，一旦提供又不能保证质量，顾客会因此对酒店服务质量的看法大打折扣。显然，对于增加这类客企接触的真实瞬间，企业应倍加谨慎，如果不能保证质量宁可取消。

四、社会文化差异与旅游服务质量

现代社会是知识经济社会，亦是服务经济社会，服务正以它前所未有的发展速度受到各行各业的高度重视，于是对服务质量的研究也进入了一个空前高涨的阶段，并取得了丰硕的成果，但服务终究是人与人之间极其复杂的行为，要想对其进行透彻的研究需要更多的学科参加进来联合攻关。下面从社会心理学的一个角度，考察影响旅游服务质量的三大差异因素。

1. 性别差异

首先，从员工方面来说，性别差异的分析，有利于管理者按人尽其才的原则，根据员工性别能力的优势差异给不同性别的员工安排更适合他们的工作。第一，很多研究都支持这一点，认为女性对非言语信号有更强的洞察力，女性比男性更善于用非言语信号表达自己的情绪和感受。女性比男性更善于判断和评价他人的非言语信号，更能读懂周围人的面部表情。因此，在和顾客面对面服务过程中，女性员工更容易了解顾客的潜在需求和顾客对服务的直观评价，从而能够提供及时准确的个性化服务和补救性服务，提高客人对服务质量的评价。第二，女性是天生的安慰者，其语言更强调关系和人际维度及相互作用，她们在别人处于困境时会伸出援助之手，就像母亲对待孩子一样，母亲的衣角可以给人一种安全感。但男性却不太会劝慰和鼓励一位紧张的女性，这可能与男性不善于捕捉别人面部表情有关。因而女性员工在帮助那些身处困境的客人时会显得更为热情更具耐心，如照顾生病客人、接待客人投诉时的精神安慰等，从而使客人对酒店心存感激。第三，从语言沟通风格看，男性谈话被认为更直接、清晰和自信，更倾向工具性，对任务、事实和分析更关注。这和女性谈话更倾向表达，如表达对组织成员人际关系的关注有明显不同。因而如果说女性在和顾客进行有效的人际沟通方面占有优势，在电话服务等方面能做得更好一些；那么男性在走动管理和现场处理各种紧急问题时却显得更为理智，更有条理。

其次，从顾客方面看，女性顾客的消费心理一直备受市场营销专家的关注。在酒店服务方面，女性顾客由于其特定的生理条件及心理要求，她们对安全、卫生和美容三个方面的问题更为关注。她们希望酒店能保证她们的人身和财产安全，不会受到威胁和骚扰；她们希望酒店的卫生状况好一些，客房布置得漂亮雅致；她们希望酒店能提供较高级的美容美发场所，酒店饮食清淡素雅，具有充饥和美容瘦身的双重功效。

2. 年龄差异

旅游企业员工基本上是中青年人，因此年龄差异在旅游服务中主要表现为怎样接待老年顾客的问题上。现代社会已逐渐步入老龄化社会，中老年顾客会越来越多，因此对老年顾客的关注也会越来越重要。老年人的生理变化非常明显，表现出来的总的特征是“丧失”，包括身体精力的逐步丧失、社会角色的丧失、社会能力的丧失等。他们生理上的衰老最为明显，速度最快的是体态与生理机能方面的衰老，这表明老年人适应外界环境的能力逐步减退。老年人的心理状态一般较内向，他们沉溺于对过去的回忆之中，顽固地以自己心目中已经根深蒂固的价值观来衡量、评价现实中的一切。老年人的智力并非处于全面衰退的状态，而老年人的情感可能变得很脆弱、敏感，这些会造成老年人时常有种失落感。因此，对待老年人应遵循关照和尊敬尊重相结合的原则，既要满足其生理的需要，更要满足其精神需要。

一方面，关照其日常生活。首先，从餐饮服务上看，由于生理上的变化，老年人的知觉反应逐渐衰退，影响到嗅觉、味觉、消化系统等方面，都呈现退化趋势，牙齿的松动和脱落又给他们带来新的麻烦，他们更加关注自己饮食和身体的健康。所以，要给他们介绍易消化、低盐、低糖、低胆固醇而高蛋白质、高钙的食品。目前我国酒店在这方面考虑得还不够。其次，从客房服务上看，人在进入老年后，睡眠时间减少，而且入睡困难。所以，在房间安排上，应尽量给老年人安排以静为主、环境幽雅、活动场所适宜且交通方便的房间。另外，在对老年人整个服务过程中，员工要对他们格外关照，细心一些，耐心一些，对他们行走起居随时给予帮助等，这样会使老年人在旅途中的生活更舒适方便一些。

另一方面，尊重其消费习惯。老年顾客在几十年的消费实践中，积累了丰富的经验，不仅形成了自身的生活习惯，也形成了消费习惯，且不会轻易改变这种习惯。如崇尚节俭、追求经济实用、不重包装等。因此，旅游企业员工在

为老年人服务时，不能因为他们不合潮流而认为他们落伍、老土，不能因其崇尚节俭而认定他们吝啬、小气，从而表现出轻视的神情，这样会极大地伤害老年人的自尊心。

3. 文化差异

（1）顾客需求的文化差异

20世纪90年代以来，越来越多的研究开始探讨文化对服务质量的影响，研究表明，由于文化的差异，会造成不同地区的消费者关注服务质量的不同方面。福瑞尔（Furrer）等人曾对银行业服务质量进行对比研究，结果发现，具有个人主义特征的消费者由于更加关注自我，所以他们会对服务商要求即时的、反应快的服务；处于长期定向文化背景中的消费者更愿意与服务商保持长期的联系，自然就要求服务可靠、及时等。玛提拉（Mattila）曾对西方与亚洲的消费者对豪华酒店的服务评价进行对比，研究发现，与亚洲的消费者相比，具有西方文化背景的消费者对服务的评价更依赖物理环境的线索，况且对消费体验的享乐方面也更重视。另外，在美国运通公司2002年8月的一项最新调查中，来自14个国家及地区的1400名商务旅客透露了他们的喜恶。调查显示，不同国家商务旅客的服务需求存在很大差异。在酒店服务方面：欧洲人比较喜欢免费早餐——42%的瑞典人、36%的德国人、34%的法国人选择此项为他们最喜爱的酒店增值服务；相对所有受访者，美国人（40%）、墨西哥人（39%）、日本人（35%）最欣赏有上网设施；而亚洲人则比其他各国受访者更重视商务中心设施，29%的新加坡人、24%的香港人和23%的日本人选择此项为酒店最具吸引力的服务。

（2）员工服务态度取向的文化差异

如果说对顾客需求的文化差异的关注是某些酒店提供针对性服务提高服务质量不可忽视的问题，而一个国家整体服务质量的差距却不是某些酒店可以改变的，而是与这个国家整体的文化传统有直接的关联。因此我们从传统文化出发，也许可以找到解决我国酒店服务质量问题的一个根本方法。

吉尔特·霍夫斯塔德（Geert Hofstade）在文化差异方面进行了迄今为止最为全面的研究，他发现民族文化对员工与工作相关的价值观和态度起主要作用。如美国文化是一崇尚自由与平等的文化。在人们的观念中，在社会上做什么职业只是社会角色的分工，没有高低贵贱之分。从事服务工作的人其内心是平和的，没有低人一等的感觉，不感到自卑，非常坦然地“伺候”人，没有因自卑而导致的心理失衡，并进而伺机制造事端、“造反”来寻求平衡的行为。因而处在美国文化中的人们从事服务工作不存在心理障碍，做好服务工作有水到渠成之势，其服务质量自然是好的。再如，日本虽然和美国的文化观念完全不同，但同样是服务好的国家，这仍是传统文化的功劳。在日本服务业从事服务工作的人以女性居多，而日本女性千百年来已被训练和熏陶得全然如“婢女”一般而浑然不觉，甘当自己的角色并乐在其中。部分从事服务工作的男性也没有任何心理不平衡，努力干着自己的工作，这种无冲突和矛盾的心理现象决然不是像美国人那样无等级观念的结果，而纯粹是对角色的发自内心的接受使然。

而中国文化形成于五千年的历史基础之上，传达出的是一种极其强烈的等级观念。在服务中，顾客高高在上，是“主人”，易于盛气凌人、颐指气使，对服务人员呼来唤去，而服务人员感到自己是“仆人”，原本就心理不平衡，心理防卫机制处于高度敏感的戒备状态，对相关刺激敏锐接收，甚至放大。但由于职业角色掣肘，不敢放肆，而其内心的不平衡却是活生生的现实。指望这些不满意的员工来制造出满意的顾客无异于缘木求鱼。因此，要在中国文化的背景下提高酒店的服务质量。一方面我们可以借鉴日本人的经验，培养员工良好的职业素养，用牢固的角色意识来统领员工在工作中的行为，从而稳定提高其服务的质量；更重要的一点是，我们可以从美国人的服务观念中得到一些启发，给员工一些心理上的帮助，帮助员工树立强烈的自尊心和自信心，使其相信人格上的平等可以战胜工作中的不平等，当然还要采用行为奖励、双向沟通、授权措施等实际手段来帮助员工减轻其角色压力，减少内心的不平衡，从而尽量以平和的心态来面对顾客，做好服务工作。

第三节　旅游市场服务营销策略

一、旅游关系营销

（一）关系营销与传统营销的比较

关系营销是指企业与顾客、分销商、经销商、供应商等建立、保持并强化关系，通过交换及共同履行诺言，使有关各方实现各自的营销目的的营销行为

的总称。菲利浦·科特勒称之为“双方之间创造更亲密的工作关系与相互依赖关系的艺术”。关系营销理念即是企业以关系营销的理论来指导自己的行动所形成的指导思想及经营哲学。

关系营销是从20世纪90年代发展起来的，关系营销的目标就是同顾客结成长期的相互依赖关系，发展企业及其产品与顾客之间连续性的交往，以提高品牌忠诚度和巩固市场，促进销售。

关系营销与传统的交易营销存在本质差异性，如下表所示。

表8-2　交易营销与关系营销的区别

营销方式 / 项目	交易营销	关系营销
适合的顾客	适合于眼光短浅和低转换成本的顾客	适合于具有长远眼光和高转换成本的顾客
核心概念	交换	建立与顾客之间的长期关系
企业的着眼点	近期利益	长远利益
企业与顾客的关系	不牢靠，如果竞争者可用较低的价格、用较高的技术解决顾客的问题，关系可能会终止	比较牢靠，竞争者很难破坏企业与顾客的关系
对价格的看法	是主要的竞争手段	不是主要的竞争手段
企业强调	市场占有率	回头客比率、顾客忠诚程度、建立长久的关系、顾客满意
营销管理的追求	单项交易的利润最大化	追求与对方互利关系的最佳化
市场风险	大	小
了解对方的文化背景	没有必要	非常必要
最终结果	未超出“营销渠道”的概念范畴	超出“营销渠道”的概念范畴，可能成为战略伙伴，发展成为营销网络

（二）旅游关系营销的基本概念

1. 旅游关系营销的定义

旅游关系营销是指以旅游企业和游客的相互关系为核心的营销。

关系营销的哲学基础是关系哲学观点和系统论。哲学认为：系统地看，世界上以人为核心衍生出四种关系。即：人与自然的关系、人与社会的关系、人与人的关系和人与自我的关系。把世界上的关系引入营销，就产生了关系营销的概念。

在旅游企业的市场营销活动中，也存在着各种各样的复杂关系，如下表：

表8-3　旅游企业营销活动中的关系简析

分类角度	关系类型
按主体分类	旅游企业与游客的关系、旅游企业与相关供应商的关系、旅游企业与相关销售商的关系……
按客体分类	人与人的关系、人与物的关系、人与财的关系、财与物的关系、物与物的关系、财与财的关系……
按要素分类	时间关系、空间关系、信息关系、产品关系、财务关系、管理关系……

在这些纷繁复杂的关系中，作为通过为游客提供旅游产品及相关服务而创造利润的经济实体，旅游企业应当把自己与游客的关系作为其中的核心。

2. 旅游关系营销概念的要点

根据旅游关系营销概念，旅游企业应与游客和其他合作者建立、保持并加强关系（通常指长期关系），通过互惠互利的交换以及共同履行交换诺言，使有关各方实现各自的目的。旅游企业所使用的各种资源，包括人员、技术和服务或产品体系，应能保持并增强游客对本旅游企业的忠诚度和信任感。

根据美国著名营销学家贝里（Leonard L. Berry）的说法，关系营销的条件包括：①顾客对服务或产品有长期的间隔性需求；②顾客可自由选择旅游企业；③市场上有许多旅游企业可供顾客选择；④顾客的忠诚度不高，可随时改换旅游企业；⑤顾客的“口碑”是特别重要的一种信息传递形式。对旅游而言，游客也具备这五个条件。因此，在旅游营销中推广关系营销概念是适当的。

根据关系营销概念，游客是旅游企业最宝贵的资产。在激烈的市场竞争中，任何一个旅游企业部都应通过各种营销活动与游客建立、维持并发展长期互惠关系，使游客成为本旅游企业的忠诚者，才能取得持久的竞争优势。因此，关系营销概念对景区景点、宾馆酒店、旅行社、旅游交通、餐饮饭店等各类旅游企业都是适用的。

3. 引入关系，重视关系，建立目的地关系营销桥梁战略模式

从旅游目的地来看，在其营销战略中引入关系营销观念的关键是重视与旅行社的关系，树立以搞好目的地与旅行社的关系为中介全面带动营销工作的战略思想，从而形成以旅行社为桥梁和纽带、间接地与旅游者（包括潜在旅游者）建立长期忠诚关系的目的地旅游“关系营销桥梁战略模式”。

旅游关系营销的桥梁战略模式可以克服一般关系营销理论较难在区域旅游营销中应用的弊端，为旅游目的地营销战略创新找到了一条实现途径。

（三）基于关系营销理论的旅游企业营销战略要点

1. 概念性营销战略设计要点

对旅游企业而言，其概念性关系营销战略是一种框架性、概要性的营销战略。与全局性、详细性的营销战略相比较，概念性营销战略的设计主要对营销战略的框架“蓝图”进行整体性设计，对营销战略的具体内容进行提要性归纳。概念性营销战略的设计要点见下表：

表 8－4　概念性关系营销战略设计要点

阶　段	战略内容	设计要点
战略的制定	战略思想	确定总体战略思想
	战略目标	确定总体战略目标
	战略重点	确定市场发展重点和市场竞争重点 确定产品发展重点和重点游客关系
	战略对策	确定战略对策体系的基本框架和总方向
战略的实施	实施保障和步骤	确定实施人员、组织和资金安排纲要
战略的优化	优化时机和内容	确定战略调整和转换的条件和时机

2. 始于游客，终于游客，确立“游客至上”的旅游企业营销战略目标

关系营销理论在旅游企业中的应用以扩大的营销组合模式为基础，以游客

服务为中心。因此，在旅游企业营销战略中应用关系营销理论应当坚持“始于游客，终于游客”的“游客至上”营销战略目标。

应当指出，“游客至上”并不是关系营销理论提出的新东西，而是在现代营销进入20世纪50年代的消费者营销阶段就有的观念。“游客至上”的形象表示是“游客总是对的”。

在关系营销观念下，游客至上的营销战略目标强调的是以游客服务为中心，把全过程服务贯穿于营销战略的始终，也就是围绕营销战略周而复始的循环，使旅游产品（线路）的整体过程、游客旅游过程、游客购买过程和游客服务过程等四个过程统一起来，见表8－5：

表8－5 目的地关系营销桥梁战略模式下四个过程的统一

产品（旅游线路）整体过程	研究	设计/踩线	销售/组织	售后
游客旅游过程	旅游前		旅游中	旅游后
游客购买过程	购前		购买	购后
游客服务过程	售前服务		售中服务	售后服务

具体来说，关系营销观念下的游客至上营销战略目标以“始于游客”和“终于游客”为两极：

“始于游客”是指营销战略的制定、实施和优化应当从为游客提供最优的产品和服务出发，以游客服务为营销战略的核心，在产品的研究、设计/踩线、销售/组织和售后各个阶段及其相关环节落实游客至上的目标，带动营销战略的整体塑造与落实。

“终于游客”是指营销战略的制定、实施和优化应当围绕为游客体验的最优化为最终目的，通过游客体验的最优化来获得市场、提高市场占有率，从而实现旅游企业自身利润的最大化。

3. 动态定位，整体定位，确立动态适应的营销战略对策体系

定位是营销战略的重要内容之一，定位准确与否关系到战略思想、战略目标和战略对策的具体内容能否符合实际，也关系到旅游企业在市场发展和市场竞争两个方面能否顺利进行。

应用关系营销概念进行定位是采用动态定位和整体定位方法来认识和提炼旅游企业战略环境条件及其对旅游企业定位的制约作用，围绕游客服务这个关

系营销的中心，从产品定位、市场定位和整体定位三个环节动态进行定位。

动态定位的客观依据在于：在动态变化的市场环境条件下，传统的营销观念和组合策略不能为旅游企业的生存发展奠定能够经受市场风云变幻考验的牢固而稳健的基础；在关系营销观念下，扩大的营销组合模式则以扩大的市场视野观察市场变化和发展趋势，在综合的市场竞争力量和匹配过程为导向下，与包括相关旅游企业、游客以及所有可能与自身发展业务的个人和团体在内的外部主体建立长期而忠诚的关系，从而使旅游企业在频繁变化的市场环境下建立与维持牢固的生存发展基础。由于外部力量的相关主体时刻处于动态变化之中，因此，关系营销观念下的营销战略定位应当采取动态定位的方法，“以变应变、以动制动”。与动态定位相应，关系营销导向下的营销战略对策应当是动态适应的体系，参见下表：

表 8－6　动态定位下的动态适应战略对策体系要点

定位环节	定位的主要内容	对应的战略对策要点
旅游产品定位	产品竞争方式 产品形象 细分市场	通过产品实体塑造形象 通过科技和质量等旅游企业无形因素赢得游容
市场定位	市场地位 游客关系	通过与早期游客、零售网络、分销商、市场中介乃至传媒等行业基础设施及其关键人物合作赢得市场地位
整体定位	旅游企业整体形象	通过财务业绩树立实力形象 通过旅游企业文化巩固整体形象

4. 以游客为核心的全过程服务

旅游企业在旅游产品的整体生产经营活动中，无论是产品设计阶段，或者产品组织阶段，还是产品销售和售后阶段，都应当贯彻游客服务工作。从关系营销角度来看，以游客为核心的“全过程服务”是基本的旅游企业关系营销概念。

所谓“全过程服务”是指贯穿旅游企业旅游产品（线路）生产经营活动整个过程中各个阶段的服务之总称。以产品（线路）的销售（组织）为中间点，“全过程服务”可以分为售前服务、售中服务和售后服务三种类型，参见

表 8－7：

表 8－7　全过程服务的类型和比较

服务类型	售前服务	售中服务	售后服务
实施阶段	产品的设计、生产阶段	产品的销售阶段	产品销售之后
基本原则	"量体裁衣"式的定制化服务	"对症下药"式的专业导购服务	"未雨绸缪"式的预备服务或"亡羊补牢"式的事后服务
服务的核心	为特殊游客提供特殊服务或产品	推动并实现游客的购买行为	保证游客正常使用或继续购买产品的服务
主要内容	按游客要求提供特种设计生产、购买信贷服务、免费试用、技术咨询	产品销售现场介绍、演示、咨询，在销售现场为游客提供购物休息的环境和条件	传统的"三包""三保"服务、免费送货上门、安装、维护、调试、跟踪服务

与全过程服务相对应，建立、保持并加强旅游企业与游客之间的关系，旅游企业的营销过程应包括以下几个关键环节：

第一，与潜在游客初次接触，建立关系：指旅游企业向潜在游客做出各种许诺；

第二，保持现有的关系，使游客愿意继续购买本旅游企业的产品和服务：其前提是旅游企业履行诺言；

第三，发展持久关系，使游客愿意扩展双方之间的关系，参加本旅游企业的旅游活动，或参加本旅游企业新推出的旅游线路：其核心是旅游企业履行从前的诺言之后，向游客作出一系列新的许诺。

二、旅游内部营销

内部营销就是旅游企业在认识到旅游产品特点的基础上，为满足游客的需要，把员工视为企业的内部顾客，所采取的一系列确保企业员工自觉自愿且有能力向游客提供高质量旅游产品的活动和途径。

(一)旅游企业开展内部营销的必要性

在旅游业中,企业从业人员与旅游服务密不可分,使内部营销成为旅游企业提高服务质量,增强市场竞争力的必要途径。它的必要性可从以下几方面来认识。

1. 旅游产品(服务)的重要特征——企业员工已成为产品的重要组成部分

与实物产品相比较,旅游产品除具不可感知性、不可分离性、差异性、不可储存性和缺乏所有权等特征外,还有一个重要特征是企业员工已成为旅游产品的一部分。旅游产品的生产、交换和消费几乎是同时进行的,顾客在购买并消费某一项旅游产品的过程中,常常不仅接触到旅游企业的旅游资源、设施以及环境气氛,而且直接接触到旅游企业的员工,感受到他们的态度、表情、言谈举止和服务水平,这些就共同构成旅游产品。此外,它不同于一般产品之处的是以现场服务来体现,即通过导游、领队、司机、餐厅和客房服务员等旅游企业的第一线员工所提供的服务来体现的。旅游企业员工的态度、外表、言行、技术水平、价值观、团队协作精神等综合素质决定着旅游产品的质量。企业的员工就是联系企业与游客的纽带和桥梁,只有具备服务意识和顾客导向意识的旅游企业员工,才能提供游客满意的高质量的服务。有高质量的员工,才有高质量的产品。因此,旅游企业以顾客为导向的营销不可避免要包括对员工的营销,即内部营销。

2. 旅游企业的第一线员工承担着大部分的企业营销职能工作

旅游企业营销职能的执行不同于制造业。在旅游企业,营销任务不仅是营销部门的职责,而且是全体员工的职责。旅游企业的各级员工,特别是第一线员工,接待顾客的过程,就是企业营销的过程和机会,陪同、领队、导游、司机及旅游地和酒店的各类服务员不仅各司其职,用自己的热诚态度、优质服务吸引顾客,推销商品,使游客产生良好的感觉质量,成为企业的忠诚顾客。又因为这些忠诚顾客对企业产品有了正面的评价,他们中的绝大多数人会一传十、十传百,为企业和企业的产品做宣传,这种口碑的力量将产生惊人的营销效果。此外,旅游企业的第一线员工在为游客服务的过程中还兼做市场调查、了解游客的消费倾向、购买动机、心理、建议和抱怨,并把有关信息及时向上反映,以便企业的高层管理人员做出正确决策。但是,如果由于旅游企业员工工作胜任性差,角色冲突和角色模糊,他们提供的旅游产品质量达不到顾客预期的水平，顾客绝大多数人不会当场反映，多半自认倒霉，不再光临，但在心中默记一笔，然后，平均一位顾客会告诉周围的十个亲友，产生了十分糟糕的负面营销效应。通常，一次不好的服务，需要十次好的服务才能扭转顾客的不良印象。（Philip Kotler，1996）旅游企业员工素质和能力的低下，严重影响了企业的营销效果、盈利能力和企业形象。良好的外部营销效果有赖于旅游企业的内部营销，企业在向游客销售旅游产品（服务）之前，必须先把"工作"销售给员工。

3. 旅游产品（服务）的质量差距是由企业组织内部的问题造成的

在企业组织内部存在消费者预期和管理者感知之间的差距、管理者感知与服务质量规范之间的差距、服务质量规范和服务提供之间的差距、服务提供与外部沟通之间的差距以及感知服务质量与预期服务质量之间的差距等五个服务质量的差距。这些服务质量的差距严重影响了旅游企业向消费者提供高质量、稳定的旅游产品（服务）。影响消费者预期服务质量的主要因素是企业形象、促销和价格，影响消费者感知的服务质量的主要因素是信息沟通效率、员工技能和态度、产品的设计质量、技术质量和功能质量。这些因素都与旅游企业的管理人员、员工的素质和能力、企业信息沟通效率有直接关系。例如，由于市场竞争激烈，少数旅游企业在客源、市场占有率等方面感到压力很大时，出于短期或财务上的考虑，在促销时往往夸大许诺，使顾客得到错误信息，并做出错误决定。当顾客接收到的信息与实际提供的产品不相符时，企业也就失去了信誉。可见，只有通过有效的内部营销，加强沟通管理和态度管理，提高企业内部信息的沟通效率、管理能力和员工素质，才能有效控制旅游企业产品质量差距的出现，使游客满意。

（二）旅游企业内部营销的主要内容

旅游企业的内部营销主要包括以下内容：

1. 创建和培育"服务文化"

服务文化是严格的服务导向、顾客导向的企业文化。因为旅游服务质量是各种资源如人和技术等资源共同作用的结果，因而要成功地进行质量管理，必须创造和培育一种能够提供高质量的稳定的旅游服务企业文化。旅游企业计划和企业实施内部营销，首先要在企业内部创建和培育本企业的"服务文化"。企业的"服务文化"影响和控制着企业管理人员和各级员工的行为。企业制定和实施旅游服务战略和策略需要高、中级管理人员的彼此联系以及广大员工的参与和支持，这就需要有“服务文化”影响，指导和控制自己的行为。具体说，旅游企业在创建和培育“服务文化”的过程中，高层管理人员要有战略眼光，努力探索和开创“服务文化”的途径，通过制定政策、程序、制度和行动方针来规范和约束企业业务活动中的员工行为。高层管理人员只有自己率先成为企业服务文化的忠实体现者和执行者，以良好的作风和强烈的事业心鼓舞鞭策员工，尊重、关心和理解员工，服务顾客，才能使企业倡导的服务意识、价值观内化为员工的行为，也才能凝聚起员工的参与意识和团队精神，使他们与企业风雨同舟，竭尽全力，自觉为顾客提供高质量的旅游产品，实现企业的营销目标。

2. 充分开发和利用企业的人力资源

为保证旅游企业服务营销的有效性，充分开发和利用企业的人力资源，加强企业的人力资源管理，进行质量控制，必须做好以下工作：

（1）甄选录用合格的人才。聘用优秀人才来实施服务是旅游服务营销的关键。旅游企业对服务人员的要求不能仅仅是年轻貌美，主要是应聘人员的内在素质，如价值观、个性和成熟度。

（2）教育培训。除向员工传授服务技能外，更重要的还有职业道德、服务规范和标准化培训，使员工不仅有“提供优质服务”的意识，而且通过培训，接受新的服务技能、改善服务态度，丰富旅游服务产品知识，以保证他们提供的服务与企业的目标相一致，与顾客的期望值相吻合。

（3）充分授权和倒金字塔组织管理模式。传统的管理模式是由第一线的员工直接面对顾客，但如未充分授权，一旦碰上问题，员工就无法采取行动，只得将矛盾上交中层管理人员，再由中层管理人员向上反映。因中层管理人员处于信息散发源和接收源之间，就会出现信息错误、失真和丢失的现象。这样的管理模式使中层管理人员对信息的传递起着阻碍的作用，旅游企业不仅丧失了信息的准确性和时效性，而且丧失了顾客。如果企业实行倒金字塔形的管理模式将顾客放在最上层，第一线员工在第二层，第三层是中层管理人员，最下层为企业决策者，就从组织结构和管理模式上保证企业上上下下各级员工都对顾客负责，以顾客为中心，根据服务内容自主地解决问题，企业管理人员的任务就是支持、协助第一线员工完成服务顾客的任务和使命。

（4）激励与认同。激励是旅游企业采用适当的刺激方法，使员工以更高的水平、更大的主动性和自觉性从事旅游服务。管理有方的旅游企业大都实行

"以人为本"的管理模式，根据科学的激励理论，针对员工的不同特点进行激励。他们对员工委以恰当工作安排时做到人尽其才，以激发员工的内在工作热情；同时要赏罚分明，客观评价员工的工作，激发员工的工作积极性；还应通过教育培训，提高员工素质，增强自我激励能力和进取精神。总之，旅游企业通过改善工作内容、工作环境和工作条件等外在因素，促使员工内心产生奋发向上的进取精神、努力工作的积极性和满足感。同时，让在旅游服务中表现突出的员工得到认同和表扬，也会有助于企业营造良好的服务文化和环境，达到团队的整体发展，使企业整体服务质量都得到提高。

3. 沟通管理

沟通管理是指旅游企业的管理人员、一线员工及职能部门需要信息交流，以完成他们各自对内、外部顾客的服务任务。通常旅游企业直接面向外部顾客的"触角"有两个：与顾客直接接触的员工和营销部门。其中一个直接向顾客提供服务，收集顾客的有关信息；另一个是旅游企业自身信息的发出源，它采用促销手段向顾客、中间商和公众发出企业产品、价格和服务内容等方面的营销信息。此外，在沟通管理方面，员工的内部沟通和与顾客的外部沟通同等重要。

员工的内部沟通分为纵向沟通和横向沟通。

纵向沟通即上下级之间的沟通。员工服务顾客需了解企业经营目标、经营决策等多方面的信息，才能更好地服务于顾客，对此，旅游企业管理人员有必要采取各种方式把新的旅游服务战略、新的服务规范、经营思想、经营方法和企业新的价值观念等信息传达给员工，使他们理解且接受新的战略、任务和思维方式。同时搜集旅游企业员工的建议、需要、要求，使下情上达。一个有效的双向沟通系统中，员工的合理建议能及时被采纳，员工的要求能使管理人员作出适当调整，员工就会深切意识到自己在组织中的价值，并会通过自身努力去实现企业的目标。为此，企业管理人员需定期进行内部调查，采取问卷、员工会议、意见建议日等形式，使信息自下而上流动起来，并及时将信息反馈给下属员工，从而形成一个完整的信息环，只要员工的责任心加强，主人翁意识会使他们用极大的工作热情去感染千千万万的顾客。

横向沟通即旅游企业部门之间的沟通。旅游服务对顾客来说是一个整体概念，不同部门、不同员工为顾客提供的服务都是顾客服务质量感受的组成部分，任何环节的缺失都会破坏企业服务的整体效果。一线员工要了解营销部门对外营销对顾客做了什么承诺，以便在提供服务时，尽量达到或超过企业对顾客所做的承诺。营销部门要及时获得一线员工实际接待能力、所能达到的服务水平等方面的信息，在促销时作出适当承诺。旅游企业服务质量出问题的一个重要原因就是企业在外部营销活动中给顾客的承诺与一线员工实际提供给顾客服务之间的差距。因此，员工之间、部门之间必须协调配合，实行整体营销，才能造就出一个高质量服务的企业形象，促使外部营销的成功。

内部沟通的另一个重要内容是传播企业文化，即强化每个员工的顾客导向观念、服务意识和质量意识，使企业文化深入人心，在员工与顾客的互动营销过程中，自觉地、胜任地为顾客提供理想的技术质量（例如导游工作是成功的）和功能质量（例如导游对游客是关心的并对导游工作充满信心），从而使旅游企业管理人员达到对企业经营活动的间接控制。

美国市场营销专家菲利浦·科特勒曾说："旅游企业的外部营销把顾客吸引到酒店或旅游地，但如果企业员工提供的服务达不到顾客的预期水平，再好的外部营销也白搭。"这说明，旅游服务营销不仅要求外部营销而且需要内部营销。内部营销是成功的外部营销的前提。旅游企业的生存决定了其服务的质量，而内部营销是提高旅游产品（服务）质量的必由之路。

美国迪斯尼公司和马里奥特饭店被普遍认为是旅游业中开展内部营销成功的先驱。我国的旅游业中，除少数企业如北京长城饭店和南京玄武饭店等实行"员工第一，顾客至上"和"人人都是饭店形象，处处都是产品质量"的内部营销活动，取得较好的效果外，其他大多数旅游企业还普遍缺乏内部营销观念，它们只注重如何吸引外部顾客，实施外部营销（即传统市场营销），员工很少了解企业的目标、业务范围、自身的服务工作对顾客和企业的影响，缺乏积极性、主动性和创造性，从而导致了员工在服务中不能发挥其最大潜能，流动性大，服务质量不稳、顾客满意度低等状况。因此，加强内部营销的研究和实践既是当今我国旅游企业面临的主要任务，又是我国市场营销学者面临的重大课题。

【案例】

香格里拉酒店的关系营销之道

香格里拉是国际著名的大型酒店连锁集团，它的经营策略很好地体现了酒店关系营销的内容——

香格里拉饭店与度假村是从1971年新加坡豪华香格里拉饭店的开业开始

起步，很快便以其标准化的管理及个性化的服务赢得国际社会的认同，在亚洲的主要城市得以迅速发展。其总部设在香港，是亚洲最大的豪华酒店集团，并被许多权威机构评为世界最好的酒店集团之一，它所拥有的豪华酒店和度假村已成为最受人们欢迎的休闲度假目的地。香格里拉始终如一地把顾客满意当成企业经营思想的核心，并围绕它把其经营哲学浓缩于一句话“由体贴入微的员工提供的亚洲式接待”。

香格里拉有八项指导原则：

1. 我们将在所有关系中表现真诚与体贴。

2. 我们将在每次与顾客接触中尽可能为其提供更多的服务。

3. 我们将保持服务的一致性。

4. 我们确保我们的服务过程能使顾客感到友好，员工感到轻松。

5. 我们希望每一位高层管理人员都尽可能地多与顾客接触。

6. 我们确保决策点就在与顾客接触的现场。

7. 我们将为我们的员工创造一个能使他们的个人、事业目标均得以实现的环境。

8. 客人的满意是我们事业的动力。

与航空公司联合促销是香格里拉酒店互惠合作的手段之一。香格里拉与众多的航空公司推行“频繁飞行旅游者计划”。入住香格里拉饭店时，客人只要出示“频繁飞行旅游者计划”会员证和付门市价，就可得到众多公司给予的免费公里数或累计点数，如：每晚住宿便可得到德国汉莎航空公司500英里的优惠，美国西北航空公司、联合航空公司500英里的优惠。其他合作航空公司有加拿大航空公司、新加坡航空公司、瑞士航空公司、澳大利亚航空公司、马来西亚航空公司、泰国航空公司等。另外，香格里拉还单独给予客人一些额外的机会来领取奖金和优惠，如：香格里拉担保的公司选择价格。

顾客服务与住房承诺方面，则体现了酒店在承诺、信任原则上的坚持。香格里拉饭店回头客很多。饭店鼓励员工同客人交朋友，员工可自由地同客人进行私人的交流。饭店要在2000年前建立一个“顾客服务中心”，这个项目建立后，客人只需打一个电话就可解决所有问题。与原来各件事要查询不同的部门不同，客人只需打一个电话到顾客服务中心，一切问题均可解决。饭店因此也可更好地掌握顾客信息，协调部门工作，及时满足顾客。在对待客人投诉时，绝不说不，全体员工达成共识，即“我们不必分清谁对谁错，只需分清

什么是对，什么是错”。让客人在心理上感觉他“赢”了，而我们在事实上做对了，这是最圆满的结局。每个员工时刻提醒自己多为客人着想，不仅在服务的具体功能上，而且在服务的心理效果上满足顾客。香格里拉饭店重视来自世界不同地区、不同国家客人的生活习惯和文化传统的差异，有针对性地提供不同的服务。如对日本客人提供“背对背”服务：客房服务员必须等客人离开客房后再打扫整理房间，避免与客人直接碰面。饭店为客人设立个人档案长期保存，作为为客人提供个性化服务的依据。

酒店关系营销中的“管理顾客期望”

靳医兵

有这样一个事例，可以说明提供超过顾客期望的服务是最能令顾客满意的。1996年初春，一位美国老者来到长城饭店宴会营销部，言道：他是来自美国的学者，刚在中国的西部游历了数月，回国前想在贵店宴请160多位同行业人士及重要贵宾。老先生愿意付很高的餐价，但非常希望饭店将宴会厅装饰出中国西部风情，因为他很留恋新疆的天山和草原的驼铃。老先生还说：“我个人不能提出具体的宴会方案，因为我不是饭店专家，但我知道贵店在京、京城餐饮业一向享有盛誉，我相信你们一定能令我满意的。”

客人走后，宴会部开始了认真的策划，经过几个方案的筛选，最后终于决定为客人举办“丝绸之路”主题晚宴。

两天后，当老先生及其数位随从人员在宴会前1小时出现在宴会厅时，他们的惊喜无法用语言表达。展现在他们面前的宴会厅宛然一幅中国西部风景图：从宴会厅的三个入口处至三个主桌，服务员用黄色丝绸装饰成蜿蜒的丝绸之路；宽大的宴会厅背板上，蓝天白云下一望无际的草原点缀着可爱的羊群；背板前两个高大的骆驼昂首迎候来宾，其形象的逼真使人难以相信这仅仅是饭店美工人员在两天内制作出来的；宴会厅的东侧，巍然屹立的长城碉堡象征着中国5000年文化的沧桑；西侧另一幅天山图的背板下，宽大的舞台上，一对对新疆舞蹈演员已开始载歌载舞，16张宴会餐台错落有序地散立于三条丝绸之路左右，金黄色的座位与丝绸颜色一致，高脚水晶杯和银质餐具整齐的摆放在白色的台布上，每个餐台上的艺术插花又令人感到了宴会设计的高雅。面对文化氛围强烈的宴会厅，老先生激动地说：“你们做的一切大大超过了我的期望，你们是最出色的，真令我永生难忘。”宴会的成功不言而喻。

几天以后，总经理收到了来自美国的老先生热情洋溢的表扬信，他在信中说，回国后他已经向许多朋友谈起了这个宴会，并高度赞扬了长城饭店宴会部的员工，他认为这些员工是全世界最优秀的，因为这些员工能够理解顾客的期望，并大大超过顾客的期望。

现在“丝绸之路”已作为一个非常有特色的主题晚宴，多次服务于来自世界各地的顾客。每一次，顾客都反响强烈，非常满意。

（摘自《市场营销》2001年第6期）

【思考题】

1. 什么是服务？怎样理解服务与传统商品的区别？其对营销有哪些影响？

2. 服务营销从哪个角度关注服务质量？和以往看法有何不同？请你谈谈怎样从服务营销角度提高服务质量。

3. 社会文化差异怎样影响旅游服务质量的提高？

4. 什么是旅游关系营销？关系营销与传统的交易营销存在哪些本质性差异？

5. 从关系营销理论看旅游企业营销战略应怎样重新设计。

6. 怎样理解旅游企业内部营销？旅游企业内部营销的主要内容是什么？

第九章　旅游网络营销

网络技术的发展和应用使人们在信息共享和交流方面摆脱了时空的局限，进而对传统营销管理产生了巨大的冲击。在此背景下，企业只有变革经营理念、组织形式和经营方式，才能满足消费者不断变化的需求，网络营销应运而生。近年来，互联网以一种不可想象的速度向前发展，截至 2003 年 6 月 30 日，中国网民数为6800万，上网的电脑数达到2572万台，网络协议（Internet Protocol）地址数达到3208.448万个。面对这样一个巨大的市场，各大企业包括众多旅游企业已经把眼光投向了网络营销，以增强在未来市场中的竞争力。

第一节　旅游网络营销的概念及特点

一、旅游网络营销的界定

网络营销是企业以现代营销理论为基础，利用因特网（也包括企业内部网和外部网）技术与功能，最大限度地满足客户需求，以达到开拓市场、增加盈利为目标的经营过程；它是直销的最新形式，是由因特网替代了传统媒介，其实质是利用互联网对产品的销前、销中、售后各环节进行跟踪服务；它自始至终贯穿在企业经营的全过程，包括市场调查、客户分析、产品开发、销售策略、反馈信息等方面。简单地说，网络营销就是以互联网作为传播手段，通过对市场的循环营销传播，满足消费者需求和商家需求的过程。相对于传统营销方式而言，它增强了营销活动的互动性，降低了企业的营销成本，扩大了顾客对产品或服务的选择余地。

实质上，网络营销不仅是一次技术手段的革命，它本身还蕴含着更深刻的观念创新。可以这么说，网络营销是目标营销、直接营销、分散营销、顾客导向营销、全球营销、虚拟营销、双向互动式以及无纸化营销的综合体。

旅游网络营销主要是针对旅游企业而言的，与其他 行业的企业一样，网络为旅游企业树立市场形象、实现双向交流、开展在线交易提供了广阔的发展空间。可以预见，网络营销在旅游业中会得到日益广泛的重视和应用。

二、网络营销革命对旅游业的影响

从某种意义上来说，网络营销革命对整个旅游业尤其是酒店业市场目标的实现具有无可比拟的推动作用。

1. 网络为旅游营销部门与顾客之间的双向沟通提供了实现的基础。网络的最大优势在于其丰富、快捷的信息流。通过各种旅游信息站点及主页，旅游供需可进行全天候的信息交流，以实现对整个旅游产品流通过程的有效控制。

2. 在电子商贸活动中，旅游中间商的地位将大大削弱。过去许多旅游交易活动需要中间商的参与才得以有效完成，中间商控制很大一部分的旅游营销。现在凭借互联网，一方面，顾客拥有充分的信息来源，对景点、交通工具、酒店等各种旅游产品的选择范围更大；另一方面，旅游企业的信息处理和传输能力迅速增强，对市场的调研、细分和定位更深入可靠，并通过一对一的营销模式，实现了个性化服务。

3. 充分利用因特网的优势，旅游企业在广告宣传手段上也取得了较大的突破。仍以酒店业为例，目前参与网络预订系统的酒店在国内已有相当数量，旅游者随便打开一个具备搜索引擎的旅游网站，便可以预订到国内各大城市不同星级、各类价格水平的酒店。例如，杭州香格里拉酒店在携程旅行网（www. Ctrip. com）上推出“香格里拉一日游”，一周内收到的预订尤其是来自周边城市的预订邮件、传真接连不断。

4. 网络营销有助于建立面向游客的服务体系，实现直销的突破。为此，旅游企业必须从以下几个方面着手：

（1）介绍服务项目、服务特色、价格以及可为游客带来独特利益的各类相关信息；

（2）通过邮件、传真以及其他传统方式帮助游客解决问题，减少游客查询信息和购买产品的货币成本和时间、精力等非货币成本；

（3）实行网上模拟服务，以确保网上交易的可靠性，降低游客的购买风险；

（4）根据游客提出的要求，采取个性化服务方式；

（5）尽可能减少中间渠道的服务。

总之，今天的旅游业已经处于网络信息交换的环境之中，谁能及早认识并采取网络营销手段，谁就有机会拥有更大的市场空间。

三、旅游网络营销理念

传统营销的核心就是包括4P在内的营销组合，而现代营销管理的关键是实行全程营销，实现4P与4C的有机结合。在线营销已经成为企业向消费者提供服务的一个重要渠道，因此，必须与企业的战略策划相互匹配、相互支持。下列五个方面是旅游企业网络营销应注意的地方：

1. 确定网络“观众”

主页版面设计、图文编排必须围绕企业的目标客户群，而不是图片和文字的简单堆砌。只有具有针对性，企业的营销内容才能引起顾客的兴趣。

2. 企业的全面总动员

旅游企业应积极参与相关行业组织，并努力扩大企业的知名度，以便消费者在相关行业的网站上方便地搜寻到企业的结点，实现链接。

3. 满足游客的信息需求

企业在设立网络结点时不仅要求正确、清楚，易于联想，而且要意识到网络营销的点在于信息的提供，注意满足游客访问网站时的信息需要。为此，企业应及时更新页面，并为顾客提供有实用价值和吸引力的信息。

4. 及时回应顾客的需要

开展网络营销的旅游企业必须及时收集游客的反馈信息，并设立专门机构进行分析处理，利用邮件（E－mail）、电子公告板（BBS）等与游客进行双向沟通。

5. 控制营销绩效

企业应随时统计本企业网站的访问次数与访问者信息，做好访问者资料管理、消费者分析及成本效益分析，以便及时修正网络营销策略。

四、旅游网络营销的特点

国际互联网有五个重要特性，即互动性、虚拟性、私人性、全球性、永恒发展性（每次发展都是一次自我复制的过程，对用户而言，将更具价值）。这些特性使传统的旅游营销模式相形见绌，因为到目前为止，传统的营销模式还不能调和上述特性。而旅游网络营销创造性地继承了互联网的五大特性，表现出以下特点：

1. 交互性

旅游企业可以在网络上适时发布产品或服务信息，消费者则可根据旅游产品目录及链接资料库等信息在任何地方进行咨询或购买，从而完成交互式交易活动。另外，网络营销使供给双方的直接沟通得以实现，从而使营销活动更加有效。

2. 跨时空性

互联网具有超越时空进行信息交换的特性，借助计算机网络，旅游企业能在更多的时间和更大的空间上开展营销活动，可 24 小时提供全球性营销服务。

3. 拟人化

互联网上的促销是一对一的、理性的、消费者主导性的、循序渐进性的，而且是一种低成本与人性化的经营活动。通过信息提供和交互式交谈，旅游企业能与消费者建立一种长期良好的关系。

4. 高效性

借助网络，旅游企业可储存、分析大量的市场信息，向顾客传送信息的精确度也远超过其他媒体，并能迅速更新产品或调整价格，因而能及时有效地了解并满足顾客的需求。此外，网络信息传输速度快，即便是跨国交易，在网络上只需儿分钟即可成交。

5. 综合性

网络营销由市场调研、广告宣传、实际销售、售后服务等环节构成，是一种全程的营销渠道。而且，企业可借助网络对不同的营销活动进行统一规划和协调实施，并以统一的信息口径向消费者传达，避免由传达的不一致性所产生的消极影响。

6. 经济性

通过互联网进行信息交换，一方面可以减少印刷与邮递成本，节约办公用地租金、水电及各类人工成本；另一方面，还可减少在交换中由于多次迂回所带来的损耗。

第二节　旅游企业网络营销策略

网络营销给企业的传统营销带来了深刻的变革，然而我国信息产业尚处于起步阶段，制约了旅游企业网络营销的发展。旅游业同信息产业这两个朝阳产业的结合造就了新兴的网络旅游业，正是由于这两个产业在我国都是进步性与不成熟性的统一，使得网络旅游业既承载着无限商机又面临着巨大挑战。

一、我国旅游企业网络营销策略的现状与问题

网络营销对传统营销策略产生了巨大的冲击，由于网络营销目前在旅游业中的作用微乎其微，而大多数旅游企业不谙此道，还是以传统的营销策略为主流方向，对企业信息化的重要性未能引起足够重视，而上了网的企业也只是简单地进行广告和形象宣传，真正通过网络进行电子商务的情况鲜有发生。企业的营销策略处于传统营销组合 4Ps 过渡到网络时代的 4Cs 组合的初始阶段，这是消费者参与信息控制后，满足消费者需求占主导地位的客观要求。

1. 产品（Product）

（1）旅游产品的全球化目标受到限制。由于互联网络能够超越时间和空间的限制进行交换，旅游企业可 24 小时随时随地提供全球营销服务，使诸多旅游产品能够突破传统营销时空界限成为全国化、国际化产品。但在众多的上网旅游企业中有中英文叙述的信息并不多见，70% 以上只有中文说明，也有少数只有英文说明，更不要说日文、法文、德文等其他国家的语言了，这样很难实现旅游产品的全国化、国际化目标。

（2）互动式沟通尚未发生作用。互联网络可以和顾客做互动双向沟通，了解消费者的购买意向，产品一投入市场即可通过反馈意见及时进行更新改造，而且技术人员可通过网上交流与共同设计快速地完成旅游产品的设计。但现实的情况是旅游产品更新换代缓慢，旅游企业还不可能通过专有的信息处理系统进行大量信息的收集、归纳、分析与反馈，他们仍采取传统手段设计大众化的旅游产品，而“一对一”的特定营销服务就鲜有人为之了。这是由于在网络经济发展大环境的条件制约下，企业部分注意力还放在传统的营销模式上，没意识到互联网的信息采集功能。另外，企业缺乏懂技术懂旅游的管

理人员。

2. 价格（Price）

（1）传统的成本定价基本未变。随着网络经济的发展，产品定价逐渐向满足需求定价策略转变，先由消费者需求决定产品功能，再根据产品的生产成本制定出市场可接受的价格。我国旅游市场基本还是采用传统的成本定价策略，事实上还是企业对产品价格起主导作用，他们最关注的是产品的成本及利润而不是市场需求。

（2）价格竞争仍为主流。由于各旅游产品在网上加工信息是一种共有信息，非价格竞争将成为商业竞争的基本方式。部分旅游企业已意识到这一点，通过提高旅游产品及服务质量等其他途径赢得忠诚消费者，同时也获得了较丰厚的利润。但多数企业并未改变原有状况，网上报价与传统报价一致，仍然采取削价竞争策略，争夺市场这块“大蛋糕”，使企业陷入少利甚至无利可图的境地。

3. 渠道（Place）

（1）通过网络渠道进行的交易甚少。营销网络就是一个渠道，它除对外进行广告宣传外，更综合运用销售网络、传播网络、服务网络、信息网络和客户网络，使企业鲜明的形象及个性通过高分销效率的网络，以尽可能快的速度尽可能广地覆盖市场。虽然诸多旅游企业的网上信息制作并无特色可言，但确实扩大了直接面对的顾客群。比如一些中小旅行社的客源市场主要瞄准国内，但现在也有海外游客通过网上信息主动与之联系、交易。目前通过此渠道获得的客源多为散客，数量也极少。

（2）网络渠道并未取代中间渠道。网络销售渠道大大简化了传统营销中的多渠道构成，生产者和消费者可以通过网络直接进行交易。比如客户可跨越旅行社这一“中介”机构而直接与航空公司进行“面”对“面”的购票交易，分工精细的趋势将压缩旅行社代买机票的空间。但目前来说人们还是习惯于通过旅行社购票。一是由于旅行社数量多分布广，网上网下都易看到，方便购票且服务周到；二是虽然与航空公司直接交易简化了购票渠道，但票价并未降低，反而旅行社有时能通过折扣给予顾客一些优惠，所以客户还是愿意采用传统渠道。

4. 促销（Promotion）

（1）网络促销收效欠佳。据来自信息产业部的统计，1999 年，18 岁至 24

岁的网民占网民总数的42.8%，25岁至30岁的网民占32.8%，这样的网民年龄结构并不很理想，其经济购买能力较弱。而现存上网企业采用传统促销与网络促销双管齐下的方式，企业需动用一定资金进行网页制作、网站维护，促销费用提高了，但实际收效甚微，致使许多企业仍处于观望态度。

（2）虚拟促销宣传并无特色。多数旅游企业并没有利用网络媒介特有的动画、电影、三维空间、虚拟视觉、声音等信息传播模式的功能，网上产品信息制作与传统的宣传单、宣传画报并无两样，有的甚至简单到只有联系方式。另外，网页制作格式相仿，内容单调，不能突出企业自身特点，对消费者的吸引力不大。

（3）网络促销方式不受企业青睐。网络营销是一种“软营销”，不会单向式地强迫他人接受，而是提供相关信息，遵守网络礼仪。但目前多数旅游企业并不习惯于消费者主导型的网络促销方式，有的甚至完全放弃网络促销，仍然采用传统广告靠加深印象潜移默化地劝诱消费者购买，认为传统促销方式更为主动、直接、快速，能取得较好经济效益。

二、发展我国旅游企业网络营销的建议与对策

网络给社会发展带来巨大变革，更深刻地影响到旅游业发展的方方面面，网络营销这种全新的经营方式有着良好的发展前景。但我国互联网的发展还处在起步阶段，社会各层面都存在着制约旅游电子商务发展的不利因素，如何借助先进的科学手段推动和促进旅游行业的结构调整、产业升级和可持续发展，增强我国旅游产品的竞争力是值得大家共同探讨的问题。

1. 完善法规，提高意识

一方面，政府应出台并完善有关网络基础设施建设、网络交易的税收、用户安全和权益等方面的政策、法规，引导企业在同一规划的前提下促进网络发展，避免重复建设而造成资源浪费。另外用道德和法规的手段规范企业交易活动，同时还要抵制少数消费者恶意捣乱和不法行为。

另一方面，政府应当进行大力宣传教育，利用舆论工具和通过其他途径引导和培养人们的新观念，调动人们广泛参与的积极性，将上网视为时尚，而进行旅游电子商务更是地位和身份的象征，是一种高层次的商务活动。鼓励企业迅速转变经营思想和方针，使企业明确信息时代是世界潮流，旅游电子商务前景光明，企业在21世纪不上网，就很难生存和参与国内外市场竞争，进而促

使企业将经营纳入互联网的轨道，以推动电子商务的发展。

2. 设计出色的网页

产品网络主页是企业网络形象的第一扇窗户，网上营销是推广企业产品的一种方式，旅游企业应通过网络特有的传播方式，实现旅游产品艺术性、宣传性、娱乐性的完美组合，使消费者接受它喜欢它，并产生购买欲望。网页制作要有特色，内容丰富，形式不拘一格，并时常进行更新，同时网页的文字说明最好附加多国语言，以便顺利进入国际市场并得到国际消费者的认可。

旅游企业应加强对信息反映的灵敏度，对市场需求及时做出反应，通过网上交流设计旅游线路，安排旅游活动，开发旅游资源，建设旅游设施，提供旅游服务等。另外，产品设计也不完全受市场约束，可通过网络设计出旅游精品，产品的营销要打破人们消费习惯、生活方式和生产方式，引导人们消费需求，从而创造新的市场需求，企业也可走出削价竞争的怪圈。

3. 加强旅游信息的开发

网络时代信息是影响企业生死存亡的重要因素。旅游企业可灵活运用网络市场调查来收集信息，并建立顾客信息资源库，在网上与网络调查相连的数据库自动地对收集的信息进行分类、归纳和分析，可大大提高企业员工的工作效率；或者开设一旅游话题聊天室，使企业以网友身份与顾客进行相互提问、疑难解答、热点探讨。这样不仅可缩短企业与顾客间的距离，更重要的是可挖掘出顾客的真正需求及有价值的建议。

旅游企业和旅游主管部门应通过网络给旅游者提供全方位、详细、准确、及时的旅游信息，涉及旅游活动的“食、住、行、游、购、娱”及相关的各个方面，以往信息不对称的情况将因信息的愈来愈透明化而逐渐改变，满足了各类旅游者群体对各种不同旅游信息的需求，促使旅游者做出理想的购买决策，并顺利地完成旅游计划。

4. 对内传统营销为主，对外网络营销为主

据调查，在美国和加拿大，尽管有53%的互联网用户通过网络达到购买意向，但仅有15%的人最终通过网络实现了购买。这说明在网络经济发达的国家和地区实行的仍然是传统营销与网络营销的有机结合。因此，处于网络经济刚刚发展且目前国内电子商务的潜在用户只有1%的中国，在一段时间内对国内市场必然还是会以传统销售为主、电子商务为辅，再随着国内市场、企业、消费者日益成熟逐渐过渡到电子商务时代，不可能不合国情地急于求成。

另外，国外发达国家（通常也是我国国际旅游的主要客源国）的旅游电子商务时机成熟，如1999年，全球旅游电子商务的销售额为270亿美元，占全球电子商务总额的20%；美国网络旅游业今年的产值可望达到124亿美元。目前，国旅总社的各业务部与国外客户间80%的日常业务往来（包括旅游线路、报价、组团信息、咨询服务等）都通过电子邮件方式进行。新型的营销方式不仅可以方便快捷地进行国际信息交流，提高旅游产品的国际市场占有率，而且还为旅行社节省了成本。

由此可见，旅游企业对国外市场进行电子商务有广阔的发展前景，是全球经济一体化发展的必然趋势，也是企业参与国际旅游市场竞争的最有效的途径。

5. 提高信誉，注重品牌

从某种意义上说，没有信誉就没有网络经营，信誉是维系旅游市场诸方关系的重要纽带，是建立网络经营模式和开拓市场的必要条件。销售产品首先就得“卖信誉”，只有树立起良好的企业形象，旅游产品才会有销路。具体说来，就是要强化网络经营法制，严格按照电子商务兑现承诺，全方位地提供优质服务，取信于市场，进而建立企业的品牌形象，提升品牌信誉，使电子商务越做越大。

6. 培养和吸纳兼备专业及技术的人才

电子商务是一个新兴领域，它需要企业将电脑技术与本行业相融合进行开发。旅游行业中有知识或经验的专业人才往往不具备网络技术，旅游企业必须依靠计算机网络公司进行网络设计，而它们在电子技术上是行家里手，在旅游行业却缺乏专业知识和经验。企业可采取培养内部员工或吸纳社会上专业技术兼备的人才，以加快企业信息化进程。

第三节　旅游地网络营销策略

我国网络市场的迅速扩张展现出了无限商机，同时网络的交互性、个性化、可计算化等特性使其日益成为了解和满足用户需求最有效、最快捷和最经济的方式，这些都为旅游业开辟了越来越广阔的市场。近年来旅游企业纷纷“网上逐鹿”，开展旅游产品网上销售，而对旅游地进行营销的网站如亚洲旅游网、北京旅游信息网等纷纷出现，正说明网络营销在旅游地营销中变得越来越重要。

一、旅游地网络营销概述

（一）旅游地网络营销与旅游地营销的关系

旅游地营销是一种在区域层次上进行的为满足旅游者和区内社团需求为目的，对旅游地进行的整体性营销。旅游地是地区旅游业发展的现实基础，它以旅游点为基本单位，具有组合一个或多个完整旅游产品的条件，所以进行旅游地营销在销售旅游产品和促进地区旅游业发展等方面具有重要意义。

旅游地网络营销是旅游地营销的一种全新方式。它继承了旅游地营销的基本特点和优势，又有了新发展，主要在于以网络营销为基础，能有效弥补传统营销方式的不足。

（二）旅游地网络营销的涵义和特点

1. 旅游地网络营销的涵义

对于旅游地来说，利用网络进行整体营销的一个根本目的就是为网络用户提供旅游地各方面信息，满足其在进行旅游决策中搜集旅游地信息的需求，同时扩大旅游地的知名度，吸引投资者或合作者，也就是旅游地整体形象的传播；另一方面，从网络用户提供信息中获取顾客信息和需求，并动态地对旅游产品和旅游地形象进行调整以贴近顾客要求，从而最终影响旅游者去购买本旅游地的旅游产品（既可网上预定，网上直接购买，也可进行传统的线下购买）。这个过程是循环往复的，两方面同时又重合交织在一起。

旅游地网络营销的内涵是：以互联网为基础，利用其技术和功能最大限度的满足目标顾客对旅游地信息和旅游产品的需求，从而传播旅游地形象，推介旅游产品，促成和引导（线上和线下）交易实现，以达到提高旅游地知名度，开拓市场，增加地区旅游业收入和促进其发展为目的的管理过程。

2. 旅游地网络营销的特点

旅游地网络营销与一般的旅游企业网络营销有所不同。①营销内容的广博性：旅游地网络营销已不像传统旅游企业只单纯地对旅游产品进行营销，而是提升到一个区域的高度对整个旅游地的营销。其内容涉及了旅游地的企业、旅游产品、旅游景点、旅游地依托的中心城市、旅游地的经济政治文化、旅游地居民情况及相关行业情况等。②营销主体的复杂性：目前营销主体有四类，除

旅游地政府或旅游组织（如北京旅游局、深圳市贸易发展局、荷兰观光局、日本国际旅游组织等）、旅游企业联盟（如亚洲旅游网 www. Asiatour. com）、旅游地开发商（如周庄旅游网）外，也有为游客及旅游企业提供服务的大型服务中介公司（如携程网，美国 AGS 国际服务公司等）。③营销目标的长远性：营销的主要目的是树立良好的旅游地整体形象，提高旅游地及旅游产品的知名度、美誉度等，吸引更多旅游者、投资合作者的到来，从而扩大市场份额，挖掘市场潜力，推动地方旅游经济的发展。

旅游地网络营销既具有传统旅游地营销的特点，又有所区别。究其不同点，根本在于它面对的是特殊的虚拟网络市场。主要特点有：①潜在旅游者的独特性。传统旅游营销所指的是一般大众，而旅游地网络营销针对的是传统消费者中主动上网搜寻旅游产品和服务信息的网络用户群体。②旅游市场的虚拟性、信息化。在这个虚拟市场中交易双方、交易场所等都是不可见的，都是信息化的。所有的信息都通过网页以文字、图片、图像、声音等方式展现出来，而网络用户能直接感知的就是网页和被提供的服务，网上的旅游地形象由此形成。所以，旅游地网络营销中，向网络用户提供的服务和网页成为影响旅游地形象传播效果好坏的重要因素。

二、发展旅游地网络营销的意义

（一）促进旅游地形象的有效传播

旅游供给的分散连缀性和旅游者的感知特点使涵盖目的地内多个要素综合信息的旅游地形象成为吸引游客最重要的因素之一，并对潜在旅游者的决策行为产生重要影响，使得旅游地形象成为目的地整体营销中的关键因素。但传统的营销方式对旅游地形象的传播是间断而零散的，网络营销的优势旅游供给的分散连缀性和旅游者的感知特点，使涵盖目的地内多个要素综合信息的旅游地形象成为吸引游客最重要的因素之一，并对潜在旅游者的决策行为产生重要影响，使得旅游地形象成为目的地整体营销中的关键因素。但传统的营销方式对旅游地形象的传播是间断而零散的，网络营销的优势却恰恰弥补了其不足之处。

1. 减少对旅游地形象感知的空间差距

一般来说，旅游者对旅游目的地的认知水平旅游地之间的距离符合距离衰减规律：距离越远，认知水平越低甚至是扭曲的，感知的旅游地形象便是模糊甚至是负面的。这是因为旅游地的认知形象是以其提供的信息为前提。如果传播的信息越多越全面，力度越大，旅游地就越容易被认知，知名度就会大增。网络这种覆盖全球的全新多媒体信息传播模式能把美妙的景致活灵活现地展现在各地旅游者的面前，使旅游地在旅游者的脑海中清晰明朗鲜活起来，增强吸引力，扩大知名度。

2. 较大程度地解决旅游地形象原有传播式的不连续、分散问题

营销者经过市场调查，可根据确定的目标将实际“发射性目的地形象”的各要素（旅游资源设施、产品组合、基础设施、服务状况）提炼后以相应的网页栏目内容和服务形式，通过网络发射给潜在旅游者（网民），使之形成正面的个体化旅游目的地形象，而利用“旅游日记”、投诉热线等反映旅游地良好形象为目的的栏目或服务，促进正面社会化旅游地形象的形成。更重要的是，利用网络的交互性，旅游地形象设计师可直接与旅游者交流，综合他们意见，设计出不同时间段的旅游地形象并在网络上迅速推广传播，从而减少旅游地形象时间性的影响。加上在旅游网站上全天候、全方位、多媒体展现，使得旅游地形象灵活多变、完整且连续。

（二）使旅游产品形象化、个性化，更具竞争力

旅游产品的无形性和生产消费的同时性使旅游者预先无法评判旅游产品的好坏，在购买时犹豫不决。网络的多媒体功能可使整个旅游产品有形化，减少旅游者的疑虑。除使用图片文字外，还可在网上进行三维立体展示，或让旅游者进行网上虚拟旅游以消除不安全感，增加旅游产品吸引力；同时利用网络交互，旅游者特别是散客可得到定制化的旅游产品和服务，甚至能参与旅游产品设计；利用网络的可记忆性，将旅游者的喜好、对产品的评价和需求整理存储，以协助产品的研究开发和改进，并利用数据库针对不同旅游者进行“一对一”的个性化的营销。

（三）对营销主体的意义

对旅游地企业来说，①没有店面成本和时间成本、广告费用低廉（平均费用仅为传统媒体的3%），直接与旅游者交易省去了中间商费用，使旅游企业的销售成本大幅降低。②网络营销真正做到了以旅游者需求为导向的“一对一”营销沟通，提供适销对路的个性化产品和服务，使旅游企业跨越了时间、地域的限制扩大了市场。③在网络支持下，旅游企业既可向外界传播信息，塑造形象，也可搜集情报，对市场最新动向作出最快应对。总之，旅游企

业的信息流变得更为通畅，更好地适应了激烈的市场竞争。

对旅游地政府和相关组织来说，官方旅游网建立的意义如下：①可以为公众提供发表观点的机会场所，提高政府在公众心中的形象，同时，政府可迅速获取信息，及时了解行业实情，提高正确决策和处理突发问题的能力，便于对旅游市场的管理与监督。②使旅游地政府之间的沟通变得快捷、高效和经济，提高工作效率，加强区域之间的协作。③使旅游地政府能向旅游者提供最为全面详实正确的旅游地信息，为旅游者提供极大方便，也利于旅游地整体正面形象的塑造和推广。④可使公众了解到主管旅游的政府机构组织，各级职能，各项旅游法规，办事程序，招商引资的项目情况，相关政策等。极大地增加政府工作的透明度，便于吸引更多的投资商。

（四）对旅游者的意义

旅游前，旅游者希望搜集到尽量多而真实的旅游地信息，而旅游地网站（特别是官方网站）能满足旅游者对信息的一切需要；互联网的全球性、互动性造就了开放、透明的市场，旅游者可利用线上价格查询功能，查询市场相关产品的价格并进行充分的比较，还可利用智慧型线上议价系统与旅游企业就产品价格进行协商；一些散客还可提出自己的特殊要求，与旅游企业协商制定个性化的旅游产品，并便捷订购。这一切只需在电脑前点动鼠标，省时省力。在旅游中，有条件的旅游者还可从网站中得到需要的信息（如当天的天气情况等）并进行必要的调整。旅游后，旅游者可和网友分享愉快的经历或用网上的投诉服务热线，解决在旅游中遇到的问题，从而使自己的旅游活动变得简单愉快。

三、旅游地网络营销的发展现状和对策

（一）旅游地网络营销现状

1959 年，美利坚航空公司与 IBM 公司联合开发了世界上第一个计算机订位系统（SABRE）。从此，旅游企业的网络营销大战拉开了序幕，时至今日已有较大发展。但旅游地网络营销还是近些年才出现的。西方发达国家由于发展早、基础好，大都在网上建立了旅游网站（如美国旅游网），而其下级的各层次政府组织也绝大部分拥有自己的旅游网站（如夏威夷旅游网），在其功能、结构、内容、服务等面都达到了较高的水平。

近几年，我国的旅游地网站也如雨后春笋般迅速崛起。北京、上海、广

州、大连等地都有自己的旅游信息网。但是由于我国旅游业信息化基础建设落后，信息处理的自动化程度低，电脑互联网的普及程度远不及发达国家，电子商务系统发展的滞后，消费者的消费观念传统和经济水平较低等因素的制约，旅游地网络营销还处在发展初期，存在较多问题。主要有：旅游网站的文化品位不高，不太注意形象策划和品牌，对文化内涵丰富的旅游产品促销力度不够，轻视网络广告；网页设计比较粗糙，没有突出旅游地的地域特点；旅游网站的服务功能少，服务质量差，网站栏目设计不合理，创新少，没有特色；信息量少，实时性差，很多旅游地网长时间不更新内容；在网络营销的5个层次中，我国的旅游地网站大都只达到其中一两层即网上旅游宣传和市场调研，而对网络分销联系、网上直接销售和网络营销集成很少触及；网络营销和传统方式没有很好地结合起来，旅游地网站的曝光度较低，有些还不为人知；旅游地企业或政府对网络营销的意义认识不清，导致了许多旅游地网站只是用来装点门面。

（二）旅游地网络营销对策

总的来看，旅游地网络营销应多借鉴外国的先进管理运营经验，加大创新力度，更新观念，积极与国际接轨，利用最新的网络和计算机技术更好地进行旅游地营销。

1. 加大旅游地网络营销的基础建设力度

旅游企业、旅游地政府应充分认识网络营销促进旅游地形象的有效传播，推动旅游产品销售和旅游业发展等方面的重要意义；加强旅游地信息系统的构建和基础设施的建设工作，加快企业和政府内部信息网络的建立，为旅游地网络营销打下坚实的物质基础；制定相关政策法规；建立适当的激励机制，优化配置人力资源；加大宣传力度，普及计算机网络知识，努力提高员工素质，为有效开展旅游地网络营销营造良好环境。

2. 全面加强旅游网站建设

以旅游地规划和旅游地营销战略为指导，制定明确的网络营销策略，使之和旅游地整体营销协调一致，相互促进，从而取得最优效果。突出旅游地的特色和地域性，尤其是旅游地中心城市的良好形象。根据不同的旅游地类型对网站进行设计，以显示与其他旅游地区别所在。提供全面详实的旅游地信息，网站要有特色鲜明的形象和丰富的文化内涵，并根据不同的环境条件调整。提供实用新颖而有特色的服务，如虚拟导游、旅游线路定制、旅游信息查询、服务中心、旅游投诉等。

旅游产品信息化、特色化，时常翻新。以游客需要为中心，为其提供定制产品。加大对文化旅游产品的开发和展示并提供相关知识，提高其“文化附加值”。“冷”、“热”景点（或景区）营销并重。尽量利用新软件和技术对旅游产品进行多媒体展示并让游客在网上“亲身”体验。

注重与公众或旅游者的互动性、参与性和交流性。如让他们参与到旅游产品、旅游地形象的设计和网页的改版等活动中来，采用激励措施和吸引工具（如电子贺卡、搜索引擎等）提高用户对网站的忠诚度。

提高网站人员素质，加强网站文化建设，更好地为旅游者提供个性化服务，最大限度地满足旅游者追求新奇特的个性化需求。

3. 注重与传统旅游地营销方式的结合

充分利用传统营销与旅游地网络营销各自的特点和优势，扬长避短。结合的目的有两个：即在共同对旅游地进行有效营销的同时注重对旅游地网站的营销。所以，除在互联网上对旅游网站的营销，采用与其他网站互换链接、在门户网站上注册等方法提高网上知名度之外，还可利用传统媒体宣传、营业推广等来加大旅游网站的曝光度（如新加坡旅游网就赞助了2001年全球MTV评选活动），使更多客户愿意通过此种方式了解旅游地及其产品。

4. 各方密切合作，实现多赢的发展局面

通过旅游企业间、旅游地政府间及政企间的交流与合作，加强旅游地网络营销的开展，实现优势互补，合理组合资源，营建旅游精品，共同推动发展，提高其市场竞争能力，增强区域旅游发展动力。

开展旅游地网络营销在我国尚处于初始阶段，未得到充分重视与发展，但它必将成为旅游地整体营销中不可或缺的重要组成部分。

【案例】

青旅在线

青旅在线正式开网运行，依托的是中青旅控股股份有限公司这一全国最具活力的旅游集团，致力于为旅游者提供从产品预订、目的地信息指南到网上交流等全方位的服务，拓展商务旅行、休闲度假、主题旅游等个性化服务领域。由于有强大的传统旅行社资源的支撑，加之拥有较为清晰的商务模式，青旅在线成立不久就迅速成为中国最具实力和最具影响力的旅游电子商务公司之一。

2001年6月6日，青旅在线（www.CYTSSonline.com）推出了与国际著名的IT企业惠普、宏道等公司共同开发的技术升级版。这一最优应用解决方案的旅游电子商务平台与中青旅控股股份有限公司的ERP建设、连锁经营、规模扩张等工程连接在一起，不仅标志着中国的旅游电子商务跃上一个新的台阶，也给低迷中的中国旅游电子商务带来了生机和活力。

新版的青旅在线，其电子商务的解决方案将更趋完整，网站的资讯服务将更加全面，而且各类资讯由系统将目的地与线路等旅游产品紧密结合；网上销售、资讯、网下销售以及内部销售管理将紧密结合；同时，个性化的服务将更加突出，B2u、B2C能有效地结合，网站将通过与中青旅控股股份有限公司的ERP系统的对接，完成中青旅与青旅在线信息一体化建设，从而最大限度地发挥中青旅强大的传统资源和青旅在线先进的网络技术相结合的优势。据悉，由于网站技术的不断升级，青旅在线正发挥着越来越重要的作用，中青旅旅游主业的科技含量不断提高。

据中青旅CEO、青旅在线董事长兼总裁蒋建宁介绍，2000年，中青旅对标准化程度较高的机票配送、饭店预订等业务资源进行了整合，成立了青旅在线所属的票务中心和饭店预订中心来统筹中青旅系统的机票、饭点采购业务。实施不到半年已经在提高工作效率、降低采购成本、创造规模效益等方面取得了初步的成果。在宣传和销售中青旅旅游线路产品的基础上，青旅在线结合网络的特点，独立开发出“机票+饭店”、旅游自助行等适宜网上销售的产品。这些产品，顺应了市场的需求，具有个性化的特点，已经取得了良好的销售业绩。

蒋建宁说，自2000年6月1日青旅在线正式运行到今天，青旅在线整整走过了一年的路程。一年来，尽管互联网市场风雨飘摇，青旅在线却有长足的发展。2000年，青旅在线开业7个月实现销售收入4168万元；到2001年5月底，销售收入已经超过了1亿元，预计全年销售收入肯定会突破2亿元大关并实现初步的盈利，他还表示，虽然公司的业务在不断地增长，青旅在线仍将遵循当初的原则，即必须坚持自己的发展之路，反对炒作概念，现在、将来都不会把钱烧在前台上，相反会在后台下大工夫，用有限的资源与精力来构建和改进交易规则、技术标准、服务水准等真正的电子商务基础。

（摘自《中国旅游报》2001-04-20、2001-06-22）

【思考题】

1. 什么是旅游网络营销？它与传统的营销方式有哪些不同？

2. 目前我国旅游企业采用网络营销策略存在哪些问题？

3. 你认为可以从哪些方面推动我国旅游企业的网络营销取得突破性进展？

4. 试分析我国旅游地网络营销的发展现状及发展方式。

第十章　旅游绿色营销

第一节　绿色营销概述

一、绿色营销的界定

绿色营销是指以促进可持续发展为目标，为实现经济利益、消费者需求和环境利益的统一，市场主体根据科学性和规范性的原则，通过有目的、有计划的开发及同其他市场主体交换产品价值来满足市场需求的一种管理过程。

绿色营销的最终目标是可持续性发展，而实现该目标的准则是注重经济利益、消费者需求和环境利益的统一。因此，企业无论在战略管理还是战术管理中，都必须从促进经济可持续发展这个基本原则出发，在创造及交换产品和价值以满足消费者需要的时候，注重生态环境的要求，保持自然生态平衡和保护自然资源，为子孙后代留下生存和发展的权利。实际上，绿色营销是人类环境保护意识与市场营销观念相结合的一种现代市场营销观念，也是实现经济持续发展的重要战略措施，它要求企业在营销活动中，要注重地球生态环境的保护，促进经济与生态的协同发展，以确保企业的持续性经营。

对于绿色营销的定义，很多学者还从不同的角度进行了界定，概括起来，具有代表性的观点可以归纳为以下四种类型：

1. 产品中心论

产品中心论认为，“绿色营销是指以产品对环境的影响作为中心点的市场营销手段”。它强调以环境保护为宗旨，从本质上改革产品的构成以及与之联系在一起的产品的生产过程和消费后废弃物的处理方式。它主要从以下四个方面考虑：

（1）产品本身。为保护环境，企业要设计生产绿色产品，即企业生产的产品无论从生产过程到消费过程，还是从外包装到废旧后的回收都要有利于人体的健康，有利于环境的保护和改善，能够在创造企业内部经济的同时带来社会外部的经济性。

（2）产品包装。产品的包装设计，必须考虑对环境的影响。企业应选用对环境污染轻甚至无污染的材料来制作包装物，并应考虑包装废弃物处理等问题。

（3）产品加工过程。为了减轻对环境的污染，产品的加工过程应该符合“清洁生产”的标准。即尽量避免使用有毒有害的原料及中间产品，减少生产过程的各种危险性因素；采用少废、无废的工艺和高效的设备，使用物料的再循环（厂内、厂外），采用简便的操作和控制等。

（4）倡导赞助环保的组织和事业。为很好地推进绿色产品的生产，实施绿色营销，必须呼吁社会尽快成立具有权威性的、与“国际绿十字会”接轨的绿色组织，承担起对有关“绿色知识”的教育培训、宣传推广、监督控制等任务，针对不同对象、采取不同方式进行教育培训，提高全社会的绿色意识，利用各种宣传工具和宣传形式，开展各种保护生态环境的活动，发动全社会的力量来促进企业增强环保意识，监督企业实施“绿色营销”。

2. 环境中心论

这种观点认为，“绿色营销是指企业在市场营销中要保护地球生态环境，反污染以保持生态，充分利用资源以造福后代”。“绿色营销是以环境问题作为推进点而展开的营销实践”。这种观点的着眼点是利用绿色问题来推销产品，而并不是真正意义上帮助解决环境问题。例如，1990 年地球日给了那些与环境问题有关的公司发起绿色宣传运动的机会，这些公司并没有真正开发出对改善环境有益的货真价实的产品，而是以功利主义为目的纷纷为自己的产品加上“顺应环境保护”的标签，以推销产品。

3. 利益中心论

这种观点认为，“绿色营销是实现企业自身利益、消费者需求和环境利益的统一，而对产品和服务的观念、定价、促销和分销的策划和实施过程”。它强调企业在实施绿色营销时，不仅要满足消费者的需求并由此获得利润，而且要符合环境保护的长远利益，正确处理消费者需求、企业利益和环境保护之间的矛盾，把三者利益协调起来，统筹兼顾。

4. 发展中心论

“发展中心论”将绿色营销与企业的永续性经营和人类社会的可持续发展联系起来，认为“绿色营销是一种能辨识、预期及符合消费者与社会需求，并可带来利润及永续性经营的管理过程”。

二、绿色营销与传统营销的差异

（一）营销观念的升华

经过近一个世纪的探索和发展，企业的营销观念已从以产品为导向发展到以人类社会的可持续发展为导向，并在此基础上提出了绿色营销观。与传统的营销观念相比较，绿色营销观是在20世纪50年代由产品导向转向顾客导向的、具有根本性变革的基础上的又一次升华。绿色营销观与传统营销观的差异主要表现在以下几个方面：

1. 绿色营销观是以人类社会的可持续发展为导向的营销观

20世纪90年代以后，由于生态环境的变化，自然资源的短缺，严重影响人类的生存与发展，世界各国开始重视生态环境的保护，企业界则以保护地球生态环境、保证人类社会的可持续发展为宗旨提出了绿色营销。

绿色营销观念认为，企业在营销活动中，要顺应可持续发展战略的要求，注重地球生态环境保护，促进经济与生态协调发展，以实现企业利益、消费者利益、社会利益及生态环境利益的统一。首先，企业在营销中，要以可持续发展为目标，注重经济与生态的协同发展，注重可再生资源的开发利用、减少资源浪费、防止环境污染。其次，绿色营销强调消费者利益、企业利益、社会利益和生态环境利益等四者利益的统一，在传统的社会营销观念强调消费者利益、企业利益与社会利益三者有机结合的基础上，进一步强调生态环境利益，将生态环境利益的保证看作是前三者利益持久地得以保证的关键所在。

2. 绿色营销观念更注重社会效益

企业作为社会的一个组成部分，不仅要注重企业的经济效益，而且要注重整个社会的经济效益和社会效益。

绿色营销观要求企业注重以社会效益为中心，以全社会的长远利益为重点，要求企业在营销中不仅要考虑消费者欲望和需求的满足，而且要符合消费者和全社会的最大长远利益，变“以消费者为中心”为“以社会为中心”。企业一方面要搞好市场研究，不仅要调查了解市场的现实需求和潜在需求，而且

要了解市场需求的满足情况，以避免重复引进、重复生产带来的社会资源的浪费；另一方面，要注意企业和竞争对手的优劣势分析，以扬长避短，发挥自身的优势，来提高营销的效果，增加全社会的积累。同时，企业要注重选择和发展有益于社会和人民身心健康的业务，放弃那些高能耗、高污染、有损人民身心健康的业务，为促进社会的发展、造福子孙后代做出贡献。

3. 绿色营销观念更注重企业的社会责任和社会道德

绿色营销观要求企业在营销中不仅要考虑消费者利益和企业自身的利益，而且要考虑社会利益和环境利益，将四者利益结合起来，遵循社会的道德规范，实现企业的社会责任。

（1）注重企业的经济责任。实施绿色营销的企业通过合理安排企业资源，有效利用社会资源和能源，争取以低能耗、低污染、低投入取得符合社会需要的高产出、高效益，在提高企业利润的同时，提高全社会的总体经济效益。

（2）注重企业的社会责任。企业通过绿色营销的实施，保护地球生态环境，以保证人类社会的可持续发展；通过绿色产品的销售和宣传，在满足消费者绿色消费需求的同时，促进全社会的绿色文明的发展。

（3）注重企业的法律责任。企业实施绿色营销必须自觉地以目标市场所在地所制定的、包括环境保护在内的有关法律和法规为约束规范自身的营销行为。

（4）遵循社会的道德规范。企业实施绿色营销，必须注重社会公德，杜绝以牺牲环境利益（如对能源的无遏制的使用、对生态环境的污染等）来取得企业的经济利益。

（二）经营目标的差异

传统营销，无论是以产品为导向，还是以顾客为导向，企业经营都是以取得利润作为最终目标。传统营销主要考虑的是企业利益，往往忽视了全社会的整体利益和长远利益。其研究焦点是由企业、顾客与竞争者构成的“魔术三角”，通过协调三者间的关系来获取利润。传统营销不注意资源的有价性，将生态需要置于人类需求体系之外，视之为可有可无，往往不惜以破坏生态环境利益来获得企业的最大利润。

绿色营销的目标是使经济发展目标同生态发展和社会发展的目标相协调，促进总体可持续发展战略目标的实现。绿色营销不仅考虑企业自身利益，还应考虑全社会的利益。

企业实施绿色营销，往往从产品的设计到材料的选择、包装材料和方式的采用、运输仓储方式的选用，直至产品消费和废弃物的处理等整个过程中，都时刻考虑到对环境的影响，做到节约资源、安全、卫生、无公害，以维护全社会的整体利益和长远利益。

（三）经营手段的差异

传统营销通过产品、价格、渠道、促销的有机组合来实现自己的营销目标。绿色营销强调营销组合中的“绿色”因素：注重绿色消费需求的调查与引导，注重在生产、消费及废弃物回收过程中降低公害、符合绿色标志的绿色产品的开发和经营，并在定价、渠道选择、促销、服务、企业形象树立等营销全过程中都要考虑以保护生态环境为主要内容的绿色因素。

此外，从影响营销的环境因素来比较，传统营销受到人口环境、经济环境、自然环境、技术环境、政治环境、文化环境的制约，而绿色营销除受到以上因素的制约外，还受到环境资源政策及环境资源保护法规的约束。

三、旅游绿色营销

随着人类文明的发展，尤其是工业革命的兴起促进了城市工业化和环境污染的日益加剧，人口剧增，聚落稠密，立体交通，居住拥挤的状况，更激发了人们的疏散欲、回归欲和静寂欲，回归大自然成为新一代的心声，都市人不再仅仅满足于城市公园和人造景点的观赏游览，开始向往那种握锄耕耘、返璞归真的田园式生活，“接触自然”、“了解自然”和“融入自然”成为他们必然的选择。

早期旅游业的数量型增加和外延型扩大，给旅游区带来了环境破坏和污染，随着旅游业的失控发展和人们文化修养的提高，那种认为旅游业是无烟工业的观点受到了质疑。人们认识到，旅游环境承载力加重的事实必将导致景观的消亡和旅游区的毁灭。为协调旅游开发获取最大经济利益与保护生态环境的矛盾，生态旅游便应运而生。同时，旅游环境恶化的事实也告诉人们，高质量的旅游环境是旅游业赖以生存和发展的重要根基，绿色成为旅游业的生命之色。

绿色营销考虑的是组织活动同自然、社会环境的关系，谋求的是社会的可持续发展，它是在绿色消费的驱动下直接产生的。绿色消费指的是，消费者意识到环境恶化已经影响到他们的生活质量、方式，要求企业生产、销售、提供

对环境影响最小的绿色产品或服务，以减少对环境的危害的消费。当人们意识到传统的旅游方式对人类的生存和发展已经构成威胁时，一种新的旅游消费需求产生了，于是旅游业绿色营销应运而生。

四、旅游业选择绿色营销战略的必然性

（一）绿色营销战略是环境与发展相协调的战略

在旅游业的发展过程中，由于对旅游资源的开发与保护处理不当，已不可避免地造成了生态环境的恶化。例如，旅游交通道路、旅游设施的建设必然会破坏植被，减少绿地覆盖；与景区不协调的建筑必然破坏旅游区的秀丽风光；旅游业相关产业产生的“三废”造成的环境污染；游客大量涌入破坏了资源的原始性和自然状态；旅游消费过度膨胀，引起旅游基础设施和生态环境超负荷运转。旅游业要在未来的社会中稳定发展，必须自觉地约束自己，尊重自然规律，制定环境与发展相协调的绿色战略。

（二）绿色营销战略适应了旅游者“回归大自然”的心理

随着工业化、城市化进程的加快，人们离原汁原味的自然环境越来越远，久居高楼大厦、整日在繁华喧嚣中的都市人渴望亲近大自然、回归大自然。面对旅游者的“绿色”意识，旅游部门必须转变观念，制定绿色营销战略，顺应游者回归大自然的共同追求。

（三）绿色营销战略有利于树立旅游企业良好的形象

从外部行为看，通过制定绿色营销战略，旅游部门把自身利益融入旅游者和社会利益中，消除了旅游企业有损旅游者及自身长远利益的“近视病”，从而有利于提升旅游企业的整体形象。事实上，一个关心环保事业的旅游部门更能得到旅游者的好感与支持，更容易树立良好的形象。从内部行为看，通过制定绿色营销战略，可培养各级管理人员和员工的绿色意识，进而形成绿色文化，构建良好的企业文化，从而增强了企业的凝聚力和向心力，提高了企业的知名度和美誉度，当然也可以促进企业的健康发展。

（四）绿色营销战略有利于企业追求合理的经济效益

随着旅游者绿色意识的增强，购买绿色旅游产品已成为时尚。绿色旅游，虽然增加了旅游企业必要的环保投入，但是同时也给旅游企业带来了可观的收益。这是因为：绿色旅游提高了旅游产品的质量，绿色产品的价位也实现了旅游企业经济效益的提高。开展绿色旅游，必然会得到政府的大力支持和大力宣

传，还能享受各种有形无形的优惠政策，这也能使旅游企业获益。因此，制定绿色战略，企业便能获得合理的经济效益，能达到经济效益、社会效益和环境效益的统一，有利于旅游业的可持续发展。

第二节 绿色饭店及其营销策略

一、对绿色饭店的认识

事实上，“绿色饭店”至今还没有一个被广泛认同的明确定义。“绿色饭店”一词是将饭店用“绿色”来修饰，这是目前一种很通行的做法。“绿色饭店”可以简单地翻译为“green hotel”，但国际上又把“绿色饭店”翻译为“eco-efficient hotel”，意为“生态效益型饭店”，由于“eco-”也是“economy”的前缀，这个单词也隐含着“经济效益”的含义，意思是充分发挥资源的经济效益，也有将“绿色饭店”翻译为“environmental-friendly hotel”，即“环境友好型饭店”。应该说，“绿色饭店”或“green ,hotel”只是一种比喻的说法，是用来指导饭店在环境管理方面的发展方向。它可以理解为与可持续发展类似的概念，即指能为社会提供舒适、安全、有利于人体健康的产品，并且在整个经营过程中，以一种对社会、对环境负责的态度，坚持合理利用资源，保护生态环境的饭店。绿色饭店只是提出了一个原则和框架，并不涉及具体的内容和目标、指标。在操作过程中，饭店要根据这些原则，研究本企业的实际状况及对环境保护应做的贡献。通过对理论的探索和实践的总结，在现阶段，我国的绿色饭店应尽可能做到：整个饭店的建设对环境的破坏最小，运行过程中资源、能源消耗尽可能低，向客人提供满足人体健康需求的产品并能积极参与社会的环境保护活动。

1. 饭店的建设对环境的破坏最小

饭店的建设需要使用土地、绿地、森林、水体等资源；同时饭店的建设风格也会影响到自然景观、城市景观的质量；饭店的建设和经营产生的废弃物排放将影响饭店周围的生态环境的质量。所以，饭店的建设必须经过科学的论证、合理的规划设计，充分利用自然资源，减少人为的影响和破坏，将周围环境质量损失降到最低点。

2. 饭店设备的运行对环境的影响降到最小

饭店设备运行对环境的破坏主要表现为两个方面：一是设备消耗的能源，二是生产过程中产生的“三废”（废水、废气、废渣）污染。饭店所需的燃油、煤在地球上的储存量是有限的，它们在燃烧的过程中会对大气产生污染。同时饭店有大量的设备是以电力为动力的，电的生产也会对环境造成污染。所以饭店应选择节能设备，减少对能源的使用及由此带来的污染。饭店还应合理操作和配料，采用自动化控制技术，提高设备的运行效率，减少对外界环境的排放。

3. 饭店的物资消耗降到最低点

饭店的生产经营离不开对各种物资的消耗，客人的消费过程和对客人的服务过程将会大量消耗物资。而物资生产本身又会使用各种资源，生产的过程会产生废弃物的排放，影响环境。由于物资使用的低效率，饭店生产将产生大量的废弃物，而固体废弃物是目前的一个重要的环境问题。所以饭店要在内部尽可能实现物资的回收循环利用，提高物资的使用效率，减少浪费，减少固体废弃物的排放，并以此推动全社会对物资回收再利用的实现。

4. 饭店提供满足人体健康的产品

饭店是一个提供人们生活、休憩、娱乐的场所，其内部生存空间质量是饭店产品质量的重要组成部分，直接关系到人们的健康。所以饭店首先要确保室内外环境符合安全卫生的标准，同时应努力开发各种环保型产品、绿色产品以满足人们的需要。例如饭店开设绿色客房、无烟餐厅，提供绿色食品，开展保健服务项目等。饭店还需要通过室内外的环境绿化为客人创造一个良好的自然空间。

5. 饭店积极参与社会的环境保护活动

环境保护工作是一项全社会的工作，每个人、每个企业的存在都不同程度地破坏着环境，所以每个人、每个企业都有义务为环境保护做出贡献。饭店参与社会的环境保护活动表现在以下几个方面：

（1）严格执行国家颁布的各项环保法规；

（2）积极配合政府进行的各项环境整治工作；

（3）主动为社区环境保护作贡献。

上述要求虽然有了一些具体的内容，但仍然是抽象的，这是因为每个饭店的具体情况不同，也因为支持这些要求的环保技术是不断提高和发展的，所以，绿色饭店的含义和内容是一个持续发展不断深入的过程。

中国制定绿色饭店标准　饭店业飘扬“银杏叶”

中新网北京2003年2月20日电（记者刘长忠）国家经贸委今天在此间发布了中国饭店行业第一个《绿色饭店等级评定规定》国家行业标准。

国家经贸委贸易市场局负责人邸建凯说，作为等级评定标志的绿色“银杏叶”，将开始在中国的饭店里飘扬，中国饭店业从此进入了安全、健康、环保为主题的“绿叶”时代。

将于三月一日正式实施的《绿色饭店等级评定规定》，借鉴国外经验，其核心是在为顾客提供符合安全、健康、环保要求的绿色客房和绿色餐饮的基础上，在生产过程中加强对环境的保护和资源的合理利用。

绿色饭店分为A级到AAAAA级共五个等级，分别用具有中国特色的银杏叶作为标志。

其资格由企业自愿申报，由中国饭店协会组织成立的中国绿色饭店指导委员会评审。被评为“中国绿色饭店”的有效期为四年，期间可根据情况提出晋级，有效期半年，企业可提出复评申请，否则自动取消资格。

中国饭店协会会长韩明介绍说，绿色饭店标准的正式发布和实施，将中国各地饭店的创建绿色饭店活动引向国际化和规范化。从此，中国的绿色饭店建设有了统一的实施与评估标准。

据悉，这一标准经过半年多的试点实践，到去年底已有三十七家饭店企业被评为“中国绿色饭店”。今年中国饭店协会将在全国组织创建绿色饭店一千家。

二、饭店实施绿色营销策略的途径

（一）树立绿色意识

绿色意识即“保护环境，崇尚自然，促进可持续发展”的环保意识。

1. 饭店树立绿色意识的关键在于转变观念

饭店业要转变两种观念：一是旅游业是无烟工业，不会污染环境。二是环境投资会增加饭店负担，影响饭店经济效益。旅游企业虽不像重工业部门给生态和环境带来严重破坏，但饭店作为消费娱乐场所，必然占用、消耗大量的自然资源，并制造大量生活垃圾，给环境带来不同程度的显性或隐性的污染和资

源浪费。资源和环境是旅游发展最基本的因素和最主要的基础，应清楚地认识到，发展饭店业决不能走先污染再治理即以破坏环境为代价谋求发展、以牺牲发展为代价保护环境的老路。创建绿色饭店前期需要较大的投资，高额的投入又使得饭店绿色产品和服务的价格偏高，这对于饭店经营者和消费者都难以承担。饭店绿色之路似乎是赔钱的买卖，但事实并非如此。实施绿色管理是创建绿色饭店的主要内容之一，通过减量化原则、再使用原则、再循环原则和替代原则，可以使饭店的经济效益和环境效益最优化。以香港香格里拉酒店（简称 ISL）为例，由于制定了 100 多条绿色管理条例，严格绿色管理操作程序，两年时间节约纸张费用 44 000 港元，每年节约洗涤费用 88 037 港元，节约垃圾运输费用 12 000 港元，水流限制器和节能灯具的使用又为酒店节约 130 万港元。绿色经营不仅给酒店带来可观的经济效益，也为社区环保做出贡献，产生了良好的社会效益，消费者逐渐理解并接受偏高的绿色价格，客房入住率不降反升。众多媒体价值约 70 万港元的宣传报道，无形中又提升了酒店形象，真可谓名利双收。

2. 绿色意识要靠全体员工的自觉行动。

绿色意识要变成真实的行动，靠什么？靠全体员工坚定不移地贯彻饭店的绿色措施。可以说，没有绿色员工，没有绿色意识的坚决贯彻，就没有真正意义的绿色饭店。香港 ISL 酒店和北京昆仑饭店的做法很值得借鉴。香港 ISL 成立“绿色委员会”，设立专职的环保管理人员、EMS 经理和 ISO14001 督察员，通过不间断的全员培训，反复强调酒店绿色计划的意义，培养员工绿色管理和经营意识，并教会员工关于 EMS 系统的内容和如何提高效率，绿色旅行说明书人手一册。

（二）设计绿色组织结构

由于环境责任需要组织内所有成员共同承担，因此需要各部门间的紧密合作与交流。在饭店外部，饭店与顾客、供应商的关系不仅是产品供应与消费的关系，而且更是交流与合作的关系，都需要可持续发展，都需要重视环境绩效。所有这些都要求饭店对旧的组织结构进行变革，以使饭店的组织结构更加柔性化、网络化和决策权的分散化。加强绿色管理，饭店应在董事会设置环保董事，具体负责有关环保方面的一些事务，定期进行环保分析，监督环保经营战略与目标的落实，为公司雇员和管理人员提供环保培训；设立“绿色经理”或可持续发展小组，以负责管理饭店的环保政策与实践。

（三）创建绿色企业文化

绿色企业文化以崇尚自然，保护环境，维护生态环境，降低能源消耗，促进资源持续利用；节约光荣，浪费可耻，以饭店、社会持续发展为目标，以系统思考为原则，综合考虑饭店的经济效益、社会效益、环境效益为基本特征。

绿色企业文化要求饭店必须履行社会责任和义务，切实做到节约资源，保护自然环境及社会生态平衡。当消费者的需求与社会利益发生冲突时，饭店不能损害社会利益，而应协调饭店、社会及顾客三者关系，做到三者利益相结合。

（四）推出绿色产品，提供绿色服务

1. 推出绿色产品

饭店的主要有形产品是客房产品和餐饮部供应的菜肴和饮料。因此，推出绿色产品主要是指推出绿色客房和绿色食品。

客房是饭店的主体，也是饭店向客人提供的主要产品，实施绿色营销就应该开辟绿色客房。绿色客房，从严格意义上要求，客房所有用品都是绿色产品，地板是天然木材和石料，家具选择天然的木、藤制品或玻璃器皿，床上用品是纯天然棉麻织物，使用绿色文具、绿色冰箱、节能灯具等，并摆放绿色植物花卉。客房使用的物品要尽可能地反复使用，把一次性使用变为多次反复使用或调剂使用；延长物品的使用期，推迟重置时间，凡能修理的就不要换新的，决不要轻易丢掉，可将有些用品及其包装当作一种日常生活器具来设计，而不是用完之后一扔了之。客房盥洗室尽量采用可以灌装的SPIRIT Collection系列的分配器，可灌装香皂、沐浴、洗发、三合一的浴液，容量通常为250毫升或300毫升，可以固定在卫生间的墙面上。客人使用时，压一次按钮可获取1毫升浴液，这种可重复使用的分配器可以替代单独包装的肥皂、洗发液、沐浴液、护发素等，减少了大量的盒子、瓶子包装物，减少垃圾量。又如饭店为客人一天一换床单、毛巾等棉织品，为此饭店每天有大量的床单、毛巾等棉织品要洗涤，用水量大大增加。而在不影响卫生标准的情况下，可以鼓励客人反复使用床单等用品，从而减少用水量和对水的污染。国外一些高档酒店甚至要求绿色客房无烟化。真正的无烟客房应该达到客房内从来没有人抽烟的程度，即使是工人在装修房间的时候。当然，对于大多数饭店来说，绿色客房只能要求是讲究环保的客房，客房内物品尽量包含绿色因素。

饭店另一主要有形产品是餐饮部门供应的菜肴和饮料，创办绿色餐饮就是要给客人提供绿色菜品和饮料，其关键在于把好采购关和生产关。比如不购买任何有化肥、农药、激素的蔬菜果品及肉类。为确保绿色蔬菜、肉类供应，可借鉴肯德基、麦当劳的做法，与农村联合，设立专门的生产基地，这对保证绿色餐饮和激活农村经济都大有益处。同时做到不食用珍稀野生动植物，许多传统的特色菜肴，可研究开发其替代产品。而在餐饮生产过程中，严格遵守环保法令，做到清洁生产，并按照环保要求对餐饮器具和废弃物进行处理。

2. 提供绿色服务

所谓绿色服务，是指饭店提供的服务是以保护自然资源、生态环境和人类健康为宗旨的，并能满足绿色消费者要求的服务。绿色服务不仅体现在产品被消费时而且还包括提供产品和产品被消费之后。以饭店客人就餐为例：在客人点菜就餐时，餐厅服务员在推荐、介绍菜肴时不能只考虑推销产品，为企业盈利，还应考虑到客人的利益，力求做到经济实惠，营养配置合理，资源不浪费；向客人推荐、提供绿色含量高的菜肴、饮料，在就餐后，必须根据环保要求对快餐容器等进行有效处理，使之不污染环境。若客人有剩菜，还必须提供周到的“打包”服务。有些饭店还提供代客保管剩酒的服务，供下次消费饮用。

（五）进行绿色促销

饭店应围绕绿色产品开展各项促销活动：如人员推销，通过人员推销直接向消费者宣传饭店的产品对环境的保护作用，在做广告时应注意强调饭店产品的绿色特征、宣传饭店的绿色形象，刺激绿色消费需求，加强公关力度，饭店应通过良好的公共关系显示自己在绿色领域的努力，在公众中树立良好形象。

（六）推行绿色管理

“绿色管理”就是融环境保护的观念于饭店的经营管理和生产活动之中。这一思想可概括为“5R”原则：（1）研究（Research）：把环保纳入饭店的决策要素之中，重视研究本饭店的环境对策；（2）减消（Reduce）：采用新技术、新工艺，减少或消除有害废弃物的排放；（3）再开发（Rediscover）：变传统产品为“绿色产品”，积极争取“绿色商标”；（4）循环（Recycle）：对废旧产品进行回收处理，循环利用；（5）保护（Reserve）：积极参与社区的环境整治，对员工进行环保宣传，树立绿色饭店形象。饭店只有在绿色管理原则下，才能加快向绿色饭店发展转变，推动企业采用各种环保技术，实行清洁生产，生产出符合社会和消费者需要的绿色产品，从而实现经济的可持续发展。

第三节　旅行社绿色营销策略

一、旅行社倡导绿色营销的必然性

（一）可持续发展要求树立新的营销哲学观——绿色营销观念

随着人类活动的进步，特别是工业化时代的到来和城市化进程的加速，我们面临的环境问题也日益严重，且已直接威胁到人类的生存和发展。这将阻碍生态—经济—社会三维复合系统的可持续性。而绿色营销指的是以促进可持续发展为目标，为实现经济利益、消费者需求和环境利益的统一，市场主体根据科学性和规范性的原则，通过有目的、有计划地开发及同其他市场交换产品价值来满足市场需求的一种管理过程。它强调了绿色营销的最终目标是可持续性发展。实际上，绿色营销是人类环境保护意识与市场观点相结合的一种现代市场营销观念。它能解决自然、经济和社会矛盾，促进自然、经济和社会的协调发展，引导人们与自然、人与人关系和谐发展。所以在强调可持续发展的同时，必须导入绿色营销观念。

（二）国际、国内旅游市场需求发展趋势

从国际旅游市场需求来看，随着环境问题的日益明显，人们对环境的关注程度越来越高。一方面表现为人们的环保意识加强，在工业化国家有85%的居民认为环境是第一公共要素。另一方面生活消费需求已成为新的消费时尚。据美国旅游数据中心的调查，旅游者平均愿意多支付8.5%来购买对环境负责的供应商提供的旅游产品和服务，1/3的美国旅游者将企业是否对环境负责作为选择旅游供应商的一项重要因素。在旅游发达国家，自20世纪80年代以来，生态旅游以每年30%的速度发展，被视为“大众旅游产品”的替代形式，成为旅游市场增长最快的产品形式。

从国内旅游市场来看，虽然在绿色产品需求方面仍处于萌芽状态，但已不难看出，随着人们生活水平的提高，对经济消费、责任消费、情感消费的追求将逐渐趋于激烈。

（三）旅行社应承担的社会伦理责任

旅游是资源导向性产业，生态环境的破坏对其造成的负面影响比其他产业更为直接和显著。旅游业可持续发展必须注重生态效益和社会效益，实现低生态代价和低社会成本下的经济增长，这是伦理营销责任的核心。旅行社作为旅游产业群中的纽带，是联系着旅游者需求与各有关产业的中间环节，直接与环境发生着多种联系，其营销理念对旅游者消费倾向、行为，对相关企业的供给和旅游目的地的生态环境起着直接导向作用。所以旅行社倡导负责任的绿色营销理念意义深远。

二、绿色营销是旅行社企业文化的重要内核

"企业是船，品牌是帆，文化是魂"。现有的大量理论研究和实践证明，企业文化是企业的核心竞争力，是体现企业品牌差异化的战略选择。根据企业文化同心圆说，可将企业文化分成三个层面，即外层的物质文化，中层的制度文化和内核的精神文化。营销观念理所当然的属于精神文化层，它属于企业经营哲学、企业价值观、企业精神、企业道德、企业形象、企业创新的范畴，是企业文化的重要内核，是新时期企业文化的灵魂、根本和保证。因为绿色营销理念能帮助人们认知旅行社企业的形象识别系统（CIS），即理念识别（MI）、行为识别（BI）、视觉识别（VI），促使人们将消费的货币选票更多地指向能更好地满足其精神生活产品的独特性和广泛性的追求，体现旅游产品的"标记价值"（杜江、戴斌，2000），有利于在竞争中获取差别化优势，从而获得更多的市场机会。因此，绿色企业形象无疑是新时代旅行社企业的最佳企业形象，绿色营销是旅行社企业文化的重要内核。

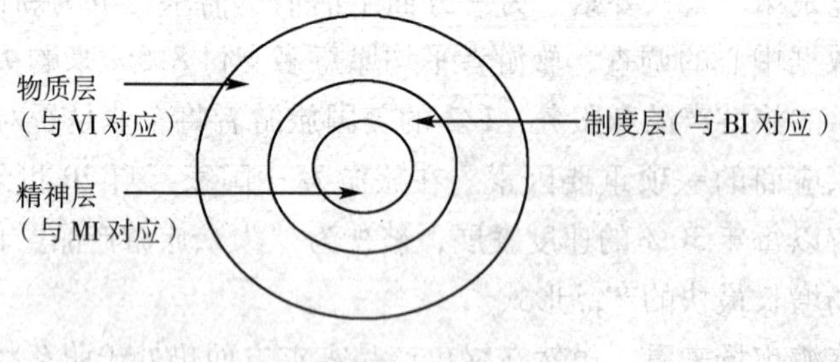

图 10－1

三、旅行社实施绿色营销的途径

旅行社绿色营销是以生态化为指导思想的经营管理模式，要求旅行社在进

行服务与管理的整个经营管理过程中具备对生态环境的友好属性。基于这样的理念，要求旅行社的绿色营销应注重营销理念、产品设计、流程管理的绿色化管理。

1. 营销理念的绿色化

随着知识经济时代的到来，人们购买行为趋向于理智性，越来越多的消费者将奉行绿色消费观。绿色将是21世纪企业经营的主色调，以绿色为特色塑造企业形象是现代旅行社企业经营理念的新选择。因此，旅行社在绿色营销过程中，从管理人员到员工都必须首先树立可持续发展的长远观念，将保护生态环境视为己任，促进生态与经济协调发展；第二，要树立资源价值观，因为对旅行社而言，今天对资源的无节制的消耗意味着明天将失去企业发展的源泉；第三，树立环境法制观，自觉以法规约束企业行为；第四，树立环境道德观，中央已将环境保护归入社会主义精神文明建设的范畴，现代旅行社企业应以高度的社会责任感，自觉遵守社会道德观，努力倡导我国先进文化。只有在上述观念的支配下，旅行社企业才能与社会、环境融合发展。

2. 产品设计绿色化

旅行社绿色产品的直接涵义是生态旅游产品。旅行社在设计符合绿色化要求的生态旅游产品时应遵循生态原则、确立合适的生态旅游产品谱。

(1) 绿色旅游产品的设计原则

旅游产品的设计总是以满足不同层面“人”的需求为目的的，鉴于此，旅行社设计绿色旅游产品时应遵循以下原则：

①尽量保证旅游地生态环境不受破坏为原则；

②以满足旅游者求知、好奇的愿望，体现教育性为原则；

③以满足旅游者健康、益智为原则；

④以突出参与性、体验性，满足旅游者“自我实现”需求层次为原则；

⑤以强调小规模、多批次、专业性、小尺度为原则；

⑥以尽可能让旅游地居民受益为原则。

(2) 选择符合绿色旅游要求的产品谱

根据上述绿色旅游产品设计的原则，旅行社在绿色营销过程中应追求生态导向旅游产品的研发与创新。著名地理学家郭来喜从生态旅游景观的生成原理将生态旅游资源系统分为两大类：一类是内生型或原生型地域生态旅游系统，一类是外生型或延生型地域生态旅游系统。前者是指天然条件下生成的生态景观，包括原始森林、草原、苔原、湿地，未污染的河流、湖泊、海洋，未经人工雕琢的山原、丘陵、冰川、冰原等；后者是指在人工干预下形成的生态—文化景观，它又细分为人工自然型地域生态旅游系统（如人工森林、人造水域、观光农业、植物园、动物园等）和人工文化型地域生态旅游系统（如历史文化遗产、文化园林、特种纪念地等）。如果我们把表现后工业时代特征的工业生态园区和生态城市也纳入到生态旅游资源系统中来，将更加丰富该系统的内容。

旅行社在选择生态旅游产品谱时，可根据旅游者对旅游功能的需求进行科学的选择，并加以合理的组合、包装。

（3）绿色旅游产品形态的选择

在改善传统大众旅游营销态度的同时，重视选择性旅游的营销。到今天为止，以固定价格、标准化、大尺度、大批量的包价形式的“大众旅游”已遍及世界各国，尤其是发展中国家。因为“大众旅游”能够且已经给旅游目的地政府、企业、个人带来了高额的经济效益，但同时也积累了大量的环境污染。在可持续发展的客观背景下，人们更加关注旅游活动具体形式的理性、和谐与完美。作为“大众旅游”的替代形式，“选择性旅游”被学术界重新发现并加以研究、创新，并成为业内人士关注的焦点。作为担负着重大绿色责任的现代旅行社有必要在改善传统大众旅游营销态度的同时，重视选择性旅游的营销。

选择性旅游的形式可分为自助类选择性旅游和团体类选择性旅游。选择性旅游的内容宜以可替代的旅游项目作为推销重点，包括软旅游、绿色旅游、绅士旅游、渐进式旅游、责任旅游、适宜性旅游、时尚旅游、背包旅游、原野旅游、社区旅游、文化旅游、教育旅游、科学旅游、探险旅游、农业旅游、工业旅游、乡村旅游、自然旅游等具有绿色生态意义的内容。然而，根据替代性旅游的重点在自然吸引物上和“朴真”的文化吸引物上的不同，又可将其划分为自然导向的替代性旅游和社会文化导向的替代性旅游。

3. 产品组合绿色化

上述所谈及的旅行社产品，属狭义的旅游产品概念。完整意义上的旅游产品除了游外，还应包括食、住、行、购、娱等要素。一般旅行社并不具备生产旅游产品要素的功能，只是对旅游要素进行组合进而向旅游者提供服务组合，并通过与旅游者进行交换和旅游者的参与最终构成完整意义上的旅游产品。因此，旅行社在产品组合过程中，应事先对产品要素供应单位进行绿色评价，订立具体约束条件，加强现场验证，充分发挥其在整个旅游产业中的先导作用，优先选择生态负责的供应单位，建立"绿色供应链"。

4. 与旅游者交换过程的绿色化

旅行社与旅游者的交换过程包括：

（1）旅游者与旅行社服务设施、服务手段之间的相互作用；

（2）旅游者与旅行社各系统之间的相互作用；

（3）旅游者与服务人员之间的相互沟通；

（4）旅游者之间的相互作用。

因此，旅行社应在所有服务递送过程中，通过服务人员的言行和有形展示来提高旅游者参与生态环境保护的自觉性，普及生态行为规范，倡导责任旅游行为，引导绿色消费方式。为此，培养旅行社经营者和服务人员的高度生态责任感，普及和提高它们的生态环境科学知识和处理问题、事故的能力应成为旅行社日常培训的必修课。

第四节　生态旅游的绿色营销策略

一、生态旅游的产生背景及发展

（一）产生背景

生态旅游（ecotourism）一词是由世界自然保护联盟（IUCN）特别顾问、墨西哥专家 H. Ceballos Lascurain 于 1983 年首先提出的。生态旅游最初不仅表征对自然景物的所有观光旅行，而且强调观光对象不应受到损害。

生态旅游的产生有着深刻的社会、经济及文化背景。它与人类生活环境质量的恶化，人类环境意识的觉醒，人类"回归自然"心态的激活，传统旅游形式对生态环境保护的忽视，人类进步和社会文明的需要，旅游业持续发展的要求等等密切相关。

人类工业文明的迅速发展在增强了人类认识和开发地球的能力的同时，也严重地扭曲了人类与地球之间的正常关系，不仅使人类的居住环境日益恶化，而且越来越严重地阻碍了人类社会经济的发展。经过反思和探索，一些有识之

士认识到人类在本质上仅仅是地球发展到一定阶段的产物之一，人类的生活、生产及一切活动都离不开地球的自然环境，而地球的各种资源和自然环境的承载力都是有限的；环境和自然保护的绿色浪潮开始在世界各国兴起，人类逐步调整其与地球之间的关系，导致了20世纪80年代末“可持续发展”思想的诞生并不断地发展和深入人心，并最终成为全球发展的共同指导思想。

旅游业一度被认为是“无烟工业”、“朝阳产业”而受到世界各国政府的高度重视。但是，由于传统旅游业的发展是遵循产业革命的管理思想和方法，对旅游对象采用的是“掠夺式”的开发利用，使得旅游活动的范围和程度超过了自然环境的承载力，破坏了旅游地的生态环境，造成旅游资源的旅游价值降低，阻碍了旅游业的持续发展。全球绿色浪潮的兴起和“可持续发展”思想为旅游业发展指明了正确的道路，生态旅游正是在这个背景下产生和发展的。

（三）发展现状

生态旅游从最初概念的提出到现在不过20来年的时间，但发展迅速。仅以我国生态旅游发展为例，自然保护区的生态旅游年总旅游人数近2500万，年旅游收入近5.2亿元；2001年全国森林公园接待游客8300万人次，综合收入达373亿元；再加上其他形式的生态旅游收入则更多于此数。国家林业局预计到2005年，全国森林公园总数将达到1450处，总经营面积将拓展为1400万公顷，还要建成在国内外有较大影响的重点森林公园100处，使全国年接待森林生态旅游人数达到1.5亿人次，森林生态旅游综合社会产值达到600亿元。专家预测，在21世纪最初的20年里，森林生态旅游人数将以两位数的速度增长，全球旅游人数中的一半以上要走进森林，森林公园将成为更多人的旅游目的地。1999年我国“生态旅游年”的成功运作、2002年6月在浙江临安举办的我国首届森林旅游资源博览会及2002年9月27日在宁夏银川以生态旅游为主题的世界旅游日中国主会场活动，还有2002年国际生态旅游年的举办等，都无疑把生态旅游的发展推向更高层次，我国目前各地的生态旅游开发实践（如国家旅游局推出的建设生态旅游区）也推动了生态旅游的强劲发展。

二、生态旅游概念的理解

到底什么是生态旅游？对其定义众说纷纭，具体表述有上百种，典型的有几个。

目前，最流行的关于生态旅游的定义有两个（世界生态旅游峰会魁北克声明，2002）：其一，生态旅游是一种对环境负责的旅游和观光行为，主要通过对环境的保护，达到使当地的生态和人口得以持续发展的目的（“国际生态旅游协会”TIES，1999）。其二，生态旅游是在一定自然地域中进行的有责任的旅游行为，为了享受和欣赏历史的和现存的自然文化景观，这种行为应该在不干扰自然地域、保护生态环境、降低旅游的负面影响和为当地人口提供有益的社会和经济活动的情况下进行（IUCN，1996）。

卢云亭在其所著的《生态旅游学》中的定义是：以生态学观点和可持续发展思想为指针，以自然生态环境和相关文化区域为场所，为体验、了解、认识、欣赏、研究自然和文化而开展的一种对环境负有真正保护责任的旅游活动，是专项自然旅游的一种形式。

这些看法各有各的特点和侧重点，如果从中国的情况来讲，应该说都不全面，TIES 的定义中“主要通过对环境的保护”忽视了旅游的属性特征；IUCN 的定义中“这种行为应该在不干扰自然地域”显然有点过头了，旅游活动不可能不干扰自然地域，另外还要对自然地域来延扩理解才行；卢云亭的定义中“是专项自然旅游的一种形式”有待商榷。这也说明要对生态旅游下一个完整准确的定义确实很困难，对生态旅游比较合适的理解应该是：（1）从旅游者角度说是一种高层次的旅游活动，是旅游活动的一种高级阶段，就如旅游是人们的一种高层次需要一样，它是一个旅游活动发展阶段；（2）对旅游开发经营管理者来讲，则是一种更深层次的先进的旅游开发经营管理思想和理念，是一种旅游资源可持续利用的模式；（3）对我国政府部门来讲，是以生态学思想为指导，以保护自然和社会环境，保护原生和谐的传统文化，发展地区经济，提高居民生活质量，让居民和旅游者在受益和休闲游憩活动中得到教育，并最终自觉保护环境的一种生态经济型社会系统工程，是实现旅游业可持续发展的一种方式。

生态旅游是以上三方面活动主体行为的函数。生态旅游以保护生态环境为前提，并有促进生态环境保护的作用；生态旅游应通过为旅游者提供良好的旅游环境和生态知识教育，来满足旅游者对消费生态性的需求，同时它又约束旅游者的行为，要求旅游者在享受良好环境、接受环境知识教育的同时，必须保护生态环境，同时要对生态系统的保护做出自己的贡献。因此，它是一种高层次的旅游活动。

三、生态旅游的绿色营销策略

（一）生态旅游的市场定位

从旅游需求的角度看，生态旅游是城市居民或集中居民区居民为逃避城市恶劣的环境而回归大自然，到大自然中去保健、疗养、度假、休闲的一种旅游方式。据调查，目前，国际生态旅游者的年龄大多集中在 34 ~ 54 岁，文化程度都比较高，因此，我们可以将生态旅游绿色营销的市场定位为 34 ~ 54 岁的文化层次较高的城市居民。

（二）生态旅游产品绿色形象设计

李蕾蕾将旅游地形象设计分为人—地感知形象设计和人—人感知形象设计，据此，将生态旅游产品的绿色形象设计分为绿色人—地感知形象设计和绿色人—人感知形象设计。

绿色人—地感知形象设计是指为目的地设计一个悦目且符合环保与生态消费观念的旅游形象，它包括生态旅游景区地名、徽标、广告标识语、景区交通工具乃至垃圾箱的外观设计，这些设计都要符合绿色标准并且能充分体现生态旅游的环境教育和解释大自然的特点。如景区的交通工具要无污染，旅游指南编制要提供景区的景点和路线并详细介绍观光的对象和意义，介绍本地人文风俗习惯，并尽可能地用科学而准确的语言介绍景区的动植物和独特景色及环境保护的具体规定，以达到加强环境教育和解释自然的目的。

绿色人—人感知形象设计是为生态旅游者设计一个愉心的生态旅游地形象，其中包括旅游从业人员的服务行为绿色化，当地居民的态度与行为绿色化以及景区其他旅游者行为的绿色化。所谓行为绿色化，是指行为要承担可持续发展的责任。这其中最重要的是导游人员的行为绿色化。导游是旅游的灵魂，对于寓环境教育和大自然解释于其中的生态旅游来说，导游的责任更显重大。澳洲旅游事业协会（ATIT）就提出两项与生态旅游有关的导游职责：一是责任，二是信息。所谓责任，指的是导游负有追踪、监督游客活动，引导减少破坏环境行为的责任，以使人类对自然生态系统的利用维持在该系统的承受范围之内，以确保游客对周围环境的欣赏与理解。所谓信息，指的是导游必须具备有关生态学和保育原则，生态承载力、心理承载力和社会承载力以及经济承载力。但是由于承载力随着季节变化而变化，且还与其他因素有关，如旅游者行为模式、设施的设计与管理、环境的动态特点、目的地社区的态度变化等。所以每开发一个旅游景区，必须认真研究分析其独特的环境特点，并进行环境影响预测评价以最终决定其承载力的恰当类型和水平，然后以环境保护为基础进行规划。

（三）生态旅游绿色生命周期策略

UTLER 指出："旅游产品的吸引力不是无限的永恒的，而有可能是有限的甚至是不可更新的，对它们应该进行仔细的保护，旅游区的开发应控制在一定的容量限制范围内，这样它们潜在竞争力才能在较长的时间内得以保持。"作为生态旅游产品，由于其生态环境的脆弱性则更有可能因环境质量的下降而使产品进入衰退期。按照传统的营销观念，此时最有效的办法是开发新产品取而代之，然而绿色营销观念认为这不符合绿色消费原则。因为这实际上是以旧代新、浪费资源，破坏环境。要使生态旅游产品生命周期策略符合绿色营销策略，则首先要严格按照限游模式开发，加强可持续管理，使旅游者对环境的负面影响减少在环境承载力范围之内，这样，环境质量下降速度就会减缓甚至停止。其次，在同一生态旅游地内根据环境需要定期调整旅游线路，使旅游区内的资源得以"休养生息"的机会，延长资源的衰退周期。另外，在同一生态旅游区内可定期推出不同特色的主题旅游活动，因为不同特色的主题旅游活动对环境影响是不同的，这样也能给环境以自我恢复的时间，达到延长环境衰退周期的目的。

（四）旅游产品绿色审核

与传统营销观念最大的不同也许就是绿色营销更强调产品的绿色审核，即对企业及产品的完整环境状况进行审核，其目标是检测产品的环境业绩。具体到生态旅游产品而言，主要是指生态旅游地环境监测，以及旅游服务人员、旅游者行为调查等。完整准确的绿色审核是进行绿色营销产品形象设计、生命周期策略和开发策略的评价与检测的基础以及经营管理者及时有效地进行策略调整的前提。生态旅游的绿色审核主要做好以下几点：（1）加强环境质量现状评价；（2）加强生态旅游者行为规律研究；（3）加强生态旅游经济效益与环保效益的审核。

（五）建立专门的生态旅游绿色营销机构——专业化生态旅游旅行社

旅行社是联系旅游者与旅游产品的纽带。由于生态旅游的特殊性，为生态旅游者提供服务的导游人员必具备广博的专业知识和较强的实践能力。同时，旅游服务机构必须具备丰富的生态旅游经营组合经验以及相关的硬件设施，这

都对传统旅行社大而全的业务功能提出了挑战。在生态旅游个性需求日益明显的时代，组建专门从事生态旅游的旅行社进行绿色营销与管理势在必行。

【案例】

绿色也飘香——杭州香溢大酒店三年“创绿”四大丰收

林晓伟　杨　超

杭州香溢大酒店是浙江烟草系统的首家高星级酒店和由浙江烟草二十余家宾馆酒店组成的“香溢旅业”集团中规模最大的旗舰酒店。香溢自1999年底就积极投入到浙江省首创的绿色饭店认证活动中。三年来，香溢在创绿工作中不断深化绿色经营理念和管理、完善绿色服务措施、树立香溢酒店绿色品牌形象，贯彻浙江省旅游局《关于开展浙江省绿色饭店认证工作的通知》和浙江省绿色饭店地方标准“绿色饭店认定细则”，不断抓好节能管理、环境保护、降低物资消耗、提供绿色产品及社会环境经济效益，在近日不仅以高分荣膺了浙江省“绿色饭店”称号，而且促进了酒店的发展。2002年香溢接待住宿宾客12万人，境外宾客5万人，营业收入六千余万元。在年接待宾客量、年接待境外宾客量、年经营收入、年经营利润GOP数、年客房出租率、年平均房价六大经营指标再创历史新高。

一、环境认证，接轨国际

香溢投入百万进行的环境降噪改造，使香溢从环境难点，跃升为杭州市环保局推荐的环境整治先进典范。香溢是建造在闹市区的城市商务酒店，离周边民居较近，日常经营容易产生对周边的环境影响。开展创绿工作后，香溢把改善对周边环境的影响作为自身工作的重点，在环保部门的支持下于2001年4月开始导入ISO14001环境管理质量体系，并被列入市试点单位。在此后一年多的时间里，香溢确立了“节约能源、重复利用、减少污染、添绿增香、春满香溢”的环境方针，认真两手抓，一面搞好宣传贯彻、体系策划、文件编写、体系运行、内审、外审等各阶段的工作，建立起了较为完备的体系规范，同时还根据环境管理的要求，对影响环境的重点——锅炉房、地下室空调排风口等部位，先后四次进行了降噪设施改造，累计投入一百余万元，达到了环保监测的满意要求。酒店污水、废气处理设施完备，水污染物和废气污染物每年经环保部门检测达到国家排放标准，处理设施完备、有效。边界噪声符合环境噪声使用区标准，近两年基本无外界投诉，圆满取得了国际ISO14001环境认证。

二、烟草酒店，无烟绿色

香溢在全国烟草行业酒店中率先开出无烟绿色客房。香溢在开展的绿色饭店活动中，认真把握好烟草行业酒店与无烟绿色饭店的关系。“创建绿色饭店”须设立无烟楼层，这对一般酒店来说并不存在多大的难度，可对烟草系统的酒店来说却是个不小的问题。烟草系统的酒店，股东单位都为烟草业主，来的宾客有很多是各地烟草系统的行业内客人。酒店内存在禁烟的领地，行业单位和烟草宾客在情理上似乎觉得不合逻辑，难以接受，国内烟草系统内的酒店也没有开这个先河。但香溢的经营管理者们意识到，作为一家高星级设施的涉外酒店，就必须与国际接轨，按高星级酒店的要求动作，必须顺应潮流，响应绿色环保时代的要求。经过多番努力，终于赢得烟草业主的理解赞同，开出了“无烟楼层”。香溢开设无烟楼层两年来，受到了宾客的极大欢迎，尤其是境外宾客，如日本客商的大量入住，香溢已成为杭城最大的日商接待酒店。由于香溢的绿色环保和舒适安全，还屡屡引来了诸多国外高级军事代表团的入住下榻，成为省军区的当地指定下榻酒店。

三、科技创绿，节能创效

香溢在创绿活动中积极探索绿色管理新模式，节能降耗从“跑、冒、滴、漏”向管理要效益，香溢去年投入百万搞创绿技改，仅新装变频机组和建立OA办公系统，就节电33万度、节纸5万张。香溢在创绿中不仅建立健全有关环保和节能降耗的规章制度，强化节能管理。对酒店内能耗的电、油、水三大块下工夫，酒店建立了能耗设备各类台账，加装了水、电、汽计量分表，对能耗定额、考核制度和分析建议，不断降低物资耗费。同时而且还注重及时运用最新科学技术，敢于投入，从源头抓好节能降耗。使节能降耗从杜绝“跑、冒、滴、漏”到运用科学技术手段，用科技创效益，取得了很好的成效。2002年以用节电款支付货款的方式购买安装了空调主机变频器。购置安装了冷冻水泵、冷却水泵、空调二次水泵、空调热水泵4台CGI智能变频器，通过中央空调系统使用节能型制冷机组，水泵流量系统采用变流量调节技术，风柜采用变风量调节技术等科技节能新技术，节电33万度，节约费用29万元，当年就从节电款中回收近一半设备投资款。酒店还投资30余万元建设了办公OA系统，不仅提高了管理档次和工作效率，还节约了办公用纸5万张。同时酒店还投资增装了3立方米储热水罐系统，引进了太阳能热水设施等技改项目，有

效提高了香溢创绿节能降耗的工作成效。

四、星光工程，提升管理

创绿成为酒店管理提升的契机，香溢配合创绿在工程后台开展的机房技改和场所整治“星光工程”，使香溢的后台整洁规范面貌全新，一改传统饭店后台相对简陋杂乱的形象，创出了“前后台都能看”的酒店管理新理念。香溢投入了十余万开展“星光工程”，重点以工程部各类机房为范围，对锅炉房、空调机房、变配电室、综合维修组工场间等九大后台机房区域环境进行了深程度的粉刷“大手术”。对各类机房内机器设备统一色标、色环，制作各系统工作流程图，利用油漆箭头指示液流方向和用油漆给设备、阀门喷字编号。达到了合理整洁、焕然一新。同时还将规章制度、操作规范及各分管人员名单挂在机房现场墙上，对设备的保养和维修责任到人，增强了管理力度。

（摘自《中国旅游报》2004－03－11）

【思考题】

1. 什么是绿色营销，有哪些代表性的观点？
2. 简单谈谈绿色营销与传统营销的差异。
3. 什么是旅游绿色营销？旅游业为什么要选择绿色营销战略？
4. 怎样认识“绿色饭店”？饭店实施绿色营销策略的途径有哪些？
5. 旅行社为什么要实施绿色营销策略？你认为其实施的途径有哪些？

参考文献

1. 郭国庆．市场营销学．北京：中国人民大学出版社，2003

2. 冯正平．图解市场营销管理．北京：经济管理出版社，2004

3. 杨明刚．市场营销100——个案与点析（第二版）．上海：华东理工大学出版社，2004

4. 万晓，王耀球．市场营销学．北京：中国铁道出版社，2000

5. 华国梁．旅游市场营销．北京：中国林业出版社，2001

6. 谷慧敏．旅游市场营销．北京：旅游教育出版社，2002

7. 吴金林，黄继元．旅游市场营销．重庆：重庆大学出版社，2003

8. 刘德光．旅游市场营销学．北京：旅游教育出版社，2002

9. 俞锋．旅游市场营销学．北京：中国商业出版社，2002

10. 苟自钧．旅游市场营销学．郑州：郑州大学出版社，2002

11. 赵越，解小娟．旅游营销．北京：中国劳动社会保障出版社，2002

12. 邹益，杨丹．旅游市场营销学．福州：福建人民出版社，2001

13. 刘志远，林云．旅游营销策略．上海：立信会计出版社，2001

14. 姜若愚，黄继元．现代旅游市场营销学．昆明：云南教育出版社，2002

15. （美）菲利浦·科特勒等著，谢彦君译．旅游市场营销（第二版）．北京：旅游教育出版社，2001

16. （英）弗汉赛·维拉斯，劳乃尔·贝克勒主编．旅游业市场营销．北京：中国三峡出版社，2001

17. 屈云波主编．旅游业营销．北京：企业管理出版社，1999

18. （英）维克多·密德尔敦著，向萍译．旅游营销学．北京：中国旅游出版社，2001

19. 让·雅克·施瓦茨．旅游市场学研究．北京：旅游教育出版社，1988

20. 黄辉实．旅游营销学．上海：同济大学出版社，1991

21. 陈纲编著．饭店市场营销．北京：中国旅游出版社，1992

22. 国家旅游局人教司编. 饭店市场营销. 北京: 中国旅游出版社, 1992

23. 刘敦束编著. 旅游市场营销学. 桂林: 漓江出版社, 1992

24. 汪纯孝等. 服务营销与服务质量管理. 广州: 中山大学出版社, 1999

25. 林南枝等. 旅游市场学. 天津: 南开大学出版社, 2000

26. 陶卓民等编. 旅游市场学. 北京: 高等教育出版让, 2000

27. 菲利浦·科特勒等著. 市场营销管理. 上海: 上海译文出版社, 1996

28. 吴钢生编著. 旅游市场营销. 成都: 四川人民出版社, 1996

29. 赵西萍主编. 旅游市场营销学. 北京: 高等教育出版社, 2002

30. 宋刚等编著. 旅游市场营销. 北京: 首都经贸大学出版社, 1999

31. 叶金良著. 旅游营销. 武汉: 湖北人民出版社, 2000

32. 朱琨. 旅游地网络营销初探. 重庆三峡学院学报, 2003 (1)

33. 银淑华. 关于我国发展旅游网络营销的几点思考. 北京工商大学学报, 2001 (5)

34. 李艳. 我国旅游企业的网络营销策略探析. 商业研究, 2001 (6)

35. 倪庆萍. 网络营销与传统营销之比较. 商业研究, 2000 (5)

36. 马勇, 王春雷. 旅游市场营销管理. 广州: 广东旅游出版社, 2002

37. 陈小玲. 网络营销的市场定位与服务方式创新. 商业经济与管理, 2000 (6)

38. 张青年, 杨云. 旅游业的网络营销发展态势及对策. 桂林旅游高等专科学校学报, 1999 (10)

39. 张文建, 王晖. 旅游服务管理. 广州: 广东旅游出版社, 2001

40. 黄明亮, 谭晓蓉, 左剑. 试谈旅游服务理论与服务质量的提高. 江西社会科学, 2003 (6)

41. 李锐. 关于服务过程质量管理的思考. 旅游学刊, 2001 (1)

42. 严文华. 性别对组织沟通的影响. 心理科学, 2001 (5)

43. 戴光全. 旅游关系营销: 旅游营销创新的一个概念性框架. 桂林旅游高等专科学校学报, 2003 (4)

44. 姜法奎. 内部营销——提高旅游服务质量的必要途径. 云南财贸学院学报, 1998 (2)

45. 徐金灿等. 服务质量的研究综述. 心理科学进展, 2002 (2)

46. 万后芬等. 绿色营销. 武汉: 湖北人民出版社, 2001

47. 李惠娟，祝圣训．绿色营销旅游业．商业时代，2002（11）

48. 周国忠．绿色营销：旅行社营销战略新观念．桂林旅游高等专科学校学报，2003（4）

49. 王素珍．我国旅游饭店实施绿色营销策略探讨．商业研究，2003（4）

50. 张朝枝．生态旅游绿色营销的产品策略分析．桂林旅游高等专科学校学报，2000（4）

51. 张朝枝．生态旅游的绿色营销特点及策略．社会科学家，2000（6）

52. 中国旅游营销网：http：//www. aatrip. com

53. 中国营销传播网：http：//www. emkt. com. cn

54. 郝志强培训网：http：//www. consultroom. com/

55. 广告人 & 传媒人社区网：http：//www. g999. com/

56. 旅游经理人：http：//www. cntmu. com/

57. 中国旅游报：http：//www. ctnews. com. cn/

58. 智网 ZhiNet. com：http：//www. bigmaimai. com

59. 中国 MBA 网站：http：//www. mba. org. cn

60. 麦肯锡网站：http：//www. mckinseyquarterly. com. cn

61. 世界经理人文摘：http：//www. cec. globalsources. com

62. 中国经理人网站：http：//www. sino-manager. com/

63. IT 经理：http：//www. ceocio. com. cn/

64. 《销售与市场》：http：//www. cmmo. com. cn

65. 《商界》：http：//www. shangjie. com. cn

图书在版编目(CIP)数据

旅游市场营销/程荪,朱生东著.—合肥:合肥工业大学出版社,2005.8

(当代旅游学规划教程)

ISBN 978-7-81093-292-9

Ⅰ.旅... Ⅱ.①程...②朱... Ⅲ.旅游市场—市场营销学 Ⅳ.F590.8

中国版本图书馆 CIP 数据核字(2005)第 091449 号

旅游市场营销(修订版)

程 荪 朱生东 编著　　责任编辑 朱移山

出　版	合肥工业大学出版社	版　次	2005 年 8 月第 1 版
地　址	合肥市屯溪路 193 号		2008 年 12 月第 2 版
邮　编	230009	印　次	2008 年 12 月第 3 次印刷
电　话	总编室:0551-2903038	开　本	710 毫米×1000 毫米 1/16
	发行部:0551-2903198	印　张	16.75　字　数 307 千字
网　址	www.hfutpress.com.cn	发　行	全国新华书店
E-mail	press@hfutpress.com.cn	印　刷	安徽江淮印务有限责任公司

ISBN 978-7-81093-292-9　　定价:25.00 元